高等教育"十四五"精品规划教材
课程思政+新形态一体化教材

(新编)实用文书写作与处理

(第四版)

张桂芳　丛书主编
董小伟　喻克明　严廷德　　著

天津大学出版社
TIANJIN UNIVERSITY PRESS

图书在版编目（CIP）数据

新编实用文书写作与处理 / 董小伟，喻克明，严廷德著. -- 4 版. -- 天津 ：天津大学出版社，2024. 6（2025.9重印）.（课程思政+新形态一体化教材）（高等教育“十四五”精品规划教材 / 张桂芳主编）. -- ISBN 978-7-5618-7745-6

Ⅰ. H152.3

中国国家版本馆CIP数据核字第2024N3P679号

出版发行	天津大学出版社
地　　址	天津市卫津路92号天津大学内（邮编：300072）
电　　话	发行部：022-27403647
网　　址	www.tjupress.com.cn
印　　刷	天津泰宇印务有限公司
经　　销	全国各地新华书店
开　　本	787mm×1092mm　1/16
印　　张	17.75
字　　数	450千
版　　次	2024年6月第1版
印　　次	2025年9月第4次
定　　价	52.00元

（新编）实用文书写作与处理（第四版）
编委会

丛书主编 张桂芳

编　　辑 董小伟　喻克明　严廷德
张立敏　周子钰　赵　洁
高　莉　李珏坤　张若梅
高子然　刘小毓

第四次修订前言

（新编）《实用文书写作与处理》自2010年付梓以来，已经历了四次修订改版，正式出版以后，获得了多项科研奖励，也有幸成为多所本科高校的应用文写作教材，受到了许多师生的喜欢和推崇，甚至有学生在毕业多年后还将该书随时携带，作为工作中写作相关文书的摹本。

实用文书是一种使用范围极广、应用性极强，且非常具有时代性的文书种类。本书自2018年第三次修订后，已过去五年多时间，书中的某些观点和一些例子已经不能适应时代发展的需要，在天津大学出版社梁金编辑多次催促下，我们将第四次修订提上了日程。在正式修改前，我与编写组老师一起进行了广泛调研，征求了前辈的意见和建议，接受了多位教师指出的不足和错漏，还听取了部分学生对使用该书的一些建议。经过半年多的调研，老师们将调研情况写成报告。我认真阅读完报告后，在2018年第三次修订版基础上，广泛查阅相关材料，结合当今社会发展实际需要，对上一版本进行了全面、认真、仔细的修订，不敢有丝毫怠慢。

本次修订的主要内容如下。

首先，根据课程思政的要求，在书中加入了大量思政元素。书中的理论都严格按照相关文件、条例、规定的内容来讲述；对理论的分析、阐述与党和国家宣传口径高度一致，始终宣扬正能量，始终将立德树人放在重要位置；书中所举的都是能够宣扬党和国家相关精神的典型例文，经得起时间和实践的检验。

其次，在广泛调研、征求意见、收集材料的基础上，对书中的错误进行了修正，对不足进行了补充；对书中许多文书的讲解更加深入；还对书中一些文字、表格等细节也进行了认真修改；特别是结合当今时代的实际需要，删除了对联、碑文等适用性相对较弱的文书讲解；增加了电子公文、电子信件等文书的讲解，使得本书更能体现时代性。

再次，在讲解相关理论的同时，更加注重图片和表格的展现。每讲清楚一种文书写作方法后，都会使用图片或表格的形式，将该文书的写作方法和格式直接、形象地表现出来；在讲解如简历、诉讼书、公证书等文书的时候，给出了典型的模板，使得学生能够更加直观理解各种文书的写作方法和格式，甚至可以复制相关图片或模板，直接运用到工作和学习中。

最后，本次修订将前一版本所举的例文进行了全面撤换，某些文书还增加了例文分析，使得本书的实用性更强。书中所举的例文紧密结合党和国家的大政方针政策，充分体现了课程思政的要求。同时，所举例子都是非常经典且能表现当今时代特征的例文，很多例文还有很强的教育意义，可以帮助学生树立正确的人生观、世界观、道德观。

本书由我利用课余时间修订一年有余，由喻克明教授进行了全面审核，另外董敏忠、刘小毓两位女士对文字资料进行了整理和校对，张立敏副教授、周子钰副教授在修订过程中出力颇多，在此表示真诚感谢。特别是严廷德教授，虽已退休，且有病在身，但仍然关心本书的修订工作，提出了许多中肯建议，这种精神值得我等后辈学习。

时代在进步，国家在发展，知识在更新，本书就要以全新的面貌与广大读者见面了，唯愿这次修订能使本书的使用范围更加广泛。

2024 年春于成都市锦江区

第一次出版前言

近几年来,我们注意到了许多以优异成绩考进了本科院校的大学生不会写申请,不会打报告,不能写出规范的生活中常用的文体,甚至到大学毕业还写不出一份合格的求职自荐书,就是勉强写出来了,也是错别字随处可见,文法逻辑毛病比比皆是。据权威媒体报道,有就读于著名大学新闻专业,获得过多种奖励的优秀毕业学生竟因写不好由招聘方提供了完备背景材料的邀请函而被淘汰。这些事实引起了我们深深的忧虑和反思:我们感受到现代语文教育已经远远不能适应时代的需要了,必须加大语文教育的改革步伐,使其与社会的发展同步。

随着我国经济社会的深刻变革和高等教育大众化时代的到来,大学与社会产生了前所未有的广泛而密切的联系。一方面我们要坚持大学的传统信仰,关心人类的命运,探索科学与真理;另一方面要经得起经济市场化、行为功利化、利益物质化、价值工具化的诱惑与考验,同时也要在不逢迎、不媚俗、不随波逐流的前提下,保持与社会的互动关系,自觉地把社会对大学生的能力与品质诉求作为推动教学改革的目标和动力。

在过去相当长的一段岁月里,我国为了与国际接轨,英语教育在大学里强势崛起,各种等级考试复杂繁多,大学生的英语水平普遍提升,本来这应当是件好事,但是却产生了一个我们不愿意看到的后果,那就是由于英语对汉语的冲击,国人的汉语水平普遍急剧下滑,有部分大学生的汉语水平还比不上在中国进修的留学生。这不能不引起我们的重视,在中国崛起的今天,世界正兴起汉语热,很多发达国家把学习汉语当成一种时髦,而我们竟漠视自己的母语和以母语为载体的优秀文化。故在学习好外语的同时,也要以学习好母语为前提,如果偏废母语,忽视民族文化传统,无异于舍本逐末。好在国家教育主管部门已经意识到这方面的问题,在各大专院校普遍开设了"大学语文""中国文化概论""大学人文""应用文写作"等课程,从而稳定了母语和民族文化在大学的根基,也逐步增强了当代大学生对民族文化的认同感和归属感,促进了大学生人文素质的提高,使他们在知道摇滚乐、好莱坞、因特网、谷歌、博客、网游等现代元素时,也懂得一点"长河落日""大漠孤烟""春树暮云""明月松间""岁寒三友""琴心剑胆"的深沉与悠远。

不过"大学语文"强调的是人文素质的培养,重在文化认同,偏重于理性价值,但要把这种价值转化为实际操作的本领,还需要一定时日。当今的大学毕业生要走上工作岗位,面临的是激烈竞争,用人单位不可能从容等待你完成了这个转化再上岗,你必须面对选择;作为一个大学生,你也应该并且有能力承担一个部门的部分甚至全部文字工作,这就要求每一个大学毕业生都必须具有一般应用文写作和机关事务处理的能力。而要形成这种能力,除了继续提高人文修养,做到通达事理、洞悉人情之外,还需要掌握各种应用性文体的特点、结构和写作方法。为此,学院董事会决定在全校开设这门课程,并编写适用的教材。我们这部《大学生应用文写作教程》的编写工作就是在这种背景下提到日程上来的。

教材是为用而编的,学生是为用而学,所以这部教材最突出的特点是它的适用性。它几乎收罗了机关、企事业单位办公室要用到的全部应用文体，例如各类新闻传媒文书、财经文书、司法文书、行政公文、科技文章、事务文书，以及日常生活中的文书和各类礼仪文书，应有尽有，办公室工作人员只要具备了基本的语文功底和表达能力，都能以教材例文为范本，参而照之写出符合要求的相关文书。

其次是它的规范性。本书对各种文体的特点、结构、写作方法、标准格式的介绍都是以《党政机关公文处理工作条例》和《党政机关公文格式》为依据的，在各章节后所附例文大多数是经过时间检验的佳作或经典，具有权威性和示范性。故按照本书范例写出的各种应用文体，自然合乎社会惯例，可以通行全国。

再就是它的实践性。应用文不属于文学作品，但它确实是使用频率最高、运用最广的实用文体，犹人之一日三餐，不可或缺。制作公文或日常应用文书水平如何，可以反映这个部门的管理水平，乃至这个部门的形象，故执笔者应当是这方面的行家里手。为此编著者在各章节之后除附有巩固基础知识的习题外，还设计了规定情境下的各种应用文体写作和改错的练习，这就有效地加强了实践环节，避免了教者只讲不练，学者纸上谈兵的弊端。

本书的编写从酝酿到付梓历时一年有余，学院董事会董事长张桂芳先生以他丰富的社会阅历和管理经验对本书的编写体例提出了明确而具体的要求，完稿后又亲自审阅订正，保证了本书编写意图的实现。学院领导韦太旭教授、王金顺教授、杨家仕教授，教务处处长何志伟先生，院办主任张达懋女士对本书的编写提出了宝贵的建议和意见，没有他们的指导、关心和支持，我们很难顺利完成编写任务，在此表示衷心感谢。

本书不是精致的文学作品，也不是高深的学术专著，但它确是能解大学毕业生适应文案工作燃眉之急的适用性教材，对它我们倾注了自己的真诚与热情，绝非率尔操觚、聊以塞责的应景文字。

由于编著者学识谫陋，加之成书仓促，未能从容修饰，缺点错误在所难免，诚望方家同人不吝赐教。

严廷德

2010年秋于四川大学锦江学院惠风楼

二次修订前言

经过多年的资料收集和教学积累，我与严廷德、喻克明两位先生通力合作，共同编写了《大学生应用文写作》，并于2010年正式出版。该书出版以来，有幸被多所高校选用，受到了任课教师的一致认同和学生的广泛好评。2011年9月，该书获得了四川大学锦江学院优秀科研教学成果奖；2012年6月，获得了四川省高等教育学会第十三次高等教育学科优秀科研成果三等奖。在本书的使用过程中，我们收到了许多同行专家和学界朋友真诚的指教和建议，给予我们莫大的鼓励和鞭策。2012年新版《党政机关公文处理工作条例》和《党政机关公文格式》(GB/T 9704—2012)出台，对党政机关公文的种类、公文的格式、行文规则、公文拟制、公文办理、公文管理作出了新的界定和要求，原书中对这些内容的表述以及例文的文本范式就出现了不尽吻合之处，故我们于2013年对教材进行了初次修订，使教材更加准确和适用；此次借与天津大学出版社合作之际，在原有教材基础上又做了全面的修订和补充。

第一，按照《党政机关公文处理工作条例》和《党政机关公文格式》(GB/T 9704—2012)的要求，我们对原书中的第二、三、四章进行了认真、仔细的修改。

第二，为了满足读者及国家机关公务人员工作的实际需要，我们在第十章中加入了"申论"一节，对申论的概念、特点、结构、写作方法等进行了详细介绍，希望能对他们有一些帮助。

第三，我们在介绍公文文书和事务文书的时候，特别加入了如"命令与决定的联系与区别""决定与决议的联系与区别""公报与公告的联系与区别""公告与通告的联系与区别""通告与通知的联系与区别""通知与通报的联系与区别""请示与报告的联系与区别""总结与调查报告的联系与区别""述职报告和工作总结的联系与区别"等章节，以便读者能更好、更准确地区别使用这些文体。

第四，我们为常用的应用文增加了多篇更为精当的例文，也撤换了一些不合时宜的例文，尽力做到让例文具有典型性、实用性和示范性。

第五，在分析例文的时候，我们尽量将例文与格式版本紧密结合，使例文更加直观和清晰，读者能依葫芦画瓢，直观例文就能举一反三，创作出需要的应用文体。

第六，我们对附录也进行了调整。根据国家新规定，我们对附录一、附录二的内容进行了撤换，修改了附录三的内容，方便读者查找相关资料。

四川大学文学与新闻学院的黄峰、朱彤老师，西南民族大学的张海滨老师，成都工学院的宋先梅老师，四川社科院的颜冲老师，天津大学出版社的梁金老师也给我们提了许多具体的修改意见，他们这种认真负责的治学态度、谦虚谨慎的学术风范、不吝赐教的广阔心胸让我们感动，在此我们表示诚挚的谢意。

由于我们才疏学浅，书中的疏漏、错误之处在所难免，诚请诸位专家、学者批评、指正。

董小伟

2015年春于四川大学锦江学院东坡书院

三次修订前言

实用文书是人们在长期社会实践活动中，用于传递信息、处理事务、交流感情，具有实用性、规范性、针对性等特点的一种特殊文体。当今社会是一个信息高度发达、文字交流高度密集的社会，实用文书写作能力是现代人必备素质，更是当代大学生求职核心能力之一，正如著名教育家叶圣陶曾说，“大学生毕业不一定会写小说、诗歌，但一定要会写工作和生活中实用的文章，而且非写得通顺又扎实不可”，故许多高校都开设了实用文书写作的相关课程。

四川大学锦江学院在建校之初就开设了“应用文写作”类课程，并在董事会要求和指导下，编写了实用性较强的《大学生应用文写作》教材，于2010年在南开大学出版社正式出版，并被多所高校选用多年，获得科研奖四项。后在2012年新版《党政机关公文处理工作条例》和《党政机关公文格式》（GB/T 9704—2012）等文件指导下，我们对2010年版教材进行了全面修订和补充，并更名为《（新编）大学生应用文写作》，于2015年在天津大学出版社出版，还获得“四川省高等教育‘十二五’规划教材”称号。经过了三年的使用，我们在前两版教材的基础之上，又进行了第三次修订，修订内容主要有：

第一，将书名由《（新编）大学生应用文写作》更换为《（新编）实用文书写作与处理》，这样针对性、实用性更强，使用面也更广；

第二，将原书中“应用文”等相关概念都修订为“实用文书”，增加、修改“实用文书处理”的相关内容；

第三，调换了一些章节的顺序，修改了上一版本中存在的一些错误，补充了上一版本中的疏漏之处；

第四，撤换了一些不合时宜的例文，增加了许多更为精当的例文；

第五，增加和丰富了附录内容。

本次修订由喻克明先生负责修订第一至第五章内容，由董小伟负责修订第六至第十章内容，最后由严廷德先生统稿和审稿。在修订过程中诸位专家、学者、老师给我们提出了许多宝贵意见，在此表示真诚感谢！

愿本次修订能更好地为读者服务，也愿本书使用更广！

董小伟

2018年3月于四川大学锦江学院

目　　录

第一章　绪论

第一节　实用文书

实用文书在我国有着悠久的历史。据古籍所载，早在仓颉造字后，就出现了在礼仪活动中的祝词，这可以算作最早的实用体文书。实用文书是一个外延较大的概念，涵盖了生活、工作、学习中所需要的各种具有实际功能的文书，与文学艺术文章相对应。

一、实用文书的概念

实用文书，顾名思义，就是应对实际需要，用于务实和理事的各类文章；是人们处理日常公私事务所使用的，具有实用性质的各种文体的总称；是随着社会的发展而完善，适应社会需要而产生的具有特殊、固定格式的文章总称。后来，实用文书成了一门学科，即实用文书学，其是写作学的一个分支，是以实用文体及其写作活动为研究对象，研究实用文体写作方法、技巧与规律的一门实用性学科。

在现实生活中，人们通常把实用型文章的写作称为应用写作，把欣赏型文章的写作称为文艺写作。实用文书写作是机关、团体、企事业单位和个人为处理各项公务或日常事务而进行的写作，其种类包括各种应用性很强的文体，如各类公务文书、事务文书、礼仪文书、经济文书、法律文书等；而文艺写作是文学创作和艺术创作的合称，是作者以社会现实生活为基础，用塑造形象来反映生活的，并带有作者浓厚情感的文章，如诗歌、戏剧、小说、散文、报告文学等。

实用文书在不同的社会领域呈现出不同的特征，这是与社会的实际需求分不开的，随着新兴行业的不断产生，实用型文章的种类还会不断增加和更新，故本书所介绍的实用文书不可能无所不包，只是尽可能将实用性更强、使用频率更高的文书加以介绍。

二、实用文书发展简史

实用文书有着悠久的历史，实用文书的发展也经历了一个漫长的过程。自从有了文字，就有了写作活动。原始的写作是为了人们的日常生活和交往的需要而展开的，即当时的所有写作文书皆可叫实用文书。从这个层面上说，实用文书的写作历史要早于文学艺术写作。

迄今为止，我国最早的文字记载当属殷墟的甲骨文辞，因镌刻、书写于龟甲与兽骨上而得名，其内容主要是殷商时期的占卜记录，包括了当时的天文、气象、祭祀、征伐等方方面面，最短几个字，最长也不超过百字，文辞简约。这些文字是殷商时期的生活档案，可以看成我国实用文书的滥觞。我国现存最早的儒家经典《尚书》，也是一部以实用文书为主的文集，其中典、谟、训、诰、誓、命六体是我国古代实用文书体例形成的标志，对后世影响甚大。

秦汉时期，实用文书的格式已经基本形成，秦汉之后，因国家机关事务增多和典章制度逐渐完备，实用文书越来越受到统治阶级的重视，文体类别也更加明晰。特别是到了三国时期，曹丕在《典论·论文》中将文体分为四类八种，其中“奏、议、书、论、铭、诔”六种都属于实用文书。南朝人刘勰也在《文心雕龙》中把文章分为三十三类，其中属于实用文书的就有二十一类，这些都为后人研究实用文书提供了重要理论依据。

实用文书后来也称“应用文”，但应用文这一称谓的出现要早于实用文书。宋代著名文学家苏轼在《答刘巨济书》中说：“向在科场时，不得已作应用文，不幸为人传写，深为羞愧。”苏轼所说的“应用文”是作于科场，有一定格式要求的应试诗文，与后来的应用文还是有较大差异的，但“应用文”的名称已经出现了。

清代学者刘熙载在《艺概·文概》中也使用了“应用文”一词。他说“辞命体，推之即可为一切应用之文，应用文有上行、有平行、有下行，重其辞乃所以重其实也”。这里刘熙载提出的“应用文”概念，将其分为“上行”“平行”“下行”三大类，与后来的公务文书概念比较相近，在公务文书研究史上，具有重要意义。

五四时期，陈独秀针对刘半农把文章分为“文学”与“文字”，提出“刘君以诗歌戏曲小说等列入文学范围，是余所谓文学之文也，以评论文告日记信札等列入文字范围，是余所谓应用之文也。‘文字’与‘应用之文’名词虽不同，而实质似无差异”。陈独秀在这里对应用文范围作出了较明确的界定，同时指出了应用文体与诗文、戏曲、小说的区别，开启了两类文体比较研究的先河。

真正把实用文书作为一门学问来研究始于 20 世纪 30 年代初。辛亥革命后，中国社会摆脱了封建专制的束缚，新的政府管理机构取代了封建社会的管理模式，这一时期，起草文书、文件的工作成了当务之急。形势的发展，促成了当时大批管理学者、大学教师和文书工作者对实用文书的写作和研究，到 20 世纪 20 年代末 30 年代初，根据公文程式撰写的专著就有 10 余种，有的学校和培训班还开设了实用文书课程，并编写了专用的公文讲义。许同莘的《公牍学史》、徐望之的《公牍通论》、陈国琛的《文书之简化与管理》、周连宽的《公文处理法》等著作，均对文件的名称、种类、体式、撰写、处理等做了较为详细的研究和论述。

中华人民共和国成立后，实用文书的使用和研究都有了长足的发展。中央人民政府于 1951 年召开了全国秘书长会议，通过和颁布了《公文处理暂行办法》，确立了中华人民共和国的公文体式。1981 年国务院办公厅发布了《国家行政机关公文处理暂行办法》；1987 年又发布了《国家行政机关公文处理办法》；1993 年对《国家行政机关公文处理办法》进行了修订，并于 1994 年 1 月 1 日起实施。根据实际需要，2000 年 8 月发布了新的《国家行政机关公文处理办法》；中央办公厅也于 1989 年和 1996 年发布了《中国共产党机关公文处理条例（试行）》和《中国共产党机关公文处理条例》，对公文做了规范；2012 年 4 月 16 日，中共中央办公厅、国务院办公厅联合颁布了新的《党政机关公文处理工作条例》，并于 2012 年 7 月 1 日正式实施，同时废止了 1996 年中共中央办公厅发布的《中国共产党机关公文处理条例》和 2000 年国务院发布的《国家行政机关公文处理办法》。这些法规具有很强的权威性、系统性和约束力，对促进机关公文管理的规范化、科学化起到了重要作用，这标志着我国实用文书写作进入了一个崭新的阶段。

第二节　实用文书的特点和作用

实用文书在长期的发展和使用过程中，已形成了有别于其他文体的特点，掌握了实用文书的这些特点，将有助于在学习和使用过程中更好地发挥其作用。

一、实用文书的特点

实用文书同其他文体相比有其独特性，主要体现在以下几个方面。

（一）实用性

实用文书的写作是为了完成某项具体工作而开展的，写作的目的是解决实际问题，现实的需要又是写作的前提条件，不同的实用文体有着不同的行文目的，但不论何种目的，都必须解决实际问题，因此，实用性是实用文书所特有的属性。

（二）规范性

实用文书的写作必须严格符合相关文体的格式要求和语言规范。实用文书都有相对稳定的写作格式，任何人都无法改变实用文书长期以来形成的写作规范，特别是公务文书，更具有严格的写作格式，即使是个人常用文书，也要符合约定俗成的格式，不能随意改变。

（三）程序性

实用文书是为了解决实际问题而创作的，在创作出来后，如何上交、如何答复、如何颁布、如何流转，都有一套较为严格的、行之有效的、相对固定的处理流程。当然，随着智能化的普及，处理实用文书的程序会更加便捷，但仍然还是有基本的流程。

（四）时效性

实用文书的写作往往受到时间的限制，超过了规定的时限，就失去了使用价值。特别是在经济高速发展的时代，实用文书更应该做到及时、准确、高效，这样才能更好地发挥应用文的社会作用。

（五）真实性

实用文书的写作内容必须真实可靠，文章所涉及的时间、地点、事件、数据都要真实，不能有任何虚构成分，特别是公务文书，更应如此。真实性是实用文书与文学作品的本质区别。

（六）针对性

实用文书写作的针对性集中表现在两个方面：一是对象明确，实用文书的阅读对象有着明确的范围；二是事由明确，实用文书的事由强调“一文一事”。

（七）简明性

实用文书写作是为了处理和解决实际问题，其语言在准确得体的基础上必须做到简洁明快、通俗易懂，不需要堆砌辞藻，也不需要使用过多修辞手法，不需要像文学创作一样抒发情怀。

（八）逻辑性

实用文书的写作内容一定要逻辑严密、条理清晰，把需要陈述的内容表述清楚，将前因后果交代明白，把本质和现象分析清楚，不能混乱不清，不能模棱两可。

二、实用文书的作用

实用文书在日常生活、工作、学习中使用非常频繁，起着非常重要的作用。其作用主要体现在以下几个方面。

（一）领导和管理的作用

实用文书中的公文是政府或执政党实施领导、管理、指导、指挥各部门的有力工具，是国家或执政党方针、政策具体化的书面形式，也是劳动人民根本利益的具体体现。可以说，党政机关公文是管理国家的政治性工具。

（二）规范和准绳的作用

实用文书中，尤其是国家权力机关所制发的“命令（令）”“决定”“条例”“规定”等文种，均是依据宪法和法律法规的要求而制定的，在一定范围和一定时间内，对规范社会秩序都会产生较大影响。特别是行政性命令和法规性条文，一经权力机关发布，受文者必须坚决贯彻执行，不得违反。

（三）联系和知照的作用

国家是一个有机的整体，上下左右各部门之间形成一个网络系统。上级机关颁布政策，下级机关请示、汇报，都有一个联系的问题，实用文书正是在这个网络中起到上下贯通的联系作用的关键，还有许多单位和个人通过相应文书交流相关信息。另外，许多实用文书还有将所需告知的事项知照给对方或社会的用途，如布告、公告、通告、证明信就有知照的作用。

（四）依据和凭证的作用

实用文书是管理国家、处理政务、交流信息的一种文字载体，无论公务联系还是私务往来，都要用文字作为依据。有些公文时间久远，已成为历史档案，成为人们研究历史的重要文献资料。而契约性文书的依据凭证作用更为明显，如合同书、协议书等具有法律意义的依据和凭证。

（五）宣传和教育的作用

实用文书的宣传教育作用与文学作品不同，它不是通过塑造人物形象来间接宣传教育，而是直接颁布有关的宣传教育材料，通过具体的、真实的事实直接进行宣传和教育。

（六）决策和参考的作用

通过调查研究，揭示和描述社会特定活动中的各种真实现象和问题，并将这些现象和问题用相应的文书记录，可以使大家周知事情真相，进而作出准确的判断和决策。

第三节　实用文书的要素

文章是由主题、材料、结构、语言几大要素构成的，实用文书写作的特殊性决定了其要素也有着与众不同的特点，也就是我们常说的实用文书写作，需做到言之有理，言之有物，言之有序，言之有文。具体来说，就是材料、主题、结构、语言等构成要素要形成整体，统一、和谐。

一、主题

主题又称为主旨，是作者在文中通过各种材料所要表达的中心思想、行文意图和基本观点。它是一篇文章的灵魂和统帅,决定着文章是否有价值。而实用文书主题有其特殊性,主要表现在以下几个方面。

(一)主题要正确

实用文书的主题要正确体现党和国家的方针政策,体现国家法律法规的要求,要坚持实事求是的原则,要符合实际情况,要经得起时间的检验。特别是公文,制文主题要代表法定机关的意志,而不是抒写作者个人的观点。这要求作者要深刻领会上级精神和相关政策,要深入了解实际情况,准确反映客观实际,并要有正确的价值体现。

(二)主题要鲜明

实用文书是为解决实际问题而写作的,对主题的表达要明确清晰,解决什么问题、怎样解决问题,都要有具体方案。赞成什么、反对什么,要旗帜鲜明,不能含糊其词,不能模棱两可。这要求作者要头脑清晰,思维敏捷,对事物有明确认识,并能将正确的观点非常明确地表述在文书之中。

(三)主题要深刻

实用文书的主题不能单单停留在表面实事的罗列上,要从实际中反映出更深刻的思想内容,要抓准工作中的关键问题,提出解决问题的有效办法和措施,要有前瞻性,要把问题预料得周密、充分,留有余地,要未雨绸缪,防患于未然,从而通过明确表述总结得出主题。

(四)主题要集中

实用文书主题相对单一,无论内容是繁是简,都只能是一个主题,切忌主题多元,面面俱到。文书究竟要解决一个什么问题,达到一个什么目的,要始终方寸不乱,使观点和材料统一。

二、材料

材料是作者为了某一目的,从现实生活中收集的相关信息,以及写入文书中的能表现主题的事实依据,一般包括事实材料和理论材料。事实材料就是具体的、客观的、真实可靠的事实和数据;理论材料是以概念、判断和推理的形式揭示客观事物的本质和规律的理性材料。材料是形成主题的要素,是形成观点的基础。

对于材料的要求一般有以下几点。

(一)材料要真实

真实性是由实用文书的本质所决定的。实用文书的材料,包括事件、引文、数字、人名、地名、时间等。由于实用文书很多都是"因公作文",给决策者提供决策依据,所以材料必须真实、准确,如果应用文材料失真,往往会令决策者决策失误,给国家和单位带来损失。

(二)材料要典型

典型材料是同类材料中最具代表性、最有说服力的材料,典型材料具有两个特点:第一,典型材料有鲜明独特的个性特征,它容易被人接受,能给人留下深刻的印象;第二,典型材料有明显的共性特征,能够体现同一类事物的本质和规律,具有普遍意义。这些材料有助于深化主题,起到以一当十、一叶知秋的作用。典型材料可以是一个具体的事例、一组有说服力的数据或一些带有普遍性的现象。

(三)材料要新鲜

实用文书具有时效性,这也决定了要用新近的事实材料才能说明问题,只有运用真实的、新鲜的材料，才能反映客观事物的发展变化趋势，也才能更便于决策者对决策作出相应准确的判断。

（四）材料要切题

写入实用文书的材料一定要有针对性，要紧紧围绕文种的主旨来阐述，不能脱离主旨，更不能使用有违主旨的材料。材料是否切题的实质是观点和材料是否统一。

主题的确立和表达都离不开材料，只有大量、详尽、真实的材料，才有利于主题的展现，故要学会收集材料。收集材料的方法主要有以下几种。

1. 观察

观察是认识客观事物的重要方法，是有目的、有选择地仔细观看事物变化，从而直接了解和认识事物的真实情况和本来面目。观察的主要类型有直接观察、间接观察、定点观察、长期观察、比较观察等。

2. 阅读

阅读是收集材料的又一重要方法，是运用语言文字来获取信息、认识世界、发展思维并获得审美体验与知识的活动；是从视觉材料中获取信息的过程。阅读材料主要是文字和图片，也包括符号、公式、图表等。

3. 调查

周密的、有计划的、有目的的调查是收集材料的重要方法，常用的调查方法有现场调查、集体访谈、个别访问、抽样调查、问卷调查、网络调查、专家论证等。

4. 网络搜索

在信息化高度发达的今天，利用网络搜集材料已经成为主要的材料收集方法。查询者可以在一些相关的网站进行查阅，在不同的搜索引擎上进行搜索，找到相关的资料，并进行复制、粘贴，或者下载、录音、拍照等。

三、结构

结构是组成整体的各部分的搭配和安排；是文章的组织和布局；是文章内容充分表达和组织的重要手段。实用文书的结构布局要反映客观事物的本质联系和规律；要服从表现主题的需要；要适应不同文种的特点；要思路清晰、逻辑严密。实用文书的基本结构形式有以下几种。

（一）并列式

并列式即层次段落之间的逻辑关系是平等的、不分主次的，从不同侧面共同论述中心论点。一般规章性文书多用这种结构。

（二）总分式

总分式是实用文书常用的一种结构方式，文章在开头概括了所要叙述事件的总体面貌、基本观点，下面分别从几个方面、不同角度具体阐述；也可以先分别阐述不同情况，最后总结性概述结论，摆明观点。一般计划、总结类文书多用这种形式。

（三）递进式

递进式也称为纵向式，是指文章以时间或空间为线索，按照事物的内在联系和人们的思维习惯，将事理按由浅入深、由近及远、由表及里、由因及果等逻辑顺序逐层深入地分析论证，并在叙述论证的过程中，不断深化主旨。通过递进的结构，可以将文章的观点逐步展开，呈现出深度和广度。一般综合报告、社会调查多用这种结构。

（四）对照式

对照式结构是指将一个问题或观点放在一个相反的背景下，通过对比来阐明其含义和作用。对照式结构，可以让读者在阅读过程中更加清晰地认识到问题的本质和真相，同时也可以增加文章的连贯性和说服力。

四、语言

语言是思维的工具，当然也是实用文书写作的基本工具，是构成包括实用文书在内的一切文章的物质材料。好的语言是好文章的利器，实用文书的语言有别于文学作品的语言，具体表现在以下几个方面。

（一）庄重、得体

实用文书要使用规范化的书面语言，不能用晦涩难懂的词语和不规范的行话、方言、简称等，对网络热词的使用更要慎重。同时上行文也不要出现过于谦卑的词语，以免产生阿谀逢迎之嫌，进而影响到文件传递信息的功能，甚至失去制发机关应有的尊严与文件的权威。

（二）准确、规范

实用文书的语言准确、规范，是指语言要恰如其分地表达文章的主题，用词要符合语法规范，不能生造词语，简称要符合约定俗成的习惯；表达意思要具有明晰性，要确保读者理解的一致性，避免产生歧义；句子结构完整，词语搭配恰当，词序安排合理等。

（三）简洁、严密

实用文书一般都不要长篇大论，要用简单、明晰的文字表达尽可能多的内容，要做到"篇中无冗章、章中无冗句、句中无冗字"。但是简洁并不是文字越少越好，简洁的前提是要文意严密。实用文书的严密是指表达的意思能够照顾到各个方面，没有矛盾、没有疏漏、没有歧义。

（四）平实、稳重

实用文书的语言要求通俗易懂，不能堆砌辞藻，尽量不使用带有强烈情感的语言，不渲染烘托，不委婉含蓄，做到平实有针对性。实用文书的语言具有适应所要表述内容的性质，并且采用特定的、惯用的、稳定的语言或句式来表达。

第四节　实用文书的主要表达方式

表达是将思维内容用语言、表情、行为等方式反映出来的一种行为。文章的表达（方式）是指用语言来介绍情况、陈述事实、阐明观点、总结经验、探索规律、表达感情的具体方法、手段。

实用文书作为一种特殊的文体，主要表达方式有叙述、议论、说明三种。

一、叙述

叙述是把人物的活动、经历，事情的发生、发展或事物的变化过程用语言直接交代、反映出来。叙述是实用文书写作中使用频率最高的一种表达方式。叙述的基本要点是在陈述"过程"，一般包括时间、地点、人物，事情的起因、经过、结果六个要素。常用的叙述方式有顺叙、倒叙、插叙、补叙、分叙、合叙等。实用文书写作中叙述的人称有第一人称和第三人称两种。

二、议论

议论就是对客观事物进行分析、评论,并阐发道理的行文方式,常由论点、论据和论证三要素组成。论点是作者在文章中的观点和看法;论据是说明、支持论点的依据,是论点存在的基础;论证是用论据说明论点、阐发道理的过程,是一种方法。实用文书中的议论与议论文中的议论有一定的区别,它不像议论文那样有完整的推理过程,有时甚至论点、论据、论证都不会完整地出现在文章中,议论往往以"插话"的方式出现,文字不多,但见解深刻。实用文书常用的论证方法有举例法、引证法、对比法、类比法、反证法、归纳法、演绎法等。

三、说明

说明是对事物、事件、概念、人物等加以介绍或解释的表达方式,是实用文书中用得比较多的一种表达方式。说明的方法有很多,经常用到的有以下几种。

(1)定义说明:是用下定义的方法去说明具体事物或情况。下定义的方法是属概念加种差。

(2)解释说明:是对事物的状况、性质、成因等做简明的注释和解说的方法。

(3)分类说明:是按照一定的标准,把说明的对象划分成不同类别,一类一类地加以分别说明的方法。

(4)比较说明:是对不同材料使用对比的方法来说明事物的特征。

(5)比喻说明:是用人们常见的、熟知的事物比喻说明不太常见、不太熟知的事物的方法,也就是常说的打比方。

(6)引用说明:是运用资料、典籍、名言、诗词等来说明事物的方法。

(7)分解说明:是把一个整体的事物分解成几个部分,一个部分一个部分地说明的方法。

(8)数字说明:是用确凿的数据来说明需要说明的事物。

(9)图表说明:用图形、图示的方式对事物加以说明。

第二章　公务文书写作

第一节　公文的概述

公文名称，始见于《后汉书·刘陶传》：“州郡忌讳，不欲闻之，但更相告语，莫肯公文。”这是说东汉末年，黄巾起义的领袖张角等人势力强大，可能聚众起事，州郡官员有所顾忌，但只是口头相互转告，不肯用公文上报朝廷。到三国时，“公文”的称谓逐渐增多，《三国志·魏志·赵俨传》：“公文下郡，绵绢悉以还民。”这时的公文概念与今天比较接近了。我国是世界上最早使用公文的国家之一，实际使用公文的时间比“公文”一词的出现要早得多。

“文件”一词，大约在清朝末期才出现，当时在外交文书中提到“寻常往来文件”“交涉文件”等。宣统三年五月，朝廷颁布的《内阁属官官制》，将“掌本阁公牍文件”作为承宣厅职责之一。后人承袭历史，文书、公文、文件这三种叫法一直沿用至今。

一、公文的概念

公文是一种古老的文体，我国历史上称之为“官文书”。刘勰在《文心雕龙·书记》中称其为“政事之先务”，这是非常正确的。

现代的公文即公务文书的简称。广义的公务文书是指党政机关、企事业单位及社会团体在处理公务性和事务性问题时所使用的具有法定效力和特定格式的一类文书的总称。它包括两大类：一类是法定公文，就是党政机关和有关部门使用的通用公文；另一类为事务文书，就是机关、团体和其他机构普遍使用的法定公文之外的文书，也称为常用文书。

公文、文书、文件，这三个概念在应用写作中经常用到，但要注意区别，“文书”外延很宽，它包括公务文书和私人文书，公务文书简称公文。私人文书又称“个人文书”，是个人交往产生的文书，如手稿、书信、日记等等。“文件”一词是外来词，英文作 Document。中国“文件”一词最早出现在清末，清朝承宣厅的职责之一即是掌管“本阁公牍文件”。文件有广义和狭义之分。广义的“文件”指公文或指有关政策、理论等方面的文章，所指的范围比“公文”大，凡是在工作和学习上可以用作依据或参考的书面材料，都可以称“文件”；电脑上运行的程序、文档，甚至图片等也称文件。狭义的“文件”，指的是具有法规性、知照性并印有固定版头的公文。

2012 年 4 月 16 日，中共中央办公厅、国务院办公厅颁布《党政机关公文处理工作条例》。该条例自 2012 年 7 月 1 日起施行，首次把党系统和国务院系统的公文进行了统一规定，第一章第三条为：“党政机关公文是党政机关实施领导、履行职能、处理公务的具有特定效力和规范体式的文书，是传达贯彻党和国家的方针政策，公布法规和规章，指导、布置和商洽工作，请示和答复问题，报告、通报和交流情况等的重要工具。”这句话明确规定了现阶段我国公文的性质，也指明了公文的特点和作用。

二、公文的作用

公文作为依法行政和进行公务活动的重要工具,其具体作用主要体现在以下几个方面。

(一)规范和约束作用

公文是法规和规范的体现形式,国家法律法规的颁布,大都是通过公文实现的,公文本身也具有规范和约束作用,是贯彻党和国家方针政策的重要依据。

(二)领导和指导作用

公文是制发机关对其统属的下级机关实施领导和指导,并接受自己上级机关的领导和指导的一种重要方式和途径。上级机关对下级机关布置工作,下级机关向上级机关汇报情况、反映问题,都是通过公文实现的。

(三)知照和反馈作用

公文是机关和部门之间协商与联系工作的重要手段,是各级机关或部门沟通情况、接洽工作及处理工作的必备工具,机关之间可以通过公文彼此协调、息息相通。机关或部门的工作进展情况、经验教训,也都要通过公文来反馈,从而推动工作正常、有序进行。

(四)宣传和教育作用

国家发布大的施政方针,公布重大决定,要通过文件的形式传达,尽快使人们知晓、理解和贯彻执行,从而在有力推动工作的同时,也起到了向人民群众进行宣传、教育,以提高认识,统一思想,调动积极因素,消除或限制消极因素的作用。

(五)凭证和记载作用

公文是公务活动的文字记录,是机关与机关之间开展工作、协调联系、处理事务的书面凭据,其体现了制发机关的意图,收文机关处理公务时也以其作为重要的依据和凭证。另外,其还可以是处理公务纠纷的凭证。

三、公文的特点

公文具有其他文书不可替代的重要作用,除了具有应用文的共同特点外,还具有下列特点。

(一)鲜明的政治性

公文是各级党政机关施行领导与管理,传达、贯彻党和国家方针、政策,办理各项公务的重要工具;是党和国家路线、方针、政策的具体体现,也是人民根本利益的具体表现;还是管理国家的重要政治工具,集中体现着党和国家的意志,因此具有鲜明的政治性。

(二)法定的权威性

公文是国家机关或组织制发的,代表法定机关或组织的意图,在法定机关或组织的权限范围内具有法定的权威性和约束力,要求各单位和个人必须遵守并且贯彻执行,不允许敷衍塞责或抗拒不办,无故不执行或不按要求办理就是失职或渎职。

(三)语言的庄重性

公文内容多是颁布国家政策法令、知照事项、反映情况,语言要符合国家书面语的要求,要典雅、庄重、严肃,很少用描写、抒情的手法,日常生活中的一些方言俚语也不能出现在公文中。

(四)格式的固定性

我国《党政机关公文处理工作条例》等文件对我国党政机关公文的基本格式作出了详

细的规定，这些文件是各级、各类党政机关、企事业单位撰写公文的基本依据，其所规定的格式要相对固定，不能随意更改。

（五）使用的实用性

每一份具体的党政机关公文都具有它的现实效用，代表着制发机关所赋予的法定效力和作用，具有很高的实用价值。同时，党政机关公文所具有的特定效用是有一定时效性的，这是公文与间接反映社会生活，具有审美价值的文艺作品的区别。

（六）处理的程式性

制发党政机关公文是一件极其严肃的、具有重要政治意义的工作，在制发和处理公文的时候必须经过规定的起草、核稿、签发、执行等程序，必要时还需要会签、核签或加签，然后缮印、登记、盖章、分发、归档，其中任何一个环节的疏忽，都可能给公务活动带来损失。

四、公文的分类

由于公务文书的来源、性质、作用和适用范围不同，公务文书的分类有不同标准，从而公务文书可分成不同类别。

（一）按适用范围分

根据《党政机关公文处理工作条例》的规定，党政机关使用的主要公务文书有十五种：决议、决定、命令（令）、公报、公告、通告、意见、通知、通报、报告、请示、批复、议案、函、纪要。该条例还规定了各种公务文书的基本功能、用途、使用范围等，具体内容如下。

（1）决议：适用于会议讨论通过的重大决策事项。

（2）决定：适用于对重要事项作出决策和部署、奖惩有关单位和人员、变更或者撤销下级机关不适当的决定事项。

（3）命令（令）：适用于公布行政法规和规章、宣布实施重大强制性措施、批准授予和晋升衔级、嘉奖有关单位人员。

（4）公报：适用于公布重要决定或者重大事项。

（5）公告：适用于向国内外宣布重要事项或者法定事项。

（6）通告：适用于在一定范围内公布应当遵守或者周知的事项。

（7）意见：适用于对重要问题提出见解和处理办法。

（8）通知：适用于发布、传达要求下级机关执行和有关单位周知或者执行的事项，批转、转发公文。

（9）通报：适用于表彰先进、批评错误、传达重要精神和告知重要情况。

（10）报告：适用于向上级机关汇报工作，反映情况，回复上级机关的询问。

（11）请示：适用于向上级机关请求指示、批准事项。

（12）批复：适用于答复下级机关请示事项。

（13）议案：适用于各级人民政府按照法律程序向同级人民代表大会或者人民代表大会常务委员会提请审议事项。

（14）函：适用于不相隶属机关之间商洽工作、询问和答复问题、请求批准和答复审批事项。

（15）纪要：适用于记载会议主要情况和议定事项。

（二）按行文关系分

行文关系是发文机关与收文机关之间的公文往来的关系。按照行文关系和行文方向，可以分为以下几种。

（1）上行文：下级机关、下级业务单位向所属上级领导机关和上级业务单位所呈送的公文，如报告、请示等。

（2）下行文：是上级机关给下属机关的公文，如命令、决定、批复、通知等。

（3）平行文：是同级机关或不相隶属机关之间的来往公文，如函等。

（4）多行文：是颁布方向不确定的行文，可以向上、向下，也可平行，如意见等。

（三）按特点和作用分

（1）指挥类公文：上级机关制发的，用来对下级机关进行指挥、管理的公文，如命令、决定、批复等。

（2）报请类公文：下级机关向上级机关汇报工作、反映情况、提出建议或请求指示、批准的公文，如报告、请示。

（3）知照类公文：将有关事项和要求告知大众的公文，如公告、通告、通知等。

（4）商洽类公文：与有关部门商量探讨问题的公文，如函。

（5）记录类公文：用于记载会议内容，传达会议精神、议定事项等情况的公文，如纪要。

（四）按秘密等级分

按照党政公务文书的秘密程度，可以将其分为以下几种。

（1）绝密公文：涉及党和国家核心秘密的文件，是保密级别最高的公文。

（2）机密公文：涉及党和国家重要秘密的文件。

（3）秘密公文：涉及党和国家一般秘密的文件。

（五）按紧急程度分

按照传达和办理文书的时限要求，公务文书可以分为一般公文和紧急公文。紧急公文又分为两种：一种是特急公文，另一种是加急公文。

五、公文的格式

《党政机关公文处理工作条例》第三章第九条："公文一般由份号、密级和保密期限、紧急程度、发文机关标志、发文字号、签发人、标题、主送机关、正文、附件说明、发文机关署名、成文日期、印章、附注、附件、抄送机关、印发机关和印发日期、页码等组成。"

公文的格式是指公文的外部结构形式与标志规则，按照《党政机关公文格式》规定，版心内公文格式要素有版头、主体、版记三个部分。

（一）版头部分

版头，又叫"文头"，也叫"眉首"，即公文的文头部分，是公文首页红色分割线以上的部分，由公文份数序号、秘密等级和保密期限、紧急程度、发文机关标志、发文字号、签发人等要素组成。

版头是特定的、法定的、专用的，象征着发文机关的权威，能够增加公文的庄重色彩和严肃性。

1. 份号

份号又叫"份数序号"，是将同一文稿印制若干份时，每份公文的顺序编号。公文一般会一次印刷多份，并分别送往不同的机关或单位，因此应将公文进行编号，以便标注和查找。《党政机关公文格式》规定，如需标注份号，一般用6位3号阿拉伯数字，如001、002，顶格编排在版心左上角第一行，距公文上页边37 mm。涉密公文应当标注份号。

2. 密级和保密期限

涉密的公文要标注秘密等级和保密期限。涉密公文应当根据涉密程度分别标注为“绝密”“机密”“秘密”三级和保密期限。《党政机关公文格式》规定，如需标注密级和保密期限，一般用3号黑体字，顶格编排在版心左上角第二行；保密期限中的数字用阿拉伯数字标注。秘密等级与保密期限之间用“★”隔开，如“机密★3年”。如果没有保密期限，又需要标注秘密等级的，可以在表示秘密等级的两个字中间加一个空格，如“绝　密”。

3. 紧急程度

紧急程度指公文送达和办理的时限要求。公文的紧急程度可以分为“特急”“加急”“平急”（常规）三级，“平急”一般不作标注；电报的紧急程度又分为“特提”“特急”“加急”“平急”四级。《党政机关公文格式》规定，如需标注紧急程度，一般用3号黑体字，顶格编排在版心左上角；如需同时标注份号、密级和保密期限、紧急程度，按照份号、密级和保密期限、紧急程度的顺序自上而下分行排列。

4. 发文机关标志

发文机关标志，就是通常所说的“红头”，表明公文的作者，由发文机关全称或者规范化简称加“文件”二字组成，也可以只使用发文机关全称或规范化的简称。《党政机关公文格式》规定，发文机关标志居中排布，上边缘至版心上边缘为35 mm，推荐使用小标宋体字，颜色为红色，以醒目、美观、庄重为原则。联合行文时，如需同时标注联署发文机关名称，一般应当将主办机关名称排列在前；如有“文件”二字，应当置于发文机关名称右侧，以联署发文机关名称为准上下居中排布。

5. 发文字号

发文字号也称文号或公文编号（与公文份数序号不同），是发文机关同一年度公文排列的顺序号，由发文机关代字、年份、顺序号三个部分组成。联合行文时，使用主办机关的发文字号。发文字号是每一个特定版头制发的公文不可缺少的重要组成部分，起到便于识别公文内容、发文机关、发文年度和便于登记、管理、使用的作用。《党政机关公文格式》规定，发文字号编排在发文机关标志下空二行位置，居中排布。年份、发文顺序号用阿拉伯数字标注；年份应标全称，用六角括号“〔 〕”括入；发文顺序号不加“第”字，不编虚位（即1不编为01），在阿拉伯数字后加“号”字，例如“国发〔2026〕23号”。上行文的发文字号居左空一字编排，与最后一个签发人姓名处在同一行。

6. 签发人

签发人是指制发公文的机关主要负责人，上行文应当标注签发人姓名。《党政机关公文格式》规定，签发人姓名居右空一字；编排在发文机关标志下空二行位置；“签发人”三字用3号仿宋体字，签发人姓名用3号楷体字。如有多个签发人，签发人姓名按照发文机关的排列顺序从左到右、自上而下依次均匀编排，一般每行排两个姓名，回行时与上一行第一个签发人姓名对齐。

7. 红色反线

红色反线是版头与主体之间应有的分隔线，是在文字号之下 4 mm 处的一条与版心等宽的红色分割线。红色反线要居中，线段粗细为 0.35~0.5 mm，线段中间一般要加一个红色的“★”。

（二）主体部分

主体是公文的主要内容，位于首页红色反线（不含）以下，末页分隔线（不含）以上。由公文标题，主送机关，正文，附件说明，发文机关署名、成文日期和印章，附注，附件等组成。

1. 标题

公文标题指公文的名称，是对公文内容的准确、简要的概括，一般由发文机关名称、事由和文体种类（简称文种）三部分组成，如“××大学关于心理健康教育的通知”。标题中的发文机关名称一般要写全称，若要简写，必须是规范的、众所周知的简称，不得随意简化。几个机关联合发文时，应将主办机关排列在最前面，其余机关依其与公文涉事的关系逐次排列；发文事由通常是由介词“关于”和一个能准确、简要概括公文关涉事项或问题的词组共同组成一个介词结构来表示，如“关于大学生恋爱问题知识讲座的通知”；文种是根据行文目的、行文关系和公文内容的需要，结合各种文种的作用、功能而确定的。

《党政机关公文格式》规定，标题一般用 2 号小标宋体字，编排于红色分隔线下空二行位置，分一行或多行居中排布；回行时，要做到词意完整，排列对称，长短适宜，间距恰当，标题排列应当使用梯形或菱形。

2. 主送机关

主送机关指公文的主要受理机关，是公文发送的直接对象。应当使用机关全称、规范化简称或同类型机关的统称。《党政机关公文格式》规定，主送机关编排于标题下空一行位置，居左顶格，回行时仍顶格，最后一个机关名称后标全角冒号。如主送机关名称过多导致公文首页不能显示正文时，应当将主送机关名称移至版记。

3. 正文

正文指公文的主体，用来表述公文的具体内容，是公文的核心，是公文意图和内容的文字表达。《党政机关公文格式》规定，公文首页必须显示正文。一般用 3 号仿宋体字，编排于主送机关名称下一行，每个自然段左空二字，回行顶格。

公文正文的规范与否、完整与否、清晰与否，都会直接影响到整个公文的实际效果。故此，正文部分要详细规划、仔细斟酌、用语得当、事项清楚、表达规范，一般采用分段式、分条式、编号式等进行抒写。

遇到回行处理时，可使用调整字间距和行间距的办法。文中结构层次序数依次可以用“一、”“（一）”“1.”“（1）”标注。一般第一层用黑体字、第二层用楷体字、第三层和第四层用仿宋体字标注。

4. 附件说明

附件说明指附属于公文正件的其他补充说明材料。《党政机关公文格式》规定，公文如有附件，在正文下空一行左空二字编排“附件”二字，后标全角冒号和附件名称。如有多个附件，使用阿拉伯数字标注附件顺序号，如“附件：1.×××”；附件名称后不加标点符号。附件名称较长需回行时，应当与上一行附件名称的首字对齐。

5. 发文机关署名、成文日期和印章

发文机关署名就是所谓的“落款”，署发文机关全称或者规范化简称，要与发文机关的标志、标题中所注明的机关名称一致，位于正文（或者附件）的右下方。

成文日期是公文生效的日期，署会议通过时间或者发文机关负责人签发的日期。如联合行文，应署最后签发机关负责人签发日期。如果需要盖章，成文日期标志在正文之下，右空四字；如果不需要盖章，成文日期标志在正文之下，右空两字。

印章是证明公文作者的合法性并对公文生效负责的凭证，是发文机关权力的象征。印章中的文字要与发文机关名称完全符合，否则不具备法律效力。《党政机关公文格式》中对加盖印章的公文、不加盖印章的公文、加盖签发人印章的公文、成文日期的数字以及特殊情况说明等作出了规定，具体内容如下。

（1）加盖印章的公文。一般公文都要加盖印章，加盖印章的公文，成文日期一般右空四字编排，印章用红色，不得出现空白印章。单一机关行文时，一般在成文日期之上、以成文日期为准居中编排发文机关署名，印章端正、居中下压发文机关署名和成文日期，使发文机关署名和成文日期居印章中心偏下位置，印章顶端应当上距正文（或附件说明）一行之内。联合行文时，一般将各发文机关署名按照发文机关顺序整齐排列在相应位置，并将印章一一对应、端正、居中下压发文机关署名，最后一个印章端正、居中下压发文机关署名和成文日期，印章之间排列整齐、互不相交或相切，每排印章两端不得超出版心，首排印章顶端应当上距正文（或附件说明）一行之内。

（2）不加盖印章的公文。有特发机关标志的普法性公文、电报、会议纪要类公文可以不加盖公章。单一机关行文时，在正文（或附件说明）下空一行右空二字编排发文机关署名，在发文机关署名下一行编排成文日期，首字比发文机关署名首字右移二字，如成文日期长于发文机关署名，应当使成文日期右空二字编排，并相应增加发文机关署名右空字数。联合行文时，应当先编排主办机关署名，其余发文机关署名依次向下编排。

（3）加盖签发人签名章的公文。单一机关发的公文加盖签发人签名章时，在正文（或附件说明）下空二行右空四字加盖签发人签名章，签名章左空二字标注签发人职务，以签名章为准上下居中排布，在签发人签名章下空一行右空四字编排成文日期。联合发文时，应当先编排主办机关签发人职务、签名章，其余签发机关人职务、签名章依次向下编排，与主办机关签发人职务、签名章上下对齐，每行只编排一个机关的签发人职务、签名章。签发人职务应当标注全称。签名章一般用红色。

（4）成文日期中的数字。用阿拉伯数字将年、月、日标全，年份标全称，月、日不编虚位（即 1 不编为 01）。需要注意的是成文日期一般以领导人最后签发的日期为准；经会议讨论、决定等的，以会议通过的日期为准；联合行文，以最后签发机关领导人的签发日期为准。

（5）特殊情况说明。当公文排版后所剩空白处不能容下印章或签发人签名章、成文日期时，可以采取调整行距、字距的措施解决。务必使印章与正文同处一面，不得采取标志“此页无正文”的方法解决。

6. 附注

附注用以说明在公文的其他部分不便说明的各种事项（公文发放范围、使用时注意事项、联系人、联系方式等），不是对公文内容作出解释或注释。《党政机关公文格式》规定，如有附注，居左空二字加圆括号编排在成文日期下一行。

7. 附件

附件是指附属于公文正文的其他说明、图表、名单等文字补充材料，是公文正文内容的组成部分，与正文具有同等效力。应当另面编排，并在版记之前，与公文正文一起装订。《党政机关公文格式》规定，“附件”二字及附件顺序号用 3 号黑体字顶格编排在版心左上角第一行。附件标题居中编排在版心第三行。附件顺序号和附件标题应当与附件说明的表述一致。附件格式要求同正文。如附件与正文不能一起装订，应当在附件左上角第一行顶格编排公文的发文字号并在其后标注“附件”二字及附件顺序号。

（三）版记部分

版记是公文的文尾部分，位于公文末页下部，由分隔线、抄送机关、印发机关和印发日期、页码组成。

1. 分隔线

版记中的分隔线与版心等宽，首条分隔线和末条分隔线用粗线（推荐高度为 0.35 mm），中间的分隔线用细线（推荐高度为 0.25 mm）。首条分隔线位于版记中第一个要素之上，末条分隔线与公文最后一面的版心下边缘重合。

2. 抄送机关

抄送机关是除主送机关外需要执行或知晓公文内容的其他机关，应当使用机关全称、规范化简称或者同类型机关统称。《党政机关公文格式》规定，如有抄送机关，一般用 4 号仿宋体字，在印发机关和印发日期之上一行、左右各空一字编排。“抄送”二字后加全角冒号和抄送机关名称，回行时与冒号后的首字对齐，最后一个抄送机关名称后标句号。如需把主送机关移至版记，除将“抄送”二字改为“主送”外，编排方法同抄送机关。既有主送机关又有抄送机关时，应当将主送机关置于抄送机关之上一行，之间不加分隔线。

3. 印发机关和印发日期

印发机关是印刷公文的主管部门，通常为公文制发机关的秘书部门，用机关（部门）全称或规范化简称标志。印发日期是公文付印日期。《党政机关公文格式》规定，印刷机关和印发日期一般用 4 号仿宋体字，编排在末条分隔线之上，印发机关左空一字，印发日期右空一字，用阿拉伯数字将年、月、日标全，年份应标全称，月、日不编虚位（即 1 不编为 01），后加“印发”二字。

版记中如有其他要素，应当将其与印发机关和印发日期用一条细分隔线隔开。

4. 页码

公文页码一般用 4 号半角宋体阿拉伯数字，编排在公文版心下边缘之下，数字左右各放一条一字线；一字线上距版心下边缘 7 mm。单页码居右空一字，双页码居左空一字。公文的版记页前有空白页的，空白页和版记页均不编排页码。公文的附件与正文一起装订时，页码应当连续编排。

例文一

公文版式

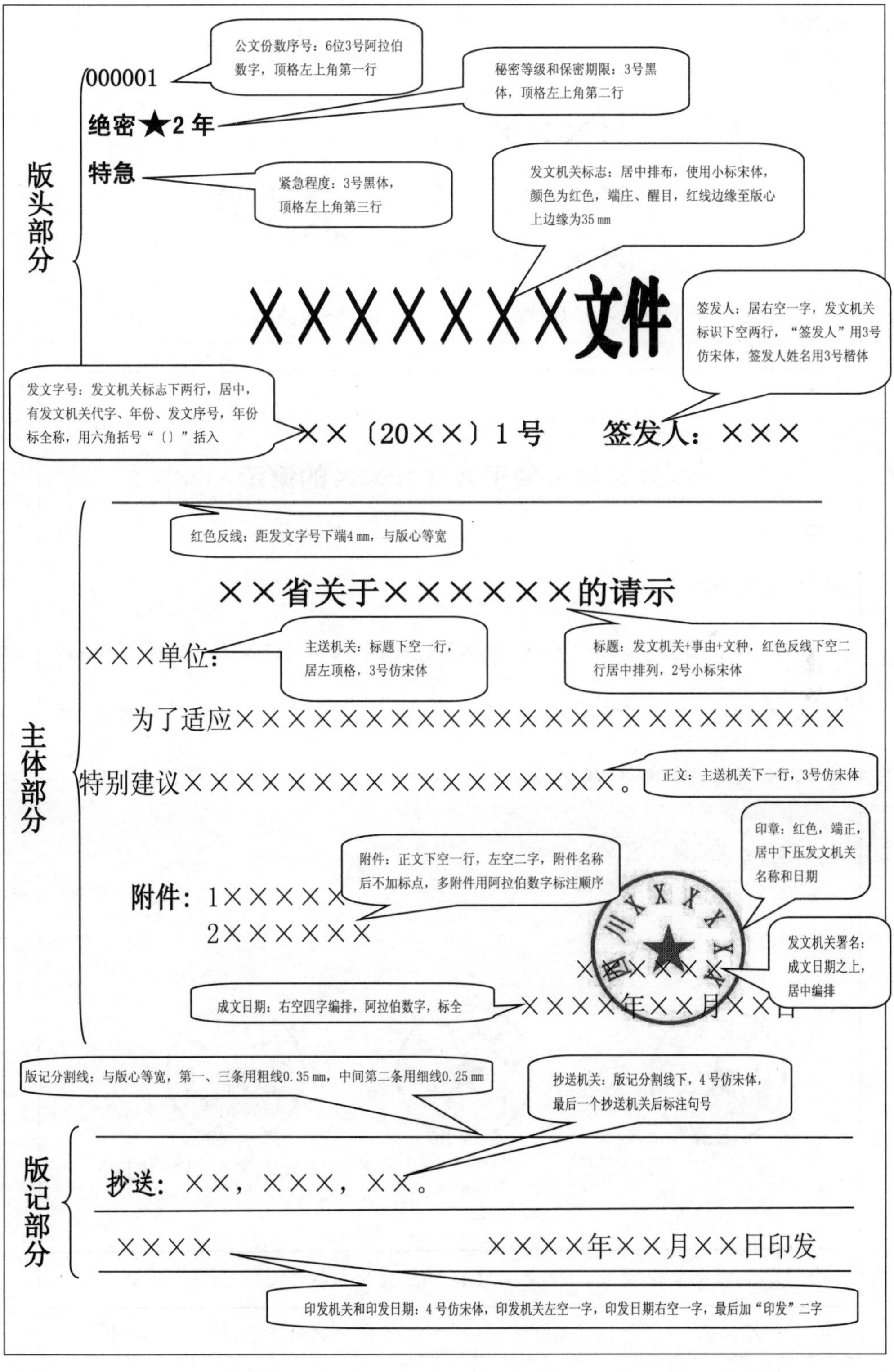
公文份数序号：6位3号阿拉伯数字，顶格左上角第一行
000001
秘密等级和保密期限：3号黑体，顶格左上角第二行
绝密★2年
特急
紧急程度：3号黑体，顶格左上角第三行
版头部分
发文机关标志：居中排布，使用小标宋体，颜色为红色，端庄、醒目，红线边缘至版心上边缘为35㎜
××××××××文件
签发人：居右空一字，发文机关标识下空两行，"签发人"用3号仿宋体，签发人姓名用3号楷体
发文字号：发文机关标志下两行，居中，有发文机关代字、年份、发文序号，年份标全称，用六角括号"〔〕"插入
××〔20××〕1号　签发人：×××
红色反线：距发文字号下端4㎜，与版心等宽
××省关于××××××的请示
×××单位：
主送机关：标题下空一行，居左顶格，3号仿宋体
标题：发文机关+事由+文种，红色反线下空二行居中排列，2号小标宋体
主体部分
为了适应××××××××××××××××××××××××
特别建议××××××××××××××××××。
正文：主送机关下一行，3号仿宋体
印章：红色，端正，居中下压发文机关名称和日期
附件：正文下空一行，左空二字，附件名称后不加标点，多附件用阿拉伯数字标注顺序
附件：1×××××
2××××××
发文机关署名：成文日期之上，居中编排
×××××
成文日期：右空四字编排，阿拉伯数字，标全
××××年××月××日
版记分割线：与版心等宽，第一、三条用粗线0.35㎜，中间第二条用细线0.25㎜
抄送机关：版记分割线下，4号仿宋体，最后一个抄送机关后标注句号
版记部分
抄送：××，×××，××。
××××　××××年××月××日印发
印发机关和印发日期：4号仿宋体，印发机关左空一字，印发日期右空一字，最后加"印发"二字

例文二

联合行文公文版式

000002
机　密
特　急

××××××
×　×　×　**文件**
××××××

××发××〔20××〕10 号　　　　签发人：×××　××
×××

××××关于×××××的请示

（空一行）

×××××：

××××××××××××××××××××××××
××××××××××××××××××××××××××
×××××××××××××××××××××××××。

附件：1××××××××
　　　2××××××××××××××××

（公章）　　（公章）　　（公章）
××部　　××部　　××部
××××年××月××日

抄送：××××××，××××××，××××××。

××××××　　　　××××年××月××日印发

六、公文用纸、印刷、装订

1. 公文用纸

《党政机关公文格式》(GB/T 9704—2012)规定了版面要求:公文用纸采用《印刷、书写和绘图纸幅面尺寸》(GB/T 148—1997)中规定的A4型纸,一般使用纸张定量为60~80 g/m² 的胶版印刷纸或复印纸。纸张白度为80%~90%,横向耐折度≥15次,不透明度≥85%,pH值为7.5~9.5,成品幅面尺寸为210 mm×297 mm。

2. 版面要求

公文版面页边与版心尺寸:天头(上白边)为37 mm±1 mm,公文用纸订口(左白边)为28 mm±1 mm,版心尺寸为156 mm×225 mm。

字体和字号如无特殊说明,公文各要素一般用3号仿宋体字,文中如果有小标题可用3号小标宋体字或黑体字。一般每面排22行,每行排28个字。

3. 公文印刷

公文要双面印刷,文字从左向右横写、横排。要求版面干净无底灰,字迹清晰无断裂,尺寸标准,版心不斜,误差不超过1 mm。印刷的黑色油墨应当达到色谱所标BL100%,红色油墨应当达到色谱所标Y80%、M80%,印品着墨实、均匀,字面不花、不白、不断裂。

4. 公文装订

公文应当左侧装订,不掉页,两页页码之间误差不超过4 mm,裁切后的成品尺寸允许误差 ±2 mm,四角成90° ,无毛茬或缺损。

例文一

A4 型公文用纸页边及版心尺寸

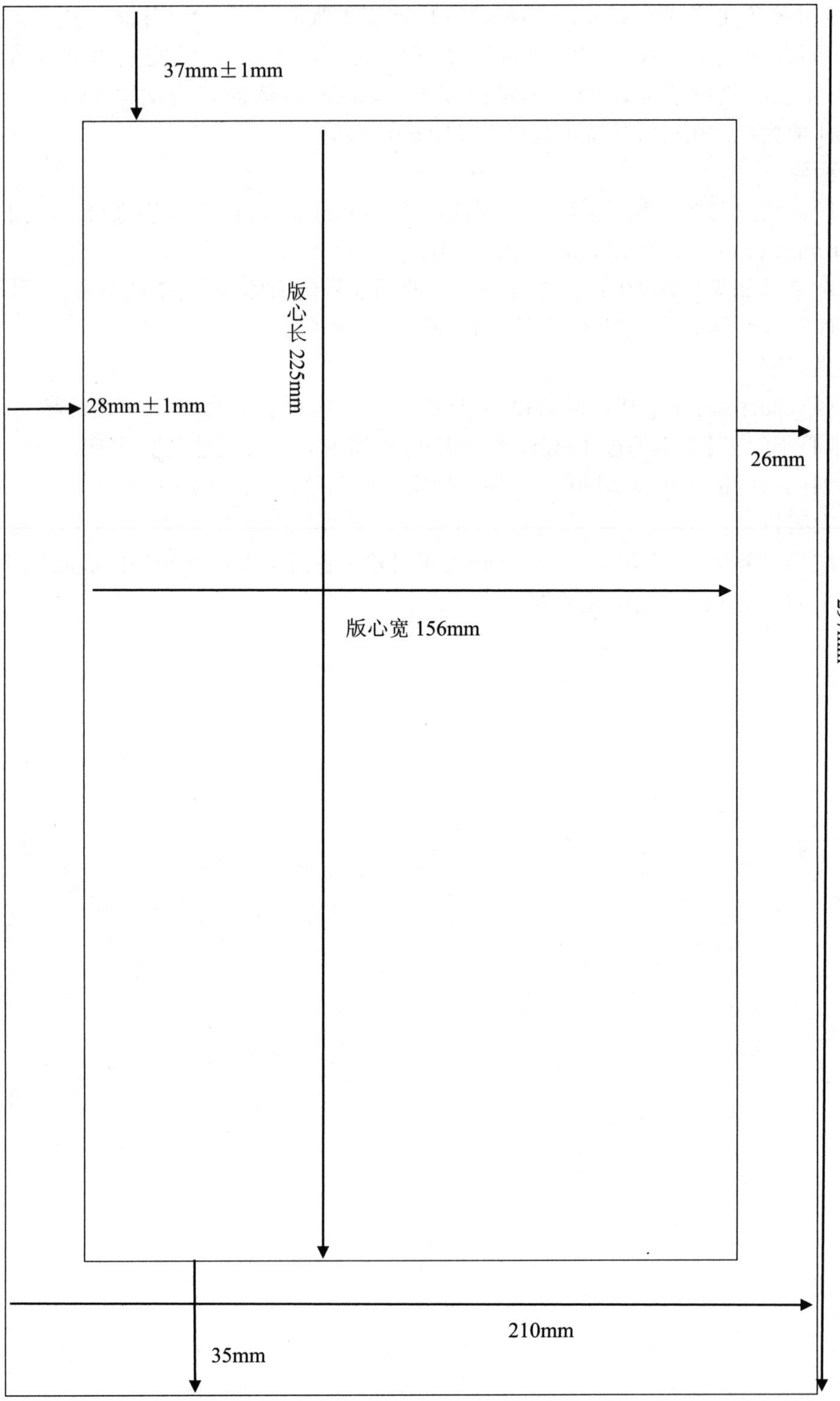

例文二

公文版式首页

000001
机密★1年
特急

××××文件

×××〔20××〕10号

×××××关于×××××的通知

××××××：

××。

××××××××××××××××××××××××××××××××××，××××××××××××××××××××××××××××××××。

××××××××××××××××××××××。

—1—

例文三

公文版式末页

×××××××××××××××××××××××
×××××××，×××××××××××××××
××××××。

　　×××××××××××××××××××××
××××××××××。

　　附件：1.××××××××××
　　　　　2.××××××××××

×××××

××××年××月××日

抄送：××××，××××，××××，××××，××××××，××××

××××××　　　　××××年××月××日印发

—2—

七、公文的特定格式

《党政机关公文格式》中规定，党政机关公文的特定格式包括信函格式、命令（令）格式和纪要格式三种。

（一）信函格式

公文的信函格式是被广泛使用的一种特定格式，主要用于发布、传达要求下级机关执行和有关单位周知或执行的事项，如报送方案、商洽、询问、答复，或者说明某件具体事项。

信函格式相对简单，易操作，在各级党政机关的公文中被广泛应用，常用于通知、批复、函等文种的公文中。

在《党政机关公文格式》中，信函格式有如下规定。

（1）发文机关标志使用发文机关全称或者规范化简称，居中排布，上边缘至上页边为 30 mm，推荐使用红色小标宋体字。联合行文时，使用主办机关标志。

（2）发文机关标志下 4 mm 处印一条红色双线（上粗下细），距下页边 20 mm 处印一条红色双线（上细下粗），线长均为 170 mm，居中排布。

（3）如需标注份号、密级和保密期限、紧急程度，应当顶格居版心左边缘编排在第一条红色双线下，按照份号、密级和保密期限、紧急程度的顺序自上而下分行排列，第一个要素与该线的距离为 3 号汉字高度的 7/8。

（4）发文字号顶格居版心右边缘编排在第一条红色双线下，与该线的距离为 3 号汉字高度的 7/8。

（5）标题居中编排，与其上最后一个要素相距二行。

（6）第二条红色双线上一行如有文字，与该线的距离为 3 号汉字高度的 7/8。

（7）首页不显示页码。

（8）版记不加印发机关和印发日期、分隔线，位于公文最后一面版心内最下方。

例文一

公文特定格式——信函格式

中华人民共和国××××部

000002　　　　　　　　　　　　　　　　**×××〔20××〕10号**

机　密

特　急

××××关于×××××的请示

×××××：

××××××××××××××××××××
××××××××××××××××××××××
××××××××××××××××××××××
××××××××××××××××××××××
××××××××××××××××××××××
××××××××××××××××××××××
××××××××××××××××××××××
××××××××××××××××××××××
××××××××××××××××××××××
×××××××。

（二）命令（令）格式

在《党政机关公文格式》中，命令（令）格式有如下规定。

（1）发文机关标志由发文机关全称加“命令”或“令”字组成，居中排布，上边缘至版心上边缘为 20 mm，推荐使用红色小标宋体字。

（2）发文机关标志下空二行居中编排令号，令号下空二行编排正文。

（3）单一机关制发的公文加盖签发人签名章时，在正文（或附件说明）下空二行右空四字加盖签发人签名章，签名章左空二字标注签发人职务，以签名章为准上下居中排布。在签发人签名章下空一行右空四字编排成文日期。

（4）联合行文时，应当先编排主办机关签发人职务、签名章，其余机关签发人职务、签名章依次向下编排，与主办机关签发人职务、签名章上下对齐；每行只编排一个机关的签发人职务、签名章；签发人职务应当标注全称。

（5）签名章一般用红色。

（三）纪要格式

在《党政机关公文格式》中，纪要格式有如下规定。

（1）纪要标题一般为“× × × × × 纪要”，居中排布，上边缘至版心上边缘为 35 mm，推荐使用红色小标宋体字。

（2）标注出席人员名单，一般用 3 号黑体字，在正文或附件说明下空一行左空二字编排“出席”二字，后标全角冒号，冒号后用 3 号仿宋体字标注出席人单位、姓名，回行时与冒号后的首字对齐。

（3）标注请假和列席人员名单，除依次另起一行并将“出席”二字改为“请假”或“列席”外，编排方法同出席人员名单。

（4）纪要格式可以根据实际情况制定。

例文二

公文特定格式——命令(令)格式

×××××令

第××号

××。

部长　×××

××××年××月××日

—1—

第二节　命令、决定、决议

一、命令

（一）命令的概念

命令又称为令，是国家行政机关及其领导人发布的指挥性和强制性的公文。根据我国《党政机关公文处理工作条例》的规定，命令“适用于公布行政法规和规章、宣布实施重大强制性措施、批准授予和晋升衔级、嘉奖有关单位和人员”。

命令（令）是由国家领导机关发布的具有最高强制性和权威性的文种，有着严格的发布权限，根据《中华人民共和国宪法》等的规定，全国人民代表大会常务委员会委员长、中华人民共和国主席、国务院总理、国务院各部委主要领导人、地方人民代表大会和人民政府及军事领导机关才可以发布命令（令）。此外，某些实行军事化管理的特殊行业，如铁路、航空等，也可以发布命令，除此外的其他机关和人员不得滥用。党的领导机关一般不能单独使用，如有必要可与国家行政机关联名使用。在处理特别重大的紧急事务，如抢险救灾时，地方县以上机关也可以使用命令（令）来实施指挥。

（二）命令的特点

1. 强制性

命令是权威性和强制性最高的公务文书，其直接反映着最高领导机关的意志，一经发布，下级单位必须无条件服从，做到令行禁止，不能随意更改，更不允许讨价还价或者阳奉阴违。违反命令或者抗拒命令者，都要受到严厉惩罚。

2. 权威性

命令是党政机关权力的集中体现，具有法定的权威性。发布命令的机关和个人必须是国家机关和代表国家机关的领导人，在规定的权限和范围内，依法发布命令，下级机关必须坚决执行。

3. 严密性

命令既是执行者行动的依据，又是实施指挥的依据，要求制发命令的机关必须严肃对待，颁发命令的内容要严密，文字要准确，不能随意发布，更不能朝令夕改。

（三）命令的分类

按照命令的具体用途和内容不同，可以将命令分为以下几类。

1. 发布令

发布令用于发布法律、法令、行政法规、规章制度，包括国务院和地方政府制定的法规、规章等，例如《中华人民共和国司法部令》。

2. 行政令

行政令是用来宣布采取的重大强制行政措施，通常指中华人民共和国主席根据全国人民代表大会的决定和全国人民代表大会常务委员会的决定，采取重大强制措施，发布的特赦令、戒严令、动员令等，例如《国务院关于进行第 × 次全国人口普查登记的命令》。与发布令不同，行政令本身既是法令，同时又是使其生效的法定形式。

3. 任免令

任免令指国家行政机关或相应的组织机构对干部进行任命或免除干部职务的命令。

4. 嘉奖令

嘉奖令指公布个人或集体所取得的重大功绩的表彰的命令，如《国务院关于授予×××荣誉称号的命令》。

5. 惩戒令

惩戒令指对犯有重大错误人员进行惩罚的一种命令，一般不轻易使用。

6. 撤销令

撤销令用于撤销下级机关或下级机关不适当的决定的命令。

7. 特赦令

特赦令指对某些改恶从善的罪犯减轻或免除刑罚的命令。

8. 戒严令

戒严令指对局部地区实行戒严时使用的命令。

9. 动员令

动员令是发动人们参加某项活动或紧急投入战备的命令，言辞多富有鼓动性。

10. 通缉令

通缉令主要是公安或司法机关依法通缉触犯我国法律应当被捕归案而在逃，或拘留、逮捕逃脱的犯罪嫌疑人而制定的法律文书。

（四）命令的写作格式和方法

命令一般由标题、编号、主送机关、正文、附件、落款六部分组成。

1. 标题

命令的标题有三种形式。第一种是标准公文三要素式，由发令机关名称加事由再加文种构成，如《国务院关于在我国统一实行法定计量单位的命令》；第二种是没有事由的两要素式，以发令机关全称或领导人职务加文种构成，如《××市人民政府令》《中华人民共和国主席令》；三是没有法令机关名称或法令人的两要素式，即事由加文种构成，如《向全国进军的命令》《××××动员令》。

2. 编号

命令不同于一般公文的发文号，命令的发文字号有三要素式和单一要素式，依据署名来决定。署名是机构的，用公文三要素齐全的发文字号；署名为职务加姓名的，为单一要素式。三要素式由机关代字、年号、顺序号组成，单一要素式只标顺序号，为“第×号”，并且按某发令机关或某发令人在该届任期内所发的命令（令）流水编序号，直至换届再重新编号。

3. 主送机关

如果命令是在一定的范围内发送，要写明送达的机关，如果是普发性命令，可以不写主送机关。

4. 正文

命令的类别不同，正文的写法也有所不同。

（1）颁布性命令的内容一般要包括：颁布的对象、颁布的依据（哪一个组织或哪一次会议的什么法规或规章）、颁布命令的具体内容。

（2）行政命令要写清楚命令的原因（发令缘由）、命令内容或事项、措施和命令的执行要求。

（3）任免令要说明命令的依据、命令的内容。如果被任或被免的人员只有一位，可以接着写下去，不必另起行。

（4）嘉奖令的内容一般包括：嘉奖的原因、嘉奖的内容、对嘉奖对象的希望和要求等。

（5）撤销令一般包括两个部分：发文的原因（撤销的依据）、发令的事项。

（6）惩戒令一般包括三个部分：惩戒的缘由（犯错的事实）、惩戒的方式方法、阐述教训。

5. 附件

有的命令有附件，它是为受文者正确理解和执行命令提供依据。附件位于正文下方，先空两格标明“附件”，再标出附件序号（只一件时不标序号）、标题、份数。

6. 落款

包括署名和日期，如果日期已经在标题下方写明，就不再标注。

例文一

×××××令

第××号

××。

部长　×××

××××年××月××日

例文二

中华人民共和国主席令

第十三号

《中华人民共和国爱国主义教育法》已由中华人民共和国第十四届全国人民代表大会常务委员会第六次会议于2023年10月24日通过，现予公布，自2024年1月1日起施行。

中华人民共和国主席　习近平

2023年10月24日

例文三

四川省人民政府关于对××同志的嘉奖令

在第××届奥运会上，我省运动员××同志在男子×公斤以上级跆拳道比赛中，不畏强手，顽强拼搏，为我国夺得了奥运会跆拳道项目金牌，为国家和我省赢得了荣誉。为此，省政府决定对××同志通令嘉奖。

省政府希望××同志戒骄戒躁，再接再厉，在今后的比赛中，为国家、为我省的体育事业再立新功;并号召全省运动员、教练员及体育工作者以 ×× 同志为榜样,刻苦训练,锐意进取,勇攀高峰,为促进我省体育事业的进一步发展贡献力量。

四川省省长:×××

××××年××月××日

二、决定

(一)决定的概念

根据《党政机关公文处理工作条例》的规定,决定是适用于对重要事项作出决策和部署、奖惩有关单位和人员、变更或者撤销下级机关不适当的决定事项的公文。上至党和国家重大决策和战略部署,下至基层单位的奖惩事宜均可使用决定。决定在加强领导、统一行动、统一思想、提高效率方面起着重大作用。

(二)决定的特点

(1)权威性、集体性。决定是某一级领导机关,就重大事项或重大行动,经过研究并综合特定范围内多数人意见而形成的文件,下级机关、单位、个人都必须贯彻执行。

(2)指令性、规范性。决定是各级领导机关的指挥意志与管理意图的体现,具有很强的指令性,同时又具有规范作用,一经发出,上、下级机关都不能变更和违背。

(三)决定的分类

(1)法规性决定。用于发布权力机关制定、修订或试行的法律文件,以及由政府部门制定的行政法规,如《国务院关于修改部分行政法规的决定》。

(2)决策部署性决定。用于对某个问题、某个事项、某项行动进行决策性的指挥部署,如《××市政府关于加快全市工业发展的决定》。

(3)奖惩性决定。用于表彰或处分有关单位和个人的决定,如《关于表彰××××年先进集体和先进个人的决定》。

(4)变更性决定。用于变更机构人事安排或撤销下级机关不适当的决定事项,如《国务院关于撤销×××同志××××职务的决定》。

(四)决定与命令的区别

(1)决定一般是由集体作出的,而命令则不一定为集体所作。

(2)决定一般是针对重大事项和重大活动,而命令一般是针对具体的人事任免、嘉奖等。

(3)命令的行文一般只作论断性行文,不作过程陈述。

(4)决定的权威性没有命令高。

(5)命令文体用于行政机关,不用于党的机关。

(五)决定的写作格式和方法

决定一般包括标题、题注、主送机关、正文、附件、落款六个部分。

1. 标题

决定的标题主要有两种写法:第一种是由发文机关、事由、文种三个要素组成,如《国务院关于整顿和规范市场经济秩序的决定》;第二种是由事由、文种两个要素组成,如《关于严惩电信诈骗犯罪分子活动的决定》。

2. 题注

公布颁布决定的时间写在标题下括号内,如果是会议通过的决定,需要写明是什么时间、什么会议通过的。

3. 主送机关

如果该决定是在一定的范围内发送，要写明送达的机关。如果是普发性决定，可以不写主送机关。

4. 正文

决定的正文内容主要有以下三个方面。

（1）决定依据。由于决定的种类和实际需要不同，依据内容的详略程度也不同，为了使受文者对决定有更充分的认识，在决定的依据部分可以多写一些，内容丰富一些，这部分写完后，一般以“特作出如下决定”“现决定如下”等引出下一个部分。

（2）决定事项。决定事项是决定最重要的内容，其内容一定要依据实际情况写清楚，如对某项工作确定基本原则、提出具体要求、作出具体规定、提出具体措施，对某人表明基本态度、作出合理安排等。根据不同情况，这一部分可以采用一段到底的方式或者分条列项的方式进行书写。

（3）执行要求。主要用于写明落实决定的具体要求和措施，也可以提出一些相应的希望、发出一些相应的号召等，可以单独写一段，也可以分成几段或几项。

5. 附件

有的决定有附件，它为受文者正确理解和执行决定提供依据。附件位于正文下方，先空两格标明“附件”，再标出附件序号（只一件时不标序号）、标题、份数，每件一行。

6. 落款

落款包括发文机关和发文日期两个部分，位于正文结尾右下方位置。如果标题中已经写明发文机关，则落款可以省略发文机关；如果是会议通过的决定，发文日期应该写在标题下方，落款则不需要再写日期。

例文一

××省关于××××××（事由）的决定

×××××：

为了××××××（达到的目的），根据××××××（决定的依据），经研究，现就××××××问题作出如下决定：

一、××××××。

二、××××××。

三、××××××。

××××（发文单位）

××××年××月××日

例文二

全国人大常委会关于确定中国人民抗日战争胜利纪念日的决定

（2014 年 2 月 27 日第十二届全国人民代表大会常务委员会第七次会议通过）

中国人民抗日战争，是中国人民抵抗日本帝国主义侵略的正义战争，是世界反法西斯战争的重要组成部分，是近代以来中国反抗外敌入侵第一次取得完全胜利的民族解放战争。中国人民抗日战争的胜利，成为中华民族走向振兴的重大转折点，为实现民族独立和人民解放奠定了重要基础。中国人民为世界各国人民夺取反法西斯战争的胜利、争取世界和平的伟大事业作出了巨大贡献和民族牺牲。中华人民共和国成立后，中央人民政府政务院、国务院先后将 1945 年 9 月 2 日日本政府签署投降书的次日即 9 月 3 日设定为“九三抗战胜利纪念日”。为了牢记历史，铭记中国人民反抗日本帝国主义侵略的艰苦卓绝的斗争，缅怀在中国人民抗日战争中英勇献身的英烈和所有为中国人民抗日战争胜利作出贡献的人们，彰显中国人民抗日战争在世界反法西斯战争中的重要地位，表明中国人民坚决维护国家主权、领土完整和世界和平的坚定立场，弘扬以爱国主义为核心的伟大民族精神，激励全国各族人民为实现中华民族伟大复兴的中国梦而共同奋斗，第十二届全国人民代表大会常务委员会第七次会议决定：

将 9 月 3 日确定为中国人民抗日战争胜利纪念日。每年 9 月 3 日国家举行纪念活动。

例文三

国务院关于取消和调整一批罚款事项的决定

国发〔20××〕××号

各省、自治区、直辖市人民政府，国务院各部委、各直属机构：

为进一步推进“放管服”改革、优化营商环境，国务院开展了清理行政法规和规章中不合理罚款规定工作。经清理，决定取消公安、交通运输、市场监管领域××个罚款事项，调整交通运输、市场监管领域××个罚款事项。

国务院有关部门要求自本决定印发之日起××日内向国务院报送有关行政法规修改草案送审稿，并完成有关部门规章修改和废止工作，部门规章需要根据修改后的行政法规调整的，要在相关行政法规公布后××日内完成修改和废止工作。罚款事项取消后，确需制定替代监管措施的，有关部门要依法认真研究，严格落实监管责任，创新和完善监管方法，规范监管程序，提高监管的科学性和精准性，进一步提升监管效能，为推动高质量发展提供有力支撑。

附件：国务院决定取消和调整的罚款事项目录

国务院

××××年××月××日

三、决议

（一）决议的概念

决议是 2012 年 4 月 16 日中共中央办公厅、国务院办公厅联合印发的《党政机关公文处理工作条例》中新增的正式公文文种。

根据《党政机关公文处理工作条例》的规定，决议“适用于会议讨论通过的重大决策事项”。决议必须经过会议集体讨论通过，由法定多数表决通过，然后正式行文，以会议名义发布，要求贯彻执行或知晓。

（三）决议的特点

（1）权威性。决议的内容事关重要决策事项，一经公布，受文单位必须坚决执行，不能违背和抵制。

（2）指导性。决议是对重大的、需要集体研究决策的事项进行的公布，因此对安排工作、确定方向等具有指导意义。

（3）程序性。决议必须经过会议集体讨论后才能形成，有严格的程序性。

（四）决议的分类

决议一般可以分为公布性决议、批准性决议和阐述性决议三种类型。

（1）公布性决议：是为公布某种法规、提案而写作的决议。

（2）批准性决议：是用于肯定或否定某种议案的文件。

（3）阐述性决议：是对某些重大结论的具体内容加以展开阐述的决议。

（五）决议和决定的区别

（1）从制作程序上区分。决议须经某一级机关或组织机构的法定会议对某一议题进行集体讨论，由法定多数表决通过，然后形成正式文件，并以会议的名义公布。而决定却不一定经过法定会议讨论通过的程序。它既可以是某种会议讨论研究的成果，并形成正式文件予以公布，也可由各级领导机关直接制作并予以公布。

（2）从作用上区分。决议一律要求下级机关执行；而决定只有“部署性决定”才要求下级机关执行，“宣告性决定”只起知照性作用，一般不要求下级机关执行。

（3）从内容上区分。在会议讨论通过的前提下，凡作出了具体的规定和要求，履行法定的权利，强制有关部门贯彻执行的，用决定。若只是简要地表示肯定或否定的意见，履行法律程序，指导有关部门遵照办理的，用决议。由会议或领导机关直接制定发布行政法规，用决定。由会议审议批准某项议案、重要报告、法规，用决议，所审议批准的条文作为决议的附件。授予荣誉称号或给予处分，用决定。审议机构成立或撤销，用决议。

（六）决议的格式和写作方法

决议一般包括标题、题注、正文四个部分。

1. 标题

决议的标题有两种形式，第一种是由发文机关（或会议名称）、事由、文种构成，如《中国共产党第 ×× 次全国代表大会关于 ×× 届中央委员会报告的决议》；第二种由事由、文种构成，如《关于建国以来党的若干历史问题的决议》。

2. 题注

一般用小括号，在标题下方，写明会议名称及成文日期，也可以只写成文日期。

3. 正文

正文由决议缘由、决议事项、结语三部分组成。

（1）决议缘由：简要说明有关会议审议决议涉及事项的情况，陈述作出决议的原因、根据、背景、目的或意义。

（2）决议事项：写明会议通过的决议事项，或会议对有关文件、事项作出的评价、决定，或对有关工作作出的部署安排和要求、措施。

（3）结语：一般紧扣决议事项有针对性地提出希望、号召和执行要求。有的决议可不单列这部分。

例文一

中国共产党××（地区）委员会第×届委员会
第××次全体会议决议
（××年××月××日中国共产党××委员会第×届委员会第×次全体会议通过）

中国共产党××（地区）委员会第×届委员会第×次全体会议，于××年××月××日在××召开。

全会由×××常委会主持，×××受×××常委会委托做了重要讲话。全会深入贯彻了……认真落实了……安排部署了……审议通过了……

全会认为……

全会指出……

全会强调……

全会号召……

例文二

中共中央关于党的百年奋斗重大成就和历史经验的决议
（2021年11月11日中国共产党第十九届中央委员会第六次全体会议通过）

序言

中国共产党自一九二一年成立以来，始终把为中国人民谋幸福、为中华民族谋复兴作为自己的初心使命，始终坚持共产主义理想和社会主义信念，团结带领全国各族人民为争取民族独立、人民解放和实现国家富强、人民幸福而不懈奋斗，已经走过一百年光辉历程。

一百年来，党领导人民浴血奋战、百折不挠，创造了新民主主义革命的伟大成就；自力更生、发愤图强，创造了社会主义革命和建设的伟大成就；解放思想、锐意进取，创造了改革开放和社会主义现代化建设的伟大成就；自信自强、守正创新，创造了新时代中国特色社会主义的伟大成就。党和人民百年奋斗，书写了中华民族几千年历史上最恢宏的史诗。

……

一、夺取新民主主义革命伟大胜利

（略）

二、完成社会主义革命和推进社会主义建设

（略）

三、进行改革开放和社会主义现代化建设

（略）

四、开创中国特色社会主义新时代

（略）

以习近平同志为核心的党中央，以伟大的历史主动精神、巨大的政治勇气、强烈的责任担当，统筹国内国际两个大局，贯彻党的基本理论、基本路线、基本方略，统揽伟大斗争、伟大工程、伟大事业、伟大梦想，坚持稳中求进工作总基调，出台一系列重大方针政策，推出一系列重大举措，推进一系列重大工作，战胜一系列重大风险挑战，解决了许多长期想解决而没有解决的难题，办成了许多过去想办而没有办成的大事，推动党和国家事业取得历史性成就、发生历史性变革。

（一）在坚持党的全面领导上（略）

（二）在全面从严治党上（略）

（三）在经济建设上（略）

（四）在全面深化改革开放上（略）

（五）在政治建设上（略）

（六）在全面依法治国上（略）

（七）在文化建设上（略）

（八）在社会建设上（略）

（九）在生态文明建设上（略）

（十）在国防和军队建设上（略）

（十一）在维护国家安全上（略）

（十二）在坚持“一国两制”和推进祖国统一上（略）

五、中国共产党百年奋斗的历史意义

（略）

六、中国共产党百年奋斗的历史经验

（略）

党中央号召，全党全军全国各族人民要更加紧密地团结在以习近平同志为核心的党中央周围，全面贯彻习近平新时代中国特色社会主义思想，大力弘扬伟大建党精神，勿忘昨天的苦难辉煌，无愧今天的使命担当，不负明天的伟大梦想，以史为鉴、开创未来，埋头苦干、勇毅前行，为实现第二个百年奋斗目标、实现中华民族伟大复兴的中国梦而不懈奋斗。我们坚信，在过去一百年赢得了伟大胜利和荣光的中国共产党和中国人民，必将在新时代新征程上赢得更加伟大的胜利和荣光！

例文三

第十四届全国人民代表大会第一次会议关于最高人民法院工作报告的决议

（2023年3月13日第十四届全国人民代表大会第一次会议通过）

第十四届全国人民代表大会第一次会议听取和审议了最高人民法院院长周强所作的工作报告。会议充分肯定最高人民法院过去五年的工作，同意报告提出的2023年工作建议，决定批准这个报告。

会议要求，最高人民法院要以习近平新时代中国特色社会主义思想为指导，深入贯彻习近平法治思想，全面贯彻党的二十大和二十届一中、二中全会精神，深刻领悟“两个确立”的决定性意义，增强“四个意识”、坚定“四个自信”、做到“两个维护”，毫不动摇坚持党的绝对领导，坚持以人民为中心，坚持中国特色社会主义法治道路，践行全过程人民民主，忠实履行宪法法律赋予的职责，全面提升审判执行工作质效，深化司法体制综合配套改革，持续加强智慧法院建设，锻造过硬法院队伍，加快推进审判体系和审判能力现代化，全力维护国家政治安全、确保社会大局稳定、促进社会公平正义、保障人民安居乐业，为全面建设社会主义现代化国家、全面推进中华民族伟大复兴提供有力司法保障。

第三节　通知、通报

一、通知

（一）通知的概念

"通知"本为通达知晓的意思，作为公务文书，其是一种应用非常广泛、频繁的文种。《党政机关公文处理工作条例》中规定，通知"适用于发布、传达要求下级机关执行和有关单位周知或者执行的事项，批转、转发公文"。通知在周知某项事项、向下级机关和单位发布规章制度、要求下级机关办理相关工作、下达有关指示要求、布置相关工作、传达领导意见、任免干部、决定具体问题等方面有着非常重要而积极的作用。

通知属于知照性公文，发文单位几乎不受行政级别的限制，各党政机关、企事业单位、民间团体等均可使用通知。

（二）通知的特点

（1）功能多样。通知用来布置工作、传达指示、晓谕事项、发布规章、批转和转发文件、任免干部等等，下行文的主要功能，它几乎都具备。

（2）运用广泛。通知的发文机关，几乎不受级别的限制，大到国家级的党政机关，小到基层的企事业单位，都可以发布通知。

（3）指导性。通知可对当前的重要工作进行指导，具有一定的权威性和指令性。

（4）晓谕性。通知总是有所告知，有所要求，或告诉人们有关事项，或要求办理、遵守、执行某些事项。

（5）较强的时效。通知事项往往都有很强的时间要求，一般都会要求下级机关在规定的时间内完成具体工作。

（三）通知的分类

（1）发布性通知。上级机关发布一般行政法规和规章等公文时所用的大都是通知，如《国务院关于颁发〈中华人民共和国商标法实施细则〉的通知》《国家税务总局关于印发〈个人所得税自行申报纳税暂行办法〉的通知》。

（2）指示性通知。上级机关对下级机关的某项工作有所指示、部署，要求办理、执行，而根据公文内容又不适用命令、决定、指示时，则用指示性通知，如《国务院关于转发教育部深化高等教育体制改革若干意见的通知》《国务院办公厅关于坚决控制境外废物向我国转移的通知》。

（3）批转、转发性通知。这类通知是针对被批转、转发的文件或发布的行政规章而发的，通知是正式文件，原文就是附件。正件、附件一起，组成了完整的通知。需要注意的是，这类通知通过层层转发或批转，标题往往会出现两个以上的“关于”和“通知”，显得结构累赘，应尽量注意标题的简洁，如《××省人民政府关于转发〈国务院批转〈国家经济委员会关于抓好小商品供应的通知〉的通知〉的通知》。

(4)告知性通知。主要用于公布某些专门事项，如学校开学，设置机构、启用印章、更正文件、迁置办公、召开会议、临时停电等均用这类通知，如《××学校关于成立志愿者协会的通知》《××省人民政府办公厅关于撤销省政府清理整顿公司领导小组及其办公室的通知》《关于召开××××会议的通知》

(5)任免、聘用性通知。主要用于任命、免职或聘用人员，如《××市政府关于许××等同志职务任免的通知》。

(6)会议性通知。主要是发文机关邀请或通知所属有关单位参加会议，研究部署工作，商议重要事项时使用的通知。

(四)通知的写作格式和方法

通知一般包括标题、主送机关、正文、附件、落款等几个部分。

1. 标题

通知的标题一般有三种：第一种由发文机关名称、事由、文种组成，如《中共中央办公厅关于严禁用公费变相出国(境)旅游的通知》；第二种由事由、文种组成，如《关于搞好春节期间消防安全工作的通知》；第三种是直接使用“通知”二字。如遇通知的事情紧急，可在文种前加“紧急”二字。

特别需要说明的是，转发类通知标题很复杂，有的显得很长。它的事由部分由“转发”(批转、印发)和被转发文件的名称组成，再加上发文机关和文种，就显得很复杂了。有些文件在层层转发的过程中，每转发一次，标题就多一层，如《××省人民政府关于转发〈国务院批转〈国家经济委员会关于抓好小商品供应的通知〉的通知〉的通知》。如果县、乡政府再转发，就会出现更多的“通知”。

要改变这种情况，可以直接转发原文件，如《××省人民政府转发国家经济委员会关于抓好小商品供应的通知》。还可以根据上级机关文件的基本精神，直接下发通知，如《××省人民政府关于抓好小商品供应的通知》(正文内容可将前两个文件名完整写上)。对于文件出现两个介词“关于”的情况，省掉发文机关后面的“关于”，只用“转发”，保留原始发文机关的介词“关于”。

2. 主送机关

如果通知是在一定的范围内发送，要写明主送机关。如果是周知性的通知，可以不写主送机关。主送机关写在标题下方，顶格书写。当主送机关名称比较多时，要注意对其进行合理排列和规范。

3. 正文

通知的正文，包括缘由、事项、执行要求三部分。

(1)缘由：不同的通知，其缘由的侧重点有所不同。比如指示类通知的缘由应该表明当前存在的问题是什么，下发通知的根据是什么、目的是什么、意义是什么等；批转、转发类通知，一般情况下要说明转发的原因、转发的对象和转发的决定；发布类通知一般可以不说明缘由。

（2）事项：要写明上级机关的指示要求、方法措施、规划步骤等内容。在结构安排上，一般采用分条列项式写法，用序号表明层次；也可采用分列小标题式写法，通过将内容分作几个方面，分别进行阐述，要求条理清晰。

（3）执行要求：要明确时间、效果等内容。

4. 附件

转发性通知，原文均作为附件。

5. 落款

落款包括发文机关和发文日期两个部分，应该写在正文右下方。如果发文机关的名称在标题中已经写明，正文之后不写落款，直接加盖机关印章；如果成文日期已经在标题下方写明，就不再标注。

例文一

××××关于××××的通知

××××（主送机关）：

至××××（时期）以来，取得了××××的成绩。但还存在××××不足。为了××××，经过××××同意，现就加强××××事项的有关要求通知如下：

一、××××

（一）××××

（二）××××

二、××××

（一）××××

（二）××××

××××（发文机关）

××××年××月××日

例文二

国务院办公厅关于××××年部分节假日安排的通知

各省、自治区、直辖市人民政府，国务院各部委、各直属机构：

经国务院批准，现将××××年元旦、春节、清明节、劳动节、端午节、中秋节和国庆节放假调休日期的具体安排通知如下。

一、元旦：1月1日放假，与周末连休。

二、春节：（略）

三、清明节：（略）

四、劳动节：（略）

五、端午节：（略）

六、中秋节：（略）

七、国庆节：（略）

节假日期间，各地区、各部门要妥善安排好值班和安全、保卫等工作，遇有重大突发事件，要按规定及时报告并妥善处置，确保人民群众祥和平安度过节日假期。

国务院办公厅

××××年××月××日

例文三

四川省人民政府关于×××等同志任职的通知

川府函〔20××〕×号

各市（州）人民政府，省政府各部门、各直属机构，有关单位：

四川省人民政府决定任命：

×××同志为四川省国家保密局局长；

×××同志为四川省经济合作促进中心主任（试用期一年）；

×××同志为四川省人民政府驻上海办事处主任（试用期一年）。

特此通知。

四川省人民政府

20××年××月××日

例文四

教育部关于印发《高等学校课程思政建设指导纲要》的通知

教高〔20××〕×号

各省、自治区、直辖市教育厅（教委），新疆生产建设兵团教育局，有关部门（单位）教育司（局），部属各高等学校、部省合建各高等学校：

《高等学校课程思政建设指导纲要》已经教育部党组会议审议通过，现印发给你们，请结合实际认真贯彻执行。

教育部

20××年××月××日

附件：《高等学校课程思政建设指导纲要》（略）

二、通报

（一）通报的概念

根据《党政机关公文处理工作条例》中规定，通报是适用于表彰先进、批评错误、传达重要精神和告知重要情况的公务文书。

通报是一种知照性公文，是上级机关将具体的工作经验、典型事例，以及具有教育警戒意义的事件、应该引以为戒的事故等，以文件的形式周知下级单位的，具有明显传达性、知晓性、指导性和教育性的公文。通报的使用范围很广，各级党政机关、企事业单位、民间团体等都可以使用。

（二）通报的特点

（1）典型性。通报的内容反映的是具体的正反面典型事例，无论是表彰先进、批评错误，还是传达精神、告知重要情况，都要求是典型的人物、典型的事件和典型的情况，都要具有普遍的教育意义和指导意义。

（2）真实性。真实性是通报的重要特性，所谓“言之有理，言之有据”就是这个道理。通报往往通过表彰先进、批评错误等方式对他人起教育警示作用，因此所言的人物和事件必须真实，不能有丝毫的差错和编造，否则会失去警示教育的作用。

（3）倾向性。通报的倾向性非常明显，对通报的人和事要态度明确，是要表彰还是要批评，是传达还是告知，都要有明确的态度。要有是非观念，不能以局外人或旁观者的态度拟写通报。

（4）教育性。通报的目的不仅仅是让人们知晓内容，其主要的任务是让人们知晓内容之后，从中接受先进思想的教育或警戒错误，引起注意，接受教训，使人们知道应该这样做而不应该那样做。

（5）时效性。通报要像新闻一样力争一个“快”，即通报的写作和宣传都应该及时、快速、准确，这样才能更好地发挥其教育作用。

（三）通报的种类

（1）表彰性通报。这是上级机关用来表彰先进集体和个人，介绍其先进事迹，推广其典型经验，号召有关单位及广大群众见贤思齐，起到调动积极性的作用的通报，如《国务院办公厅关于对国务院第 × 次大督查发现的典型经验做法给予表扬的通报》。

（2）批评性通报。这是上级机关用来批评犯有错误的单位和个人，揭露其问题，总结其教训，要求有关单位及人员引以为戒的通报，如《关于 ×× 同志违纪渎职的通报》。

（3）传达性通报（情况性通报）。这是上级机关为使下级单位及时了解信息、积极开展工作，向其传达重要精神和情况的通报，如《国务院办公厅关于 ×××× 年第 × 次全国政府网站抽查情况的通报》。

（四）通知和通报的区别

（1）目的不同。通知的目的是使受文对象了解需要周知或办理、执行的事项，要求下级机关在工作中照此办理或执行，具有较强的、具体的、直接的约束力；通报则是通过对典型事例或重要情况的传达，教育干部或群众，指导和推动今后的工作，对受文者的约束力不具体。

（2）内容不同。通知一般是传达上级指示，告知的是一般事项，通报则传达的是重要精神和情况，告知的是特殊的、典型的事项。

（3）表现方法不同。通知主要是叙述，告知人们做什么，怎样做，叙述具体；通报则兼用叙述、分析和议论，有较强的感情色彩。

（4）其他。通知的事件事实尚未发生，通报则是以事实作前提；通知常常发给与内容相关的一个或几个受文单位，通报的受文对象则一般为所有的下属单位。

（五）通报与命令（令）及决定的区别

（1）庄严性、重要性的程度不同。命令（令）比决定重要、庄严；决定又比通报重要、庄严；在使用上，有嘉奖令，没有惩戒令，奖惩决定也少于惩戒通报。

（2）涉及对象面大小不同。命令（令）的奖惩对象是极个别极为突出的单位和个人；决定和通报则既可一次奖惩个别单位和个人，也可以一次奖惩大批人员和较多单位。

（3）制发权限不同。命令（令）的制发权限要求非常严格，主要限定在国家一级，省一级偶然可用；而决定和通报则各级都可以制发，各单位都可以制发。

（六）通报的写作格式和方法

通报一般包括标题、主送机关、正文、落款四个部分。

1. 标题

通报的标题一般有四种：第一种由发文机关、事由和文种构成，如《国务院关于表彰国家科委等单位常年深入基层开展扶贫工作的通报》；第二种由事由和文种构成，如《关于食品安全工作的情况通报》；第三种由发文机关名称和文种构成，如《中共中央纪律检查委员会通报》；第四种直接用"通报"二字。

2. 主送机关

普发性的通报可以不标志主送机关，其他通报都应顶格标明通报的主送机关。

3. 正文

通报的类型不同，正文内容也有所不同。

（1）表彰性通报。第一部分叙述先进事迹以及产生的积极效果，要使用描述性语言，写明时间、地点、人物、基本过程，事件叙述要清楚明白，详略得当；第二部分分析、评议事迹，要以判断为主，指出事迹的典型意义；第三部分提出表彰，要写清楚什么会议或什么机构决定给予什么表彰或奖励，一般以精神奖励为主，以物质奖励为辅。第四部分发出号召，号召被奖励者再接再厉，同时号召其他人要学习先进、做好工作。这部分是全文思想的落脚点，要写得完整、得体，富有逻辑性。

（2）批评性通报。第一部分叙述错误现象，如果是针对个人错误通报，要写明犯错人的基本情况，包括姓名、单位、职务等。如果是针对机关单位的错误通报，要对错误现象进行详细叙述。如果是针对普遍存在的错误通报，在叙述错误现象时候，要从不同地方、不同单位的许多同类事实中选出一些有代表性的错误现象进行综合叙述；第二部分分析错误性质、危害，对错误现象或事件带来的性质、危害进行分析；第三部分公布惩罚决定，提出治理措施，要写明根据什么规定、经过什么会议决定给予什么处分；第四部分提出要求，概括地提出引起重视，认清性质，吸取教训，措辞可以严厉，篇幅不宜过长。

（3）情况性通报。第一部分概述通报的内容，一般不需要长篇大论，叙述一下总体情况即可；第二部分叙述主要做法和成绩，主要用来叙述工作中的有关情况，注意梳理归类，合理安排结构；第三部分分析存在的主要问题，在叙述完成绩之后，对工作中存在的问题进行必要阐述，要点透问题，要注意措辞；第四部分提出以后的打算或要求，以后的打算是发文机关对以后工作的安排情况，以后的要求是发文机关对主送机关的要求。

4. 落款

落款包括发文机关和成文日期。落款写在正文之后右下方。如在标题中已经出现发文机关名称，落款也可省略；如发文日期已在标题下行的居中位置注明，结尾处也可略去不写。

例文一

××××(单位)关于××××工作情况的通报

××××(主送机关):

现将××××年××××工作情况通报如下:

一、基本情况

(略)

二、存在的主要问题

(略)

三、改进工作的具体措施

(略)

四、相关要求

(略)

××××

××××年××月××日

例文二

国务院办公厅关于对国务院第×次大督查
发现的典型经验做法给予表扬的通报

国办发〔20××〕×号

各省、自治区、直辖市人民政府,国务院各部委、各直属机构:

为推动党中央、国务院重大决策部署贯彻落实,××××年×月下旬至×月底,国务院部署开展了对重大政策措施落实情况的第×次大督查。从督查情况看,各地区、各部门认真贯彻落实中央经济工作会议部署和政府工作报告提出的任务要求,勇于创新、真抓实干,敢于担当、主动作为,在促进经济平稳增长、推进供给侧结构性改革、抓好"三去一降一补"重点任务、推动大众创业万众创新、培育发展新动能、破解民生难题等方面结合实际创造性地开展工作,取得了积极成效,形成了一些好的经验和做法。

为进一步调动和激发各方面的主动性、积极性和创造性,推动形成干事创业、竞相发展的良好局面,经国务院同意,对北京市海淀区以建设双创示范基地为契机促进经济发展提质增效等×项地方典型经验做法和国家发展改革委、工业和信息化部积极推进钢铁煤炭行业化解过剩产能工作等×项部门典型经验做法予以通报表扬。希望受到表扬的地区、部门珍惜荣誉,再接再厉,取得新的更大成绩。

各地区、各部门要按照党中央、国务院的总体部署,牢固树立创新、协调、绿色、开放、共享的新发展理念,坚持稳中求进工作总基调,积极适应和引领经济发展新常态,振奋精神,铆足干劲,迎难而上,锐意进取,学习借鉴典型经验做法,主动破解经济运行和改革发展中的难题,全力推动党中央、国务院重大决策部署落地生效,实现经济社会持续健康发展。

附件:1. 国务院第×次大督查发现的地方典型经验做法(共×项)

2. 国务院第 × 次大督查发现的部门典型经验做法(共 × 项)

国务院办公厅

20×× 年 ×× 月 ×× 日

例文三

××× 省建筑坍塌事故的通报

各市(州)、×××、×××

20×× 年 ×× 月 ×× 日，×× 县 7 人相约 18 时许到 ×× 体育俱乐部打篮球。19 时 20 分许,有学生发现屋顶异常并向门口跑去,随即屋顶发生坍塌。事发后，3 人自行脱险,其中 2 人未受伤,1 人及时送到医院救治;4 人被困,1 人于 19 时 50 分许被救出,其他 3 人被救出后,经医院抢救无效死亡。省政府领导同志高度重视,为了认真吸取事故教训,进一步加强安全工作,防止同类事故再次发生,现将事故情况通报如下:

一、事故情况和原因

二、事故处理决定

三、具体要求

××××

×××× 年 ×× 月 ×× 日

第四节 报告、请示、批复

一、报告

(一)报告的概念

根据《党政机关公文处理工作条例》规定,报告是适用于向上级机关汇报工作、反映情况,回复上级机关的询问的上行公文。

报告的适用范围相当广泛,可以用于定期或不定期向上级机关汇报工作,反映本部门、本单位贯彻执行各项方针、政策或者为作出决策、发出指示提供依据;也可以用于向上级机关陈述意见、提出建议,提出解决问题的途径,为上级机关当好参谋;还可以用于答复上级机关的询问,使上级机关在全面掌握情况的基础之上准确、有效地指导工作。

(二)报告的特点

(1)汇报性。报告是下情上达的重要工具。一般来说,报告多为事后才行文,是下级机关向上级机关报告,以便使上级更准确了解下情,更有效地指导工作。汇报性是报告最显著的特性,也是报告的生命线。

(2)陈述性。报告均要向上级机关或主管部门具体陈述正在做什么或已经做了什么,要陈述清楚怎样做的,有何经验教训,存在的问题在哪里等,这决定了报告行文必须将情况陈述清楚,以便上级机关从中了解下级机关的真实情况。报告是陈述性公文,要言之有物,不说大话、空话、套话。也不宜在报告中讲过多的大道理,内容要扼要,文字要简明。

(3)隶属性。报告这种文体只能用于有隶属关系的上下级机关,不相隶属的机关不能使用这种文体。

(4)真实性。报告是向上级机关汇报工作,应该本着实事求是的态度如实汇报,无论是成绩还是失误,都应该全面、真实地反映,不能报喜不报忧,也不可夸大和虚构。报告中不能用"据说""传闻""估计""可能"等未经核实的材料,更不能谎报瞒报。

(三)报告的分类

(1)按内容可分为工作报告、调查报告、情况报告、答复报告。

(2)按范围可分为专题报告、综合报告。

(3)按时间可分为定期报告、月份报告、季度报告、年度报告以及不定期报告。

(四)报告的写作格式和方法

报告一般包括标题、主送机关、正文、落款四个部分。

1. 标题

报告的标题一般有两种,第一种由发文机关、事由和文种三要素组成,如《教育部关于义务教育学生营养改善计划实施情况的报告》;第二种由事由加文种两部分组成,如《关于社区保健医疗网点建设情况的报告》《政府工作报告》等。有的报告因事情紧迫,可在文种前加"紧急"二字,如《关于援助地震灾区医疗设备的紧急报告》。

2. 主送机关

在标题下正文前顶格书写送达的对象,并加冒号。主送机关尽量要少,一般只主送一个上级机关,根据需要同时抄送有关上级机关和同级机关,但不抄送下级机关;如果受双重领导的机关,向一个上级机关报告,抄送另一个上级机关。

3. 正文

报告的正文由引言、主体和结语组成。

(1)引言,要简明扼要地将报告事项的有关依据、目的意义、总体情况等做一个概述,以点明全文主旨,通常用"现将有关情况汇报如下"承上启下,领起下文。

(2)主体,是报告的事项部分,也是报告的核心内容,要叙述报告的具体内容。如果报告内容较少,可以采用一段式书写;如果报告内容比较多,可以采用分段式书写。报告内容包括主要情况、存在问题、经验教训、今后打算等,不同种类的报告,在以上四方面各有侧重。

(3)结语,在主体部分后,另起一行,空两格用"特此报告""专此报告""以上报告如有不妥,请指正"等惯用语结束全文。

4. 落款

落款包括发文机关和发文日期两个部分。在正文右下角写明发文机关和发文日期,并加盖公章。如在标题中已经出现发文机关名称,落款可省略,直接加盖公章即可,发文日期右空四字。

例文一

关于 ×××× 工作的督查报告

××××（主送机关）：

按照 ××××（上级单位）的要求，×××× 年 ×× 月 ×× 日，组成了督查组，采取了实地督查、催报督查等方式，对 ×××× 的情况进行了严格督查。督查结束后总结了经验和做法，分析、研究了存在的主要问题，提出了进一步加强和改进 ×××× 工作的建议。现将有关情况汇报如下：

一、基本情况

（略）

二、存在的问题及原因

（略）

三、工作建议

（略）

特此汇报！

××××

×××× 年 ×× 月 ×× 日

例文二

政府工作报告

——2018 年 3 月 5 日在第十三届全国人民代表大会第一次会议上

国务院总理　　李克强

各位代表：

现在，我代表国务院，向大会报告过去五年政府工作，对今年工作提出建议，请予审议，并请全国政协委员提出意见。

一、过去五年工作回顾

第十二届全国人民代表大会第一次会议以来的五年，是我国发展进程中极不平凡的五年。面对极其错综复杂的国内外形势，以习近平同志为核心的党中央团结带领全国各族人民砥砺前行，统筹推进“五位一体”总体布局，协调推进“四个全面”战略布局，改革开放和社会主义现代化建设全面开创新局面。党的十九大确立了习近平新时代中国特色社会主义思想的历史地位，制定了决胜全面建成小康社会、夺取新时代中国特色社会主义伟大胜利的宏伟蓝图和行动纲领，具有重大现实意义和深远历史意义。

……

二、2018 年经济社会发展总体要求和政策取向

今年发展主要预期目标是：国内生产总值增长 6.5% 左右；居民消费价格涨幅 3% 左右；城镇新增就业 1100 万人以上，城镇调查失业率 5.5% 以内，城镇登记失业率 4.5% 以内；居民收入增长和经济增长基本同步；进出口稳中向好，国际收支基本平衡；单位国内生产总值能耗下降 3% 以上，主要污染物排放量继续下降；供给侧结构性改革取得实质性进展，宏观

杠杆率保持基本稳定,各类风险有序有效防控。

……

三、对2018年政府工作的建议

(一)深入推进供给侧结构性改革

(二)加快建设创新型国家

(三)深化基础性关键领域改革

(四)坚决打好三大攻坚战

(五)大力实施乡村振兴战略

(六)扎实推进区域协调发展战略

(七)积极扩大消费和促进有效投资

(八)推动形成全面开放新格局

(九)提高保障和改善民生水平

……

各位代表!

团结凝聚力量,实干创造未来。我们要更加紧密地团结在以习近平同志为核心的党中央周围,高举中国特色社会主义伟大旗帜,以习近平新时代中国特色社会主义思想为指导,锐意进取,扎实工作,促进经济社会持续健康发展,为决胜全面建成小康社会、夺取新时代中国特色社会主义伟大胜利,为把我国建设成为富强民主文明和谐美丽的社会主义现代化强国、实现中华民族伟大复兴的中国梦作出新的贡献!

例文三

教育部关于农村义务教育学生营养改善计划实施情况的报告

国务院:

农村义务教育学生营养改善计划(以下简称“营养改善计划”)启动实施五年来,在党中央、国务院的坚强领导下,教育部、国家发展改革委、财政部等××个中央部门和试点地区认真贯彻落实党中央、国务院的总体部署,有力有序有效推进各项工作,取得了明显成效,为促进教育公平、提升教育质量提供了有力支撑。

一、工作进展

五年来,中央有关部门与试点地区将营养改善计划作为打赢教育脱贫攻坚战的重要举措,科学谋划,统筹安排,上下联动,真抓实干,试点工作取得重要进展。

(一)加大资金投入,补助标准不断提高

(二)推进食堂供餐,就餐条件不断改善

(三)切实加强监管,保障“两个安全”

(四)促进公开公示,努力打造阳光工程

(五)扩大地方试点,推进贫困县全覆盖

二、主要成效

营养改善计划的实施,使试点地区农村学生上学饿肚子、吃凉饭现象基本消除,学生营养健康状况得到显著改善,身体素质得到明显提升,为他们的健康成长和全面发展奠定了坚实基础,影响深远,成效显著。

(一)受益学生覆盖面广、人数规模大

(二)学生营养状况确有改善,社会反响良好

(三)对试点地区发展起到了有效带动作用

三、存在的主要问题

目前还存在一些困难和问题。一是规范管理问题……二是食品安全问题……三是教师负担加重……

四、下一步工作考虑

教育部将会同中央各有关部门、地方各级政府精准施策,落实责任,确保安全,切实把营养改善计划这项民心工程办好,造福更广大贫困地区的中小学生。

(一)大力推动学校食堂供餐

(二)抓住"两个安全"不放松

(三)建立责任落实长效机制

教育部

××××年××月××日

二、请示

(一)请示的概念

根据《党政机关公文处理工作条例》中规定,请示是适用于向上级机关请求指示、批准的上行公文。

请示具体适用于:在遇到对现行方针、政策、法规、制度等不够理解,有待上级机关明确指示后才能办理的事项;在本机关领导中,对问题意见有分歧,且无法统一意见,难以处理,需要向上级机关请示裁决;在工作中发生了重大问题,而又无章可循,难以处理,需要上级机关给予明确指示;在开展某项工作中,虽然有章可循,但因事关重大,为防止失误,需要请求上级机关指导;在工作中遇到特殊情况,无法执行现行的规定,需要变通处理、请求上级机关批准;在本机关职权范围内不能决定或解决的问题,需要上级机关授权或批准处理;上级机关已有明文规定,必须经过请示批准才能办理的事项;在增加编制、建立新机构中,需要向上级机关的主管部门请求指示或批准。

(二)请示的特点

(1)陈请性。一个部门要处理某件事情,本部门无权自行决定,或不在本部门的管辖范围,或不知道如何办理,因此要请求上级机关给予指示、批准,故请示用语要诚恳。

(2)单一性。请示是向直接的上级机关提出请求,不能主送多个上级机关;同时,请求的事项必须一文一事,一事一请,一份请示不能同时请示多个事项。

(3)前置性。请示所反映的问题、希望解决的事项,一定要在请示上级同意后才能处理,绝不能"先斩后奏"或"边斩边奏"。

(4)专项性。请示的行文方向是明确而固定的,不能越级请示,只能向直属的上级领导机关请示,不能向同级机关或者不相隶属机关请示。

(三)请示与报告的区别

(1)行文的目的不同。请示的前提是在实际工作中遇到自身难以解决的困难或问题,

行文目的是请求上级机关给予帮助、指示或批准；而写报告的目的是汇报工作，让上级了解情况，做到下情上达。

（2）写作的侧重点不同。报告的侧重点是陈述工作情况，其中不能夹带请示事项；而请示中可以有报告的陈述成分，但其侧重点在于说明请示的原因或提供相关的背景材料。

（3）呈报的时间不同。请示必须事前行文，即等到上级给予答复后，方能施行，不允许先斩后奏；而报告则比较灵活，主要是在事后进行报告，也可以报告阶段性工作情况。

（4）内容含量不同。请示必须坚持一文一事，一事一请，不能一次请示多个事项；报告则可以一文一事，也可以一文汇报多个事件，可以是专题报告，也可以是综合报告。

（5）处理方式不同。请示需要回复，受文机关必须及时处理，作出明确批复；报告属于阅知件，受文机关可以不答复。

（6）结尾用语不同。报告的结尾用语不具有期复性；请示则要用期复性、期准性的结尾用语。

（四）请示的写作格式和方法

请示包括：标题、主送机关、正文、落款四个部分。

1. 标题

常用的标题写法有两种：第一种由发文机关、事由和文种构成，如《××市人民政府关于承办全国青年运动会有关问题的请示》；第二种由事由和文种构成，如《关于××学校收费标准的请示》。

请示的标题在使用动词时，不能与文种词语语义重复，如《总务处关于请求购买办公用品的请示》标题中的“请求”应删去。另外还要注意，“请示”和“报告”是两个不同的文种，不要出现“请示报告”这样的概念错误。

2. 主送机关

请示的主送机关只能写一个上级机关名称（即主管上级机关的名称），如果属于双重或多重领导，报给其他上级机关，可用“抄送”的形式在文后注明；请示的主送只能是直属上级机关，不能是某个领导个人。

3. 正文

请示的正文，一般由开头、主体、结尾三部分组成。

（1）开头，请示的开头主要交代请示的缘由，它是请示事项能否成立的前提条件，也是上级机关批复的根据，一般要求要开门见山，理由合理充分。

（2）主体，要求说明请示的事项，这是请示最核心、最重要的部分，要求分层、分项写清具体要求，并说透理由，提出充分的事实和理论依据。同时要求把请求批准的事项表述准确、具体，不能出现歧义。

（3）结尾，一般应另起一行书写，用常用的请示用语如“以上请示当否，请批复”“特此请示，请批复”“妥否，请予审批”等作结。

4. 落款

落款包括发文机关和发文日期，应该写在正文右下角，落款需要加盖公章。如果标题已经写明发文机关名称了，可以不再署名，但需要加盖公章。

例文一

××××(机关名称)关于举办××××活动的请示

××××(主送机关):

为了进一步做好××××工作,为××××(工作)营造浓厚的社会舆论氛围,拟于××月××日××时(周×)在××××(地方)举办以××××为主题的活动,现将有关事项请示如下:

一、活动主题

(略)

二、活动内容

(略)

三、活动形式

(略)

四、新闻宣传

(略)

当否,请批示。

××××

××××年××月××日

例文二

关于给予×××同志××××表彰的请示

××××党委:

×××同志,女,中共党员,现年××岁,硕士研究生学历,现任××××处长。

年初以来,该同志认真学习领会上级工作精神和各项工作指示,在政治上、思想上、行动上始终同上级党委保持高度一致,并自觉在工作中对上级的有关指示要求躬身实践,处处以一个共产党员的标准严格要求自己,任劳任怨、勤勤恳恳,不骄不躁,团结同志,圆满完成了××××工作。

根据该同志的实际表现情况,依据《××××》有关规定,我部拟对该同志给予××××表彰,并增发一个月工资作为奖励。

妥否,请批示。

××××

××××年××月××日

例文三

关于设立教育学院学生党总支的请示

校党委:

为了进一步贯彻落实学校××年党建和思想政治工作会议精神,切实加强我学院学生党建和思想政治工作,更好发挥党组织的战斗堡垒作用和党员的先锋模范作用,经学院党委研究,单独设立学院学生党总支。

妥否,请批示。

中国共产党 ×× 大学教育学院委员会
×××× 年 ×× 月 ×× 日

三、批复

(一)批复的概念

根据《党政机关公文处理工作条例》规定,批复是适用于答复下级机关请示事项的答复性公文。

批复是针对下级机关的请示,是由上级机关作出的结论性意见,代表着上级机关的权力和意志,对提交请示的下级机关有较强的约束力。下级机关有请示,上级机关必须批复,下级机关没有请示,则上级机关无需批复。

(二)批复的特点

(1)针对性。从内容来看,批复具有极强的针对性和明确性,对下级机关请示内容不管同意与否,都必须作出明确答复。

(2)权威性。批复代表上级机关的意志,据有权威性,一旦批复形成,下级机关必须贯彻执行,不得违背,也不能讨价还价。

(3)单一性。批复必须就某一件事、某一问题、某一情况进行批复,即一事一批复,一请一批复,且直接针对请示的单位不涉及其他单位。

(4)被动性。批复是根据下级机关送报上来的请示内容进行批复,即下级有什么请示问题,上级就做什么批复,一般不涉及其他问题。

(三)批复的写作格式和方法

批复一般包括:标题、主送机关、正文、落款四个部分。

1. 标题

批复的标题写法有两种,第一种是由发文机关、事由、文种构成,如《国务院关于同意设立四川天府新区的批复》;第二种由发文机关、批复意见、请示机关、事由、文种组成,如《×× 省人民政府关于承办第 × 届全国大学生运动会给省体委的批复》,这种标题也称为“双介词结构标题”,它的形式为《×× 关于 ×× 给 ×× 的批复》,这种标题比较复杂,但表述清楚,语言严密。

2. 主送机关

提行顶格写主送机关。批复一定要标明主送机关,无论收到的请示是否在标题中出现,都不能省略,批复的主送机关就是请示的发文机关。

3. 正文

正文大致包括引言、批复内容、结尾三个部分。

(1)引言是批复的根据,要简要引述下级机关来文的日期、标题、公文名称、字号、请示事项和要求等内容,然后用“经研究决定,同意……”“经研究,批复如下”等公文惯用语引领下文。

(2)批复内容,即批复的意见,是针对下级机关请示的事项根据政策法律对其中问题作出明确的答复,包括了答复依据和答复事项两个部分。如果对请示的事件完全同意,则表明肯定性意见；如果对请示事件完全不同意，则明确表示否定意见；如果对请示的事项和原则同意或基本同意，则要对其中不同意的部分提出明确的意见。必要的时候，在写明批复意见后还可以写出批复希望。

（3）结尾，批复的结尾一般用"此复""特此批复""特此函复"等公文惯用语结束全文，如果批复的开头用了"现批复如下"，结尾一般不再用"特此批复"。

4. 落款

落款包括发文机关和发文日期，应在正文右下角写明，并盖章。如果标题写明了发文机关名称，落款可以省略发文机关名称，只写成文日期并盖章即可。

例文一

××××关于××××（请示事项）问题的批复

××××（主送机关）：

××××（主送机关）的《××××》（×府〔20××〕×号）收悉。鉴于××××情况，根据《××××》的有关规定，现就××××有关问题批复如下：

一、同意（略）

二、针对请示内容的要求

希望你们（略）

××××

××××年××月××日

例文二

国务院关于同意设立四川天府新区的批复

四川省人民政府：

《四川省人民政府关于将四川省成都天府新区批准为国家级新区的请示》（川府〔2013〕94号）收悉。现批复如下：

一、同意设立四川天府新区。四川天府新区位于四川省成都市主城区南偏东方向，区域范围涉及成都、眉山、资阳三市所辖7县（市、区），规划面积1 578平方千米。四川天府新区区位优势突出，交通设施完备，产业基础良好，科教实力雄厚。要把建设四川天府新区作为深入实施西部大开发战略、积极稳妥扎实推进新型城镇化、深入实施创新驱动发展战略的重要举措，为发展内陆开放型经济、促进西部地区转型升级、完善国家区域发展格局等发挥示范和带动作用。

二、四川天府新区建设要以邓小平理论、"三个代表"重要思想、科学发展观为指导，认真落实党中央、国务院的决策部署，创新体制机制，着力促进要素有序自由流动、资源高效配置、市场深度融合，提升国际综合竞争能力；着力发展高端产业，建立完善现代产业体系；推进生态文明建设，保护和传承历史文化，促进人与自然和谐发展，努力把天府新区建设成为以现代制造业为主的国际化现代新区，打造成为内陆开放经济高地、宜业宜商宜居城市、现代高端产业集聚区、统筹城乡一体化发展示范区。

三、四川省人民政府要切实加强对四川天府新区建设发展的组织领导，进一步明确发展思路，突出发展重点，创新发展方式，完善工作机制，明确落实责任，加大支持力度，探索与现行体制协调、联动、高效的管理方式，有力有序有效推进四川天府新区建设。要认真做好四川天府新区发展总体规划的编制工作，规划建设必须符合土地利用总体规划、城市和镇总体规划、环境保护规划、水资源综合规划等相关专项规划的要求。要坚持最严格的耕地保护制度和最严格的节约土地制度，合理安排建设用地的规模、结构、布局和时序，统筹新增建设用地和存量土地挖潜，切实节约集约利用土地，抓紧开展环境影响评价，切实保护和节约水资源。要执行国家统一的财税政策，涉及的重要政策和重大建设项目要按规定程序报批。

四、国务院有关部门要按照职能分工，加强对四川天府新区建设发展的指导，在有关规划编制、政策实施、项目布局、资金安排、体制创新、对外开放等方面给予积极支持，为四川天府新区发展创造良好的政策环境。发展改革委要会同有关部门做好有关重大发展政策的落实工作，加强信息沟通，协调解决四川天府新区建设过程中遇到的困难和问题。

设立并建设好四川天府新区，对于积极探索西部地区开发开放新路子、构建内陆开放型经济高地、推进经济结构战略性调整等具有重要意义。各有关方面要统一思想、协同配合，开拓创新、扎实工作，共同推动四川天府新区持续健康发展。

国务院

2014 年 10 月 2 日

例文三

关于核准 ×× 银行证券投资基金托管资格的批复

证监许可〔20××〕× 号

×× 银行：

你行报送的《×× 银行关于开办证券投资基金托管业务的请示》（××〔20××〕×× 号）及相关文件收悉。根据《证券投资基金法》和《证券投资基金托管资格管理办法》（证监会令第 ×× 号）等有关规定，经审核，现批复如下：

一、核准你行证券投资基金托管资格。

二、你行开展证券投资基金托管业务，应当严格遵守有关规定，认真履行基金托管人的职责，采取有效措施，确保基金资产的完整性和独立性，切实维护基金份额持有人的合法权益。

三、你行应及时向有关监管机构报告重大业务事项。

中国证券监督管理委员会　中国银行保险监督管理委员会（公章）

20×× 年 ×× 月 ×× 日

第五节　通告、公告、公报

一、通告

（一）通告的概念

通告，顾名思义，就是普遍性告知，根据《党政机关公文处理条例》规定，通告是“适用于在一定范围内公布应当遵守或者周知的事项”的知照性下行文。

通告使用范围比较广泛，党政机关、企事业单位、社会团体、群众组织都可以使用；通告周知的事项也非常广泛，大到国家的政策法令，小到群众生活中某些需要周知、遵守的具体事项，无论是政治、文化生活领域，还是交通、金融、税收、水电、城市建设、乡村规划等领域，都可以使用。如果通告的内容具有强制性，则必须依法发布，且通告限定的范围不能超过发文机关的权限。

（二）通告的特点

（1）专业性。无论是国家发布的法规性通告，还是其他社会组织发布的周知性通告，一般都具有专业性，涉及的问题有公安、交通、税收、水电、金融、海关等，都比较具体，内容带有专业性和事务性。

（2）普遍性。通告的对象是不具体所指的，只要与通告的事项相关的人都要遵守规则，无论是重要事项还是一般性问题，只要与老百姓利益密切相关的，都是以社会公众为主要发布对象。

（3）法规性。通告的内容往往是交代政策和宣布有关规定，这些政策与规定需要一定范围内的有关人员遵循，不得违反，因此通告具有一定的行政约束力，在某些情况下具有一定的法律效力，如道路管制通告。

（三）通告与通知区别

（1）通告的对象范围广泛，不特别指具体的单位和个人；而通知所指的对象是具体的，有时还按组织系统传达。

（2）通告不涉及任何秘密，直接公开；通知则根据内容有一定保密要求。

（3）通告不仅起告知作用，还要提出应当遵守的具体事项，有规范公民行为的作用；通知只告知具体的事项，或转达上级的指示精神并使之具体化。

（4）通告必须张贴和登报，通知可以内部传达。

（四）通告的写作格式和方法

通告一般包括标题、编号、正文、落款四个部分。

1. 标题

通告的标题有以下四种写法。第一种，由发文机关、事由、文种组成，如《××市人民政府关于控制烟花爆竹燃放的通告》。第二种，由发文机关、文种组成，如《中华人民共和国教育部通告》。第三种，由事由、文种组成，如《关于查禁××奶粉的通告》。第四种，直接写文种“通告”，如遇到特别紧急的情况，可以在“通告”前加上“紧急”二字。

一般来说政府机关发布的重要通告，多使用第一种形式的标题。

2. 编号

如果是政府发布的通告，则要按照公文基本格式要求，在标题正下方注明编号；如果是企事业单位、群众团体发布的一般性通告，则不用编号。

3. 正文

通告的正文一般包括开头、主体、结语三个部分。

（1）开头，通告的开头部分交代通告的缘由、根据和目的，然后用“为了……，特通告如下”“根据……，决定……，特此通告”等承启用语转入通告正文。

（2）主体，交代通告的事项，这是通告的重点，要明确且具体地写出通告的内容、要求和实施措施。这一部分往往采用分条列项的写法，做到条理清晰、层次分明。

（3）结语，结语一般强调意义或提出希望，也可以是执行通告的要求或实施说明。多采用“本通告自发布之日起实施”“特此通告”“此布”等惯用语作结。

4. 落款

落款包括发文机关和发文日期两个部分，应写在正文右下角。如果标题中已经说明了发文机关，落款可以省略不写，只写日期即可。

例文一

关于××××大型会议交通管制的通告

××××大型会议定于××××年××月××日××时在××××地区及××××沿线举行。为保障××××大型会议活动安全，顺利进行，根据《××××实施〈中华人民共和国道路交通安全法〉办法》的有关规定，决定对××××地区及相关道路分时、分段采取交通管制措施。现将有关事项通告如下：

一、交通管制具体内容

二、交通管制地区和时段

三、（略）

请社会各单位及社会各界群众提前安排好出行时间和路线，并给予理解支持，遵照执行。

特此通告。

××××

××××年××月××日

例文二

关于收缴非法爆炸物品、枪支弹药等危险物品的通告

为维护社会治安秩序，保障公共安全，保护人民群众生命财产安全，根据《中华人民共和国刑法》《中华人民共和国治安管理处罚法》《中华人民共和国枪支管理法》《民用爆炸物品安全管理条例》《危险化学品安全管理条例》等法律、法规的规定，现就依法收缴非法爆炸物品、枪支弹药、剧毒化学品、放射性物品、管制刀具、弩等危险物品，严格查处违反爆炸物品、枪支弹药等危险物品和管制器具管理规定的违法犯罪活动通告如下：

一、严禁非法制造、买卖、运输、储存炸药、雷管、导火索、导爆索、震源弹、黑火药、烟火药、手榴弹、地雷等各类爆炸物品和军用枪、射击运动枪、猎枪、麻醉注射枪、气枪、彩弹枪、火药枪、仿真枪等各类枪支弹药以及剧毒化学品、放射性物品等危险物品。

二、严禁非法私藏、持有、携带、使用、处置爆炸物品、枪支弹药、剧毒化学品、放射性物品、管制刀具、弩等危险物品。

三、严禁邮寄或者在邮寄、托运的货物、行李、包裹、邮件中夹带爆炸物品、枪支弹药、剧毒化学品、放射性物品等危险物品。

四、严禁走私爆炸物品、枪支弹药、剧毒化学品、放射性物品等危险物品。

五、凡有以上行为或者其他违反相关规定的,必须立即自首,并将非法危险物品上交当地公安机关。

六、凡在本通告公布之日起三十日内自首并交出上述非法物品的,可依法从轻、减轻、免除或者不予处罚;逾期拒不自首、拒不交出非法物品的,依法收缴并从重处罚。

七、凡爆炸物品、枪支弹药、剧毒化学品、放射性物品等危险物品被盗、被抢或者丢失的,应当及时报告当地公安机关,未按规定报告的,依法追究有关单位和人员的责任;公民发现遗弃的爆炸物品、枪支弹药或者可疑危险物品的,应当立即报告当地公安机关。

八、广大人民群众应当积极向公安机关举报涉及爆炸物品、枪支弹药、剧毒化学品、放射性物品、管制刀具、弩等危险物品违法犯罪的活动和线索,凡举报有功的,依照有关规定给予奖励;对窝藏、包庇违法犯罪分子的,依法追究法律责任;对举报人进行打击报复的,依法从严惩处。

公安部举报电话:×××××;举报电子邮箱:××××××;举报信件邮寄地址:×××××××,邮政编码:××××××;各地举报电话:110。

本通告自发布之日起实施。

中华人民共和国公安部

××××年××月××日

例文三

国家禁毒委员会办公室通告

为依法加强对麻醉药品和精神药品、制毒物品的管控,保护我国企业和公民的合法权益,提醒相关企业和广大群众在从事经营活动时遵守国家相关法律法规规定,现将有关事项通告如下:

1. 根据《中华人民共和国刑法》相关规定,严禁任何组织和个人非法生产、买卖、运输醋酸酐、乙醚、三氯甲烷或其他用于制造毒品的原料、配剂,或者携带上述物品进出境。严禁任何组织和个人明知他人制造毒品而仍为其生产、买卖、运输前款规定的物品。

2. 根据《中华人民共和国刑法》相关规定,明知他人将使用某种非列管化学品及设备非法制造麻醉药品或精神药品而仍然为其生产、销售、运输或进出口非列管化学品及设备的,按照制造毒品犯罪共犯论处。

3. 根据《中华人民共和国禁毒法》相关规定,严禁任何组织和个人非法生产、买卖、运输、储存、提供、持有、使用麻醉药品、精神药品和易制毒化学品。

4. 根据《中华人民共和国海关法》相关规定,运输、携带、邮寄国家禁止或者限制进出境货物、物品或者依法应当缴纳税款的货物、物品进出境的,是走私行为,构成犯罪的,依法追究刑事责任;进出口货物、物品或者过境、转运货物向海关申报不实的,可以处以罚款,有违法所得的,没收违法所得。

5. 根据《易制毒化学品进出口管理规定》相关规定,严禁任何组织和个人未经许可或超出许可范围进出口易制毒化学品,严禁个人携带第一类易制毒化学品中的药品类易制毒化学品药品制剂和高锰酸钾以外的易制毒化学品进出境。个人携带第一类易制毒化学品中的药品类易制毒化学品药品制剂和高锰酸钾进出境的,应当以自用且数量合理为限,并接受海关监管。

……

特此通告。

国家禁毒委员会办公室

×××× 年 ×× 月 ×× 日

二、公告

(一)公告的概念

公告,顾名思义,就是公开或当众宣布某项事情的公文。根据《党政机关公文处理条例》的规定,公告"适用于向国内外宣布重要事项或者法定事项"。

公告的发文机关一般是国家行政机关或权力机关及其常设机构,所宣布的都是重大的、受国内外关注的事项。还有某些法定机关,如最高人民法院、最高人民检察院、海关总署、新华通讯社、中国人民银行等也可以制定公告,地方行政机关一般不使用公告,企事业单位不能制发公告。

公告的适用范围主要有:宣布国家领导人选举结果、国家重要领导岗位变动;宣布国家重大事务活动(如国家领导人出访、外国领导人来访、重大庆典活动);宣布国家重要统计数据、国家重大科技成果;宣布重要军事行动(比如卫星发射、导弹发射);宣布涉外经济合作的重要决定;全国人民代表大会及其常务委员会宣布重要事项、重大决定或颁布法律、法令;各省、自治区、直辖市人民代表大会及其常务委员会颁布地方法规等。

(二)公告的特点

(1)告知范围广泛。公告告知的地域范围很广,不是某一地区。利用的传播媒介常常有报纸、广播、电视、互联网等。

(2)发布内容重要。公告发布的内容是涉及国家政治、经济、军事和国家领导人行动等方面的大事,一般性事务不能使用公告。

(3)作者的限定性。公告只能由较高级别的党政机关发布,作者具有法定性。

(4)新闻性。公告的内容在一定程度上具有新闻内容的特点,其发布的形式也具有新闻发布形式的特点,所以一般不用红头文件的方式传播,而是通过新闻媒介去公开传播。

(三)公告和通告的区别

(1)内容的重要程度不同。公告是用来发布重要事项和法定事项的,涉及内容多是国家大事或地方重要事项,或者履行法律规定必须遵循的程序。小的局部性事项和非法定的事项,不宜采用公告的形式公布;而通告是用来发布在一定范围内需要遵守或周知的事项的，它所涉及的事项一般没有公告那么重大，另外公告的内容侧重于要闻，通告的内容侧重于行为规范及要求。

（2）发文机关的级别不同。公告是一种高级别机关使用的文体，只有涉及全局性的重大事项或法定事项时，才能由高级别的行政部门发布；而通告不仅行政机关可以制发，社会团体、企事业单位在自己的职权范围之内，也可以制发。

（3）发布范围有所不同。公告是向国内外发布重要事项和法定事项采用的文种，它的发布范围比较大，可以涵盖国内外；通告虽然也是面向社会发布的，但多是限定在一个特定区域或行业范围内，而且内容也多是指向特定的人群，要求某一社区或某一类特定人群遵守或周知。

（4）发布方式不同。公告与通告都是公开发布、一体周知的文种，但在发布途径和方式上有所不同。公告多采用报纸、广播电视等媒体发布，新闻性很强；通告虽也可以使用这些媒体，但发布范围相对较小，常采用公开张贴、悬挂、下发等形式公布。

（5）语言表达不同。公告所宣传的是国内外关注的重大事项或法定事项，故用语非常庄重；通告所发布的是需要公众周知或遵守的事项，多属一般性事务，语言通俗易懂。

（四）公告的写作格式和方法

公告一般包括标题、编号、正文、落款四个部分。

1. 标题

公告的标题一般有以下四种情况。第一种，由发文机关、事由、文种组成，如《中国人民银行关于国家货币出入境限额的公告》。第二种，由发文机关、文种组成，如《中华人民共和国最高人民法院公告》。第三种，由事由、文种组成，如《关于注销安全生产许可证的公告》。第四种，只写“公告”二字。

2. 编号

公告一般不写编号，级别比较高或要连续进行公告的，在标题下方注明编号，如“第一号”“第二号”。

3. 正文

公告的正文主要由开头、正文、结语三个部分组成。

（1）开头，公告开头要写明公告发布的缘由，包括发布公告的根据、目的、意义等。

（2）正文，正文是公告的内容。有的公告发布重大或法定事项，内容很少，事项单一，直叙其事即可；如果公告在说明应该遵照执行或办理的事项，内容较多，一般采用分条叙述。

（3）结语，结语常以惯用语“特此公告”“现予公告”等作结。有的公告也会专门用一个自然段来写执行要求。

4. 落款

落款包括发文机关名称和发文日期，要在正文右下角写明。如果标题中已经有了发文机关名称，那么落款就不需要另外署名了，只需要写明发文日期即可。

例文一

××××关于发布《××××办法》的公告

第××号

根据《××××法规》和《××××文件》的规定,经过××××机关审查通过,现发布《××××办法》。

特此公告。

附件:《××××办法》

××××

××××年××月××日

例文二

中华人民共和国全国人民代表大会公告

第×号

中华人民共和国宪法修正案已由中华人民共和国第××届全国人民代表大会第×次会议于××××年××月××日通过,现予公布施行。

中华人民共和国第××届全国人民代表大会第×次会议主席团

××××年××月××日

例文三

教育部　国家统计局　财政部

关于××××年全国教育经费执行情况统计公告

教财〔××××〕×号

一、全国教育经费情况

××××年,全国教育经费总投入为××××亿元,比上年增长×%。其中,国家财政性教育经费(主要包括一般公共预算安排的教育经费,政府性基金预算安排的教育经费,国有及国有控股企业办学中的企业拨款,校办产业和社会服务收入用于教育的经费等)为××××亿元,比上年增长×%。

二、一般公共预算教育经费情况

(一)全国一般公共预算教育经费增长情况(略)

(二)各级教育生均一般公共预算教育经费增长情况(略)

(三)各级教育生均一般公共预算教育事业费支出增长情况(略)

(四)各级教育生均一般公共预算公用经费支出增长情况(略)

(五)一般公共预算教育经费占一般公共预算支出比例情况(略)

三、国家财政性教育经费占国内生产总值比例情况

(略)

附件:××××年全国教育经费执行情况统计表

教育部 国家统计局 财政部

××××年××月××日

三、公报

（一）公报的概念

根据《党政机关公文处理工作条例》规定，公报是适用于公布重要决定或者重大事项的报道性公文。当有重要事项需要公布，重要情况需要公布，重要会谈情况需要公布时，常常使用公报，因此，公报具有很强的新闻标签属性。

（二）公报的特点

（1）权威性。公报的发布机关级别高，多以中央或国家的名义发布，公报所涉及的内容，是党内外、国内外普遍关心和瞩目的重大事件或重要决定，具有很强的权威性。

（2）公开性。公报是公开的发布文件，众所周知，无需保密，告知天下，一体周知。

（3）新闻性。公报的内容都是新近发生的事件或新近作出的决定，属于人民群众普遍关心的问题，要求发布迅速、及时，具有新闻性特点。

（4）真实性。公报的内容必须真实，绝对不允许有一丝一毫的不真实信息。

（三）公报的分类

（1）会议公报。用以报道重要会议或会谈的决定和情报的公报。这种公报一般用于党中央召开的会议，如《中国共产党第 × 届中央委员会第 × 次全体会议公报》。

（2）事项公报。党的高级领导机关用以发布重大情况、重要事件的公报。高层行政机关、部门向人民群众公布重大决策、重要事项或重大措施时有时也沿用此类公报，如《中华人民共和国国务院公报》（ × × × × 年第 × 号）。

（3）联合公报。用以发布国家之间、政党之间、团体之间经过会议达成的某种协议，如《中美联合公报》。

（四）公报与公告的区别

公报与公告都是领导机关用来向国内外公开宣布、告知某一重要事项的文种，都是非常庄重、严肃的文种，但也有区别，具体如下。

（1）适用范围不同。公告是行政机关的常用文种之一，如法院的公告，党的机关一般不用；公报则党的机关和行政机关都可以用。

（2）内容详略不同。公告多用于宣布重大消息或法定事项，内容一般都很简要；公报是用来发布重大事件或重要会议的决定事项，内容一般都比较详细具体。

（3）使用性质不同。公报带有明显的新闻性，是党政机关和人民团体公开发布重大事件或重要决定的及时报道公文，也可以是两个或两个以上国家、政府、团体代表在会谈中或者会谈后共同发表的，就某项重大问题达成某种共同协议的正式文件，公告则没有这方面的功能。

（五）公报的格式和写作方法

公报一般由标题、题注、正文、落款四个部分组成。

1. 标题

公报的标题常见的有三种形式。第一种是由会议名称、文种两个部分组成，如《中国共产党第 × 届中央委员会第 × 次全体会议公报》；第二种是直接写文种，如《新闻公报》；第三种是由发表公报的双方或多方的全称或简称、事由、文种组成，如《中华人民共和国和美利坚合众国关于建立外交关系的联合公报》。

2. 题注

题注即成文的日期，用括号在标题之下正中位置注明公报发布的年、月、日。

3. 正文

正文包括开头、主体两部分。

（1）开头，即前言部分，要简明扼要、清楚明白地交代时间、地点、发生的重大事件；如果是会议性公报，要概述会议的名称、时间、地点、主持人、参加人员等；如果是联合公报，要概述公报的缘由，即在何时、何地、谁与谁举行了什么会谈或谁对谁进行了什么性质的访问等。

（2）主体，是公报的核心内容，要详细、完整、系统、有序、真实、准确地把公报的内容写清楚。常见的写法有三种：第一种是分段式，即每段说明一层意思或一项决定；第二种是序号式，多用于内容复杂、问题头绪较多的公报；第三种是条款式，多用于联合公报。新闻公报可以按时间顺序和逻辑顺序来安排层次。

4. 落款

事件性公报和会议性公报因为在题目下方已经写明了时间，故一般没有落款，称之为“秃尾现象”；联合公报要在正文之后写明双方签署人的身份、姓名、年、月、日期，并写明签署地点。

例文一

中国共产党××××委员会第×届第×次全体会议公报

（××××年××月××日中国共产党××××委员会第×届第×次全体会议通过）

中国共产党××××委员会第×届第×次全体会议于××××年××月××日至××日在××××地方举行。

出席这次全会的有×××、×××……。×××、×××列席了会议。

全会由×××主持。××××做了重要讲话。

全会听取和讨论了×××受××××常委会委托做的工作报告，审议通过了《××××文件》。×××同志就《××××（讨论稿）》向全会做了说明。

全会充分肯定了××××委员会第×届第×次全体会议以来××××委员会第×届第×次全体会议常务委员会的工作，一致认为，自×××委员会第×届第×次全体会议以来取得的成绩。

全会高度评价了（略）

全会提出了（略）

全会强调（略）

全会明确（略）

全会分析（略）

全会审议通过了（略）

全会号召（略）

例文二

中华人民共和国和马尔代夫共和国联合新闻公报

（2017 年 12 月 8 日于北京）

一、应中华人民共和国主席习近平邀请，马尔代夫共和国总统阿卜杜拉·亚明·阿卜杜尔·加尧姆于 2017 年 12 月 6 日至 9 日对中国进行国事访问。

二、访问期间，国家主席习近平同亚明总统举行会谈，国务院总理李克强、全国人大常委会委员长张德江分别会见亚明总统。双方在亲切友好的氛围中就巩固中马传统友谊、深化两国友好合作深入交换意见，达成广泛共识。

三、马方热烈祝贺中国共产党第十九次全国代表大会取得圆满成功并将习近平新时代中国特色社会主义思想确立为中国共产党的行动指南，相信在以习近平同志为核心的中共中央领导下，中国人民将继续朝着实现“两个一百年”奋斗目标迈进，把中国建设成富强民主文明和谐美丽的社会主义现代化强国。

四、中方重申将继续坚持和平共处五项原则，按照亲诚惠容理念和与邻为善、以邻为伴周边外交方针深化同包括马尔代夫在内的周边国家关系，推动人类命运共同体建设，共同创造人类的美好未来。

五、双方一致认为，中马建交 45 年来，两国始终坚持平等相待、和平共处、合作共赢，双边关系取得长足发展。双方同意从战略高度和长远角度出发，推动中马面向未来的全面友好合作伙伴关系不断迈上新台阶。

六、双方重申在涉及彼此核心利益问题上相互理解、相互支持。中方坚持不干涉内政原则，支持马尔代夫独立自主选择符合本国国情的发展道路，祝愿马尔代夫经济社会发展取得更大成就。马方重申始终尊重中国的主权和领土完整，坚定奉行一个中国政策，在台湾、涉藏等问题上支持中方立场，支持中国政府实现国家统一。

……

中华人民共和国	马尔代夫共和国
主席	总统
习近平	阿卜杜拉·亚明·阿卜杜尔·加尧姆

2017 年 12 月 8 日于北京

第六节　意见、函

一、意见

（一）意见的概念

根据《党政机关公文处理工作条例》的规定，意见是适用于对重要问题提出见解和处理办法的公文。意见主要是对有关问题阐明观点、表明态度，提出相关见解、建议，或者规范性的解决办法，在处理重大问题、开展相关工作时，具有非常重要的作用。

（二）意见的特点

（1）行文方向的灵活性。在所有的公文中，意见是唯一一个可上行、下行，又可平行使用的文种。在下行文中,可以对下级布置任务,提出要求;在上行文中,可以请示问题,也可以提出自己的建议;作为平行文,可以向不相隶属的机关或部门提出意见或建议,进行沟通和交流。

(2)指导工作的亲和性。作为指导性意见,它不像命令和决定那样,具有很强的指令性和执行性,而更侧重于指导性,显得很有亲和力;也不像通知那样,具有很强的具体性和事务性,而更侧重于原则性和灵活性。作为上报的建议性意见,也体现了下级机关的智慧和责任意识。作为平行文,又显得互相尊重。

(3)功能上的两重性。意见具有指示性和建议性的双重功能。

(4)使用范围广泛性。意见既可以用来对工作作出指导、提出要求,又可以用来对工作作出评估、提出批评;它既可以用于党政机关,也可以用于党群组织、企事业单位。

(三)意见的种类

(1)指示性意见:用于上级机关对下级机关提出一些指导性、规定性的意见。

(2)计划性意见:用于对工作作出计划的意见。

(3)建议性意见:用于下级机关对上级机关提出工作建议的意见。

(4)征求性意见:用于向平行机构和不相隶属单位提出看法、主张或征求意见的意见。

(四)意见的写作格式和方法

意见一般包括标题、主送机关、正文、落款四个部分。

1. 标题

意见的标题一般有两种:第一种由发文机关、事由、文种三要素组成,如《国务院办公厅关于加快发展商业养老保险的若干意见》;第二种由主要内容和文种组成,如《关于进一步推进高中阶段学校考试招生制度改革的指导意见》。

2. 主送机关

在标题下方,提行顶格写明主送机关名称。在写主送机关时有两种情况:第一种直接发布的意见要有主送机关,主送机关的排列方法和一般公文相通;第二种需要转发的意见没有主送机关,但是在转发该意见的通知中,要把主送机关写清楚。

3. 正文

意见的正文包括前言、主体和结尾。

(1)前言:意见的前言主要说明发布意见的背景、根据、目的、意义等,文字根据情况,可长可短,然后以"现提出以下意见""特制定本实施意见"等承启用语转入下文。

(2)主体:意见的主体要把对重要问题的见解或处理办法一一写明。如果是规划性意见,内容繁多,可分列出小标题来分条表述;如果内容单纯、集中,可以直接分条表达,不再设小标题。

(3)结尾:意见的结尾一般需要提出希望、要求,发出号召等。

4. 落款

意见的落款包括发文机关名称和发文日期两个部分。如果是直发类意见,一般都在正文后右下方署上发文机关和日期;如果是转发类意见,通常不在文后署上发文机关名称,而将发文机关名称置于标题之下。

例文一

××××机关

关于推进××××工作建设的指导意见

××××：

为了贯彻落实××××部门的精神，推动××××工作发展，进一步发挥××××工作作用，根据《××××文件》规定，结合××××工作实际，先提出以下意见：

一、充分认识××××工作建设的重要意义

（一）（略）

（二）（略）

二、基本原则

（一）（略）

（二）（略）

三、（略）

××××

××××年××月××日

例文二

国务院办公厅关于加快发展商业养老保险的若干意见

国办发〔××××〕××号

各省、自治区、直辖市人民政府，国务院各部委、各直属机构：

商业养老保险是商业保险机构提供的，以养老风险保障、养老资金管理等为主要内容的保险产品和服务，是养老保障体系的重要组成部分。……经国务院同意，现就加快发展商业养老保险提出以下意见：

一、总体要求

（一）指导思想。

全面贯彻党的×××全会精神，深入贯彻习近平总书记系列重要讲话精神和治国理政新理念新思想新战略，认真落实党中央、国务院决策部署，……充分发挥商业养老保险在健全养老保障体系、推动养老服务业发展、促进经济提质增效升级等方面的生力军作用。

（二）基本原则。

坚持改革创新，提升保障水平。以应对人口老龄化、保障和改善民生为导向，坚持专注主业，深化商业养老保险体制机制改革，激发创新活力，增加养老保障产品和服务供给，提高服务质量和效率，更好满足人民群众多样化、多层次养老保障需求。

（三）主要目标。

到××××年，基本建立运营安全稳健、产品形态多样、服务领域较广、专业能力较强、持续适度盈利、经营诚信规范的商业养老保险体系，商业养老保险成为个人和家庭商业养老保障计划的主要承担者、企业发起的商业养老保障计划的重要提供者、社会养老保障市场化运作的积极参与者、养老服务业健康发展的有力促进者、金融安全和经济增长的稳定支持者。

二、创新商业养老保险产品和服务

（四）丰富商业养老保险产品供给，为个人和家庭提供个性化、差异化养老保障

（五）推动商业保险机构提供企业（职业）年金计划等产品和服务

（六）鼓励商业保险机构充分发挥行业优势，提供商业服务和支持

三、促进养老服务业健康发展

（七）鼓励商业保险机构投资养老服务产业

（八）支持商业保险机构为养老机构提供风险保障服务

（九）建立完善老年人综合养老保障计划

四、推进商业养老保险资金安全稳健运营

（十）发挥商业养老保险资金长期投资优势

（十一）促进商业养老保险资金与资本市场协调发展

（十二）审慎开展商业养老保险资金境外投资

五、提升管理服务水平

（十三）加强制度建设

（十四）提升服务质量

（十五）发展专业机构

（十六）强化监督管理

六、完善支持政策

（十七）加强组织领导与部门协同

（十八）加强投资和财税等政策支持

（十九）完善地方保障支持政策

（二十）营造良好环境。大力普及商业养老保险知识，增强人民群众商业养老保险意识。以商业养老保险满足人民群众多样化养老保障需求为重点，加大宣传力度，积极推广成熟经验。加强保险业诚信体系建设，推动落实守信联合激励和失信联合惩戒机制。强化行业自律，倡导公平竞争合作，为商业养老保险健康发展营造良好环境。

国务院办公厅

××××年××月××日

例文三

交通运输部 中国人民银行 国家金融监督管理总局 中国证券监督管理委员会 国家外汇管理局关于加快推进现代航运服务业高质量发展的指导意见

交水发〔××××〕××号

各省、自治区、直辖市、新疆生产建设兵团交通运输厅（局、委），中国人民银行上海总部，各省、自治区、直辖市及计划单列市分行，国家金融监督管理总局各监管局，中国证监会各派出机构，国家外汇管理局各分局：

为深入贯彻落实党的××大关于加快建设交通强国、海洋强国的决策部署，促进现代

航运服务业高质量发展，提出以下指导意见。

一、总体要求

（一）指导思想

以习近平新时代中国特色社会主义思想为指导，深入贯彻党的 ×× 大精神，立足新发展阶段，完整、准确、全面贯彻新发展理念，坚持以推进现代航运服务业高质量发展为主题，以深化现代航运服务业供给侧结构性改革为主线，以航运交易、信息咨询、航运金融保险、海事仲裁、航运人才、技术服务等为重点，着力补短板、强弱项、优环境、增功能，全面提升现代航运服务业发展水平和国际影响力，更好服务构建新发展格局，服务加快建设交通强国、海洋强国。

（二）基本原则

（略）

（三）总体目标

（略）

二、主要任务

（四）提升航运交易及信息服务能力

（五）增强航运金融服务效能

（六）强化航运保险服务保障

（七）提升海事法律服务能力

（八）强化航运人才保障

（九）提高航运技术服务能力

（十）完善航运中心服务功能

（十一）提升航运基础服务能力

三、保障措施

（十二）加强组织领导

（十三）强化法制保障

（十四）深化交流合作

（十五）加强宣传引导

交通运输部　中国人民银行

国家金融监督管理总局　中国证券监督管理委员会

国家外汇管理局

×××× 年 ×× 月 ×× 日

二、函

（一）函的概念

“函”本是人们传递和交流信息的一种常用的书面信件。根据《党政机关公文处理工作条例》的规定，函是“适用于不相隶属机关之间商洽工作、询问和答复问题、请求批准和答复审批事项”的平行公文。

函主要在不相隶属机关之间使用，也可以用于向有关主管部门（指对请求批准事项有决定权和批准权的部门）请求批准事项，下级机关向上级机关询问具体事项，上级机关答复下级机关询问事项或请求批准事项，以及上级机关向下级机关催办有关事项。

（二）函的特点

（1）广泛性。函能沟通内外左右各方面的联系，适用于各行各业，对广泛开展各项业务工作及活动有积极联系、沟通的作用。

（2）单一性。一份函件的主体内容只写一个事项，且文字简省，开门见山，不讲套话，直陈其事。

（3）平和性。函的语体风格具有平等色彩，遣词造句也较谦逊，既热情诚恳又务实直陈，不能用强制性语言、命令行语言。

（4）灵活性。函具有便捷灵活的特点，其篇幅短小，格式也比较灵活，可以用公文文头，也可以没有，不用编号，也不一定归档。

（三）函的种类

（1）商洽函，是平行机关、不相隶属机关之间商洽工作、联系有关事宜所使用的函，如《国务院办公厅关于解决 ×× 大学新生粮油等供应问题的函》。

（2）询问函，是上下级机关之间相互询问有关问题而又不宜使用指示、通知、报告、请示等文种行文时而使用的函，如《关于询问全国食品会议后贯彻落实情况的函》。

（3）答复函，是机关之间相互答复对方问题的函，如《国务院办公厅关于中国科学协会设立科技开发型企业问题的复函》。

（4）请批函，是各级机关、团体、单位向有关业务主管部门请求批准事项而使用的函，如《×× 省人民政府办公厅关于申请拨款维修省政府机关办公室的函》。

（四）函的写作格式和方法

函一般包括标题、主送机关、正文、落款四个部分。

1. 标题

函的标题一般有两种。第一种由发文机关、事由、文种三部分组成，如《国务院办公厅关于履行我国加入世界贸易组织议定书透明条款有关问题的复函》；第二种由事由、文种两部分组成，如《关于取消全国运动会由北京、上海、广东、成都轮流举办限制的函》。对致函回复的函要用“复函”二字，如《工业和信息化部办公室、应急管理部办公室关于同意高新区创建国家安全示范园区的复函》。

2. 主送机关

在标题下方顶格写明收文并办理来函事项的机关单位全称或规范化简称。

3. 正文

函的正文一般分为开头、主体、结尾三部分。

（1）开头，概述发函的缘由、目的、根据，然后用“现将有关事项函复如下”等承前启后的用语转入下文。如果是复函，开头部分应首先引叙来函的日期、标题，然后再说发函的缘由。

（2）主体，主要说明发函的事项——询问、商洽、请求或答复的问题。主体内容要单一，一函一事，行文要直叙其事。如果是复函，要注意答复事项的针对性和明确性。

（3）结尾，应该根据函正文不同内容要求，而选择不同的结束语。商洽函结尾用“可否，盼予函复”“如果同意请即复函”等语；答复函一般用“特此函复”“此复”等语；如果不需要对方答复，可用“特此函达”等语。

4. 落款

落款包括发文机关和成文日期,在右下角写明,并盖公章。

例文一

×××× 关于赴 ×××× 单位学习考察的函

××××(主送单位):

为了学习借鉴 ×××× 单位在 ×××× 项工作方面的成功经验, ×××× 组织 ×××× 相关人员定于 ×××× 年 ×× 月 ×× 日赴 ×××× 单位学习考察,望 ×××× 予以接洽为盼。

一、学习考察内容

(一)(略)

(二)(略)

二、学习考察人员

×××　××××局长

×××　××××副局长

……

××××

××××年××月××日

例文二

关于委托 ×× 大学举办"高等学校基础写作学与文艺批评学中青年教师研讨班"的函

教高司函〔××××〕×号

×× 大学:

为了进一步加强高等学校基础写作学与文艺批评学的教学与科研,促进基础写作学与文艺批评学教学与科研成果交流,不断提高教学水平和质量,我司同意由你校于 ×××× 年 ×× 月举办"高等学校基础写作学与文艺批评学中青年教师研讨班"。有关研讨班的具体通知由你校发出,请你校给予大力支持。

教育部高等教育司

××××年××月××日

例文三

国务院办公厅关于同意建立民办教育工作部际联席会议制度的函

国办函〔××××〕××号

教育部:

你部《关于建立民办教育工作部际联席会议制度的函》收悉。经国务院同意,现函复如下:

国务院同意建立由教育部牵头的民办教育工作部际联席会议制度。联席会议不刻制印章,不正式行文,请按照国务院有关文件精神认真组织开展工作。

附件:民办教育工作部际联席会议制度

国务院办公厅

××××年××月××日

第七节　议案、纪要

一、议案

(一)议案的概念

根据《党政机关公文处理工作条例》的规定,议案是"适用于各级人民政府按照法律程序向同级人民代表大会或者人民代表大会常务委员会提请审议事项"的专用文书。

《中华人民共和国全国人民代表大会组织法》第十六条、第十七条规定:"全国人民代表大会主席团,全国人民代表大会常务委员会,全国人民代表大会各专门委员会,国务院,中央军事委员会,国家监察委员会,最高人民法院,最高人民检察院,可以向全国人民代表大会提出属于全国人民代表大会职权范围内的议案。""一个代表团或者三十名以上的代表联名,可以向全国人民代表大会提出属于全国人民代表大会职权范围内的议案"。

《中华人民共和国地方各级人民代表大会和地方各级人民政府组织法》第二十二条规定:"地方各级人民代表大会举行会议的时候,主席团、常务委员会、各专门委员会、本级人民政府,可以向本级代表大会提出属于本级人民代表大会职权范围内的议案";"县级以上的地方各级人民代表大会代表十人以上联名,乡、民族乡、镇的人民代表大会代表五人以上联名,可以向本级人民代表大会提出属于本级人民代表大会职权范围内的议案,由主席团决定是否列入大会议程,或者先交有关的专门委员会审议,提出是否列入大会议程的意见,再由主席团决定是否列入大会议程"。

(二)议案的特点

(1)法定性。议案的制发机关是各级人民政府,政府的职能部门无权制发。

(2)严肃性。人民政府所提议案的内容,涉及该人民代表大会或常务委员会职权范围内的重要事项,是涉及民生的大事,内容重要而严肃。

(3)时效性。各级人民政府的议案,只在人民代表大会或其常务委员会举行会议期间规定的时间内提出,否则不能列为议案。超过期限提交的议案一般只作"建议"处理,或移交下次人大会议处理。

(4)单向性。议案只能由各级人民政府向同级人民代表大会或其常务委员会行文,主送机关也只有一个。

(5)特定性。各级人民政府所提议案的内容,必须是该人民代表大会或常务委员会职权范围内的有关事项。

(三)议案的分类

议案按审议的内容大致可分以下四种类型。

（1）立法性议案。政府机构制定了某项法律或法规之后提请人大审议通过的议案，如《国务院关于提请审议〈中华人民共和国著作权法（草案）〉的议案》。

（2）决策性议案。重大工程以及政治、经济、文化、教育、科技、卫生等领域中重大事项的决策，需要提请人民代表大会审议批准的议案，如《国务院关于提请审议兴建长江三峡工程的议案》《关于提请审议设立重庆直辖市的议案》。

（3）任免性议案。提请任命、免去或撤销行政领导职务的议案，如《国务院关于提请××等同志职务任免的议案》。

（4）建议性议案。向权力部门提出建议，供人民代表大会审议的议案，如《关于尽早制定我省普及十二年制义务教育实施条例的议案》。

（四）议案的写作格式和方法

议案一般由标题、主送机关、正文、落款四个部分组成。

1. 标题

议案的标题有两种形式，第一种由发文机关（或会议名称）、事由、文种构成，如《国务院关于提请审议〈中华人民共和国食品安全法（草案）〉的议案》；第二种由事由、文种构成，如《关于提请审议修改后的国务院机构改革方案的议案》。

2. 主送机关

议案的主送机关只能有一个，应在标题下方，正文前面，顶格写明受理、审定议案的人民代表大会或者人民代表大会常务委员会的全称或者规范简化名称，不能随意简化主送机关名称。

3. 正文

议案正文内容一般来说包括案据、审议事项、结语三个部分。

（1）案据，是提请审议批准事项的理由和依据，即为什么提出这个议案。一般的案据要求概括准确、简明扼要、重点突出、有理有据。

如果是重大决策的议案，不但要写明理由、依据、目的、意义，还要论及可行性，要有比较透彻的、合理的分析，要用真实可信的事实说明存在问题的严重性和解决问题的必要性。

（2）审议事项，是在议案中提出的要求审议的具体事项，不需要分析说明，是什么就写什么，简单明了，不要乱加议论。如果是提请审议已制定的法律法规的议案，解决问题的方案就在法律法规中看，只要写明提请审议的法律法规的名称即可，但要把法律或法规的文本作为附件；如果是提请审议任免性议案，则要将被任免人的姓名和拟担任的职务写明；如果是提请审议重大决策事项的议案，则要把决策的内容一一列出来，供大会审议；如果是提请审议采取行政手段解决某项问题的议案，则要把实施这一行政手段的方案详细列出，以便审议。

（3）结语，主要用于提出审议请求，一般以“提请审议”“请审议”“现提请审议，并请作出批准的决定”等惯用语作结。

4. 落款

落款包括签署人和日期两个部分。议案落款一般不署机关名，按《中华人民共和国国务院组织法》第五条规定，国务院向全国人民代表大会或者全国人民代表大会常务委员会提出的议案由国务院总理签署。由此，地方各级人民政府的提案也由政府负责人签署。负责人署名前要冠以职务。在签署人姓名下方写明日期。

例文一

××市人民政府关于提请审议××××意见的议案

××××人大常委会：

为了××××，全面贯彻落实《××××文件》（×字号）的精神，进一步提高××××工作发展水平，××××人民政府组织修编了《××××意见》，根据《××××文件》相关程序，现提请审议。

××市市长　×××

××××年××月××日

例文二

国务院关于提请审议
国务院机构改革方案的议案

全国人民代表大会：

中国共产党第××次全国代表大会明确要求深化机构和行政体制改革。党的××届×中全会审议通过了《深化党和国家机构改革方案》，同意将其中涉及国务院机构改革的内容提交第××届全国人民代表大会第×次会议审议。现将根据《深化党和国家机构改革方案》形成的《国务院机构改革方案》提请第××届全国人民代表大会第×次会议审议。

国务院总理　×××

××××年××月××日

例文三

××市人民政府关于提请审议×××同志任职的议案

××市人大常委会：

根据《中华人民共和国地方各级人民代表大会和地方各级人民政府组织法》第四十四条的规定，因工作需要，现提请：

×××同志任×××××

请予审议。

××市人民政府市长　×××

××××年××月××日

二、纪要

（一）纪要的特点

纪要，顾名思义就是记载要点的文字。根据《党政机关公文处理工作条例》的规定，纪要是“适用于记载会议主要情况和议定事项”的专用公文，所以有人将“纪要”直接写成“会议纪要”。

当召开一些比较重要的、需要讨论研究决定并进行传达的会议时，要以公文的形式将会议基本情况或主要精神、所议定的事项、会议情况等记录下来，以便传达或后期查录。

（二）纪要的特点

（1）真实性。纪要是记载会议的基本情况、主要精神。必须忠实于会议的实际情况，根据会议的主要文件、发言记录和研究决定的问题来进行归纳整理，纪要必须真实可信，不能为了某种目的而夸大会议的作用。

（2）概括性。纪要不能像会议记录那样面面俱到，要抓住会议的重点，要围绕会议的主旨和主要成果进行概括整理，重点应是会议的结果，而不是会议的过程。

（3）指导性。纪要所反映的会议精神和所形成的议定事项，一般要求下属单位贯彻执行或共同遵守，具有一定的指导性和约束性。

（4）规范性。纪要有特定的版式、文号等要求。

（三）纪要的分类

（1）例会式纪要，指领导成员定期召开的或非定期召开的传达贯彻上级机关的工作部署或研究解决本部门工作中的重要问题的纪要。

（2）研讨式纪要，指非定期召开的，以交流思想和理论学术观点、研究探讨问题为目的的座谈会、研讨会所形成的纪要。

（3）专题式纪要，指就某些涉及范围较大、重要程度较高的专项工作或专门问题召开的会议，以安排部署工作、研究解决问题，要求与会单位和人员共同贯彻执行而形成的纪要。

（四）纪要和会议记录的区别

（1）性质不同。会议记录是记载会议的过程和讨论发言的具体内容，属事务文书。纪要只记要点，是法定行政公文。

（2）功能不同。会议记录一般不公开，不传达或传阅，只作资料存档；纪要通常要在一定范围内传达或传阅，要求贯彻执行，有一定的指导性。

（3）内容不同。纪要的拟制以突出会议精神为主，不需要一字不落地记录会议流程和内容，会议结束后对会议应加以分析和整理，概述反映会议精神；而会议记录则要全面、认真记录会议所有的过程和内容。

（4）时间不同。会议记录是在会议进行中记载的；而会议纪要一般是在会议结束之后制定。

（五）纪要的写作格式和方法

会议纪要一般包括标题、正文、落款三个部分。

1. 标题

纪要的标题有几种写法：第一种是由会议名称、文种组成，如《全国农村工作会议纪要》；第二种由机关名称、会议名称、文种组成，如《成都市教育局第五次办公会议纪要》；第三种由正、副标题组成，正标题阐述会议主要精神，副标题交代会议名称、范围和文种，如《高校规划应服务于国家和地方经济建设与社会发展——××××年全国高校规划工作研讨会会议纪要》。

2. 正文

纪要正文包括前言、主体、结尾三个部分。

（1）前言。介绍会议基本情况，交代会议召开的时间、地点、主持人、出席人、缺席人，有时还要交代召开会议的形势与背景、会议的指导思想和目的要求、会议议题等内容。

(2)主体。会议纪要的核心部分,包括会议讨论、研究的问题,对过去工作的评价及会议所作出的决定等。不同类型的会议,主体内容有所不同。办公会议纪要侧重记叙议定事项,将会议议定的事项依次列出;工作会议纪要通常按照内容概括成若干成分,用小标题或序码标出;座谈会纪要通常根据会议主要精神,将座谈会按问题分若干方面进行记述,并按需要对发言内容进行归纳概括。纪要主体部分通常使用“会议指出”“会议认为”“会议经过充分商议,作出如下决定”等惯用语。

(3)结尾。有的纪要有结尾,有的没有结尾,如有结尾则是提出希望、要求,发出呼吁,或表示与会者的愿望。

3. 落款

落款包括发文机关和发文日期两个部分,在正文右下方写明,并盖章。但一般会议纪要不署名,只写成文日期,加盖公章即可。

例文一

××××办公会会议纪要

××××年××月××日××时,×××同志主持召开××××办公会会议,×××、×××、×××等同志参加了会议。会议传达了……,通报了……,听取了……,讨论了……,审议了……现纪要如下:

会议认为:(略)

会议强调:(略)

会议指出:(略)

会议经过审议,议定以下事项:

一、(略)

二、(略)

出席:×××　×××书记

　　×××　×××主任

××××年××月××日

例文二

××××关于优化组合需要解决的几个问题的会议纪要

第××号

会议时间:××××年××月××日××时

会议地点:一楼大会议室

主持人:赵××　书记

参会人员:×××、×××、×××、×××

记录人:×××　主任

会议议题:关于优化组合需要解决的几个问题

会议内容：×××× 年 ×× 月 ×× 日，市委 ×××× 工作小组在市委一楼大会议室召开了关于优化组合需要解决的几个问题的会议，研究明确了 ×××× 等问题，会议形成如下意见：

一、关于优化组合后 ×××× 的问题

1.（略）

2.（略）

二、关于下一步的工作计划安排

1.（略）

2.（略）

例文三

× × 学院第 × 次办公会议纪要

时间：×× 年 ×× 月 ×× 日 × 时 × 分

地点：第五教学楼第一会议室

出席人：张 ××（院长）、吴 ×（副院长）、黄 ××（办公室主任）

缺席人：×××

主持人：张 ××（院长）

记录人：谢 ××（办公室秘书）

会议议程：

1. 报告

（略）

2. 讨论

（略）

3. 决议

（略）

4. 会议决定

（略）

第三章　公文的处理

第一节　公文的拟制

公文的拟制，顾名思义，就是公文的草拟和制定，是公文处理的一个重要环节，也是党政机关的一项重要工作。《党政机关公文处理工作条例》第五章第十八条，对公文的拟制做了明确的界定："公文拟制包括公文的起草、审核、签发等程序。"

一、公文的起草

公文起草是指起草者遵照领导或者领导机关的指示精神，从领命、准备、构思到写就初稿的行文全过程，是公文形成的第一步，是制发公文的基础和核心环节。

（一）起草的环节

公文的起草自有特定的程序，一般包括以下几个环节。

（1）准备工作。写公文前都要有所准备，"凡事预则立，不预则废"，没有准备是不可能写出高水平的公文的。公文起草的准备工作主要有四个：第一，明确行文目的，即明确公文制发的意图，如公文的基本观点、需要解决的主要问题、行文依据、发文的范围等。只有明确行文目的，做到任务明确、方向清晰，才能保证起草的公文在主要观点和内容上不偏离主题。第二，认真领会领导意图，要善于领会和把握领导讲话的重点、要点，要周密思考，深刻领会领导交代任务的精神实质，使领导的意图深入化、具体化和条理化。第三，广泛收集材料。材料是公文的基础，没有材料，公文写作无从谈起。要围绕公文的主旨，对材料进行全面调查、研究、查阅，收集有关情况、事例、问题、经验和数据等材料，并对其进行系统整理和精选。第四，布局准备。有了观点和材料后，就可以安排布局。要考虑这篇公文需要几个部分，或几个层次，每个部分包括哪些内容，突出什么问题；先写什么，后写什么，以哪个为主，以哪个为辅；上下如何转折，如何衔接等。

（2）构思筹划。构思就是对起草的公文进行酝酿、思虑、斟酌、筹划的过程。构思是创作的起步和开始，也是决定文章质量高低的关键环节。构思要求做到两点：第一，统筹内容。内容安排要合理有序，丰富而又不失条理；第二，取舍材料，就是要保留对主旨有用的材料，舍弃对主旨没用的材料。

（3）创作提纲。提纲或框架是为完成公文起草而设计的蓝图。提纲框架一般应该包括公文的标题、主旨句、层次与段落的安排、各部分的观点句和主要材料、关键部分的内容、开头和结尾及过渡的方式等。

（4）拟写初稿。拟写初稿就是将提纲衍生成公文初稿的过程，这是公文起草过程中最重要、最艰苦的环节。应该做到主体明确、符合政策、情况确实、注重实效、结构严谨、条理清晰、表述准确。

(5)修正润色。修正润色就是对公文初稿进行修改和润色,修改公文的内容主要有:修改主旨、修改观点、修改材料、修改结构、修改语言、修改标点。

(二)起草的要求

公文起草是政治性和业务性很强的工作,是确保公文质量的第一个关口,在公文起草工作中要做到以下几点。

(1)符合国家法律法规和党的路线方针政策。公文起草者一定要时刻保持清醒的政治头脑,努力提高政策法律水平,特别是对一些敏感问题、带有倾向性的问题,要有正确的观点,要坚定不移地将党的政策和方针作为指导。

(2)完整、准确体现发文机关意图。发文机关的意图是发文机关领导集体的意图,即发文要达到的目的和设想。公文起草者必须全面、仔细了解和听取领导集体的意见和要求,特别要听取主要领导人的意见,从领导的角度和全局的高度思考公文起草。

(3)同现行有关公文相衔接。同现行公文相衔接是指本机关与其他机关的有现行效用的有关公文衔接。在同一问题上,有关公文可以从不同侧面作出某些规定,但它们之间应相互配合,统一于上级机关的某一规定之中,不能相互矛盾。在有新的情况的时候,在制发的公文中要适当加以说明,如在公文末加上"凡过去的文件规定与本文不一致的,以本文为准"句。

(4)一切从实际出发,分析问题实事求是,所提政策措施和办法切实可行。公文的起草不能主观臆造或故意编造,不能以偏概全,不能报喜不报忧,不能只谈表面现象,更不能存在虚假。在公文中政策措施的制定必须符合现实条件,所提出的政策措施可被大多数政治团体或大多数群众接受,且在技术上是可行的。

(5)内容简洁,主题突出,观点鲜明,结构严谨,表述准确,文字精练。公文创作要求主题鲜明、条理清晰、材料丰富、结构严谨、语言表述准确精练,不得含糊不清、模棱两可,一般情况下不使用夸张、比喻、讽刺、虚拟等修辞手法。

(6)文种正确,格式规范。正确选用文种、格式是机关文字工作的基本要求,是公文的"包装",又是公文的"规矩"。

(7)深入调查研究,充分进行论证,广泛听取意见。公文起草必须通过实地考察、座谈研讨、书面征求意见等方式,对公文中提出的新政策、新措施进行民主讨论,反复比较、鉴别和论证,在此基础上,对公文代拟稿进行修改、充实和完善。

(8)机关负责人应当主持、指导重要公文起草工作。中央指出"各级领导干部亲自动手起草重要文件,这不是技术性的问题,而是领导工作中的原则性问题。"

二、公文的审核

公文的审核是指公文草拟稿在送交领导审批签发前,发文机关办公室对公文内容、文种等进行全面审核,提高文稿质量,确保文稿与上级要求和政府决策部署相一致,保证公文的严肃性、原则性、指导性和科学性的一项工作。公文的审核是公文制作过程中承上启下的中间环节,它不仅仅对文字、格式校核把关,更重要的是确保党和国家的法律、法规、方针、政策和上级的规定以及领导意图的准确体现,直接为领导决策服务。

公文审核是一项非常细致而又严谨的工作,总的要求是:全面审核,认真负责,仔细推敲,反对粗枝大叶,反对官僚主义、文牍主义,努力使文稿准确、全面、完整。审核的内容主要有以下几个方面。

（1）政治立场是否正确。首先要审核公文所反映和体现的基本政治立场、观点，所提出的意见、措施、办法和要求，以及得出的结论，是否符合党和国家的方针、政策、法律、法规，同现行有关规定有无矛盾。

（2）文种、发文字号是否正确，格式是否规范。根据文种定义和适用范围，重点查看文稿是否正确运用文种，同时根据文稿的重要性、涉及范围等，审查发文字号是否书写规范。

（3）行文理由是否充分，行文依据是否准确。要审核行文理由、行文依据，对行文理由不充分、行文依据不准确的，要与拟稿部门联系补办。不能不问理由依据，要来文即核，核后即报。

（4）文字是否严谨。公文依赖于文字表达，审核需要字斟句酌，看公文语言表述是否准确传达政令，如实反映情况；文稿用语是否精练，是否简明扼要地表达丰富而深刻的内容；文稿表述是否易懂；用语是否符合语法规范，无错别字、生僻字。

（5）文稿结构是否完整、合理。文稿一般包括制发目的、总体要求、主要内容或工作步骤、保障措施等部分，应按逻辑顺序、类别层次、主次先后等要求，对文稿框架进行梳理，做到主题突出、层次清晰、结构完整、一目了然。

（6）涉及有关地区或者部门职权范围内的事项是否经过充分协商并达成一致意见。《党政机关公文处理工作条例》中规定："公文涉及其他地区或者部门职权范围内的事项，起草单位必须征求相关地区或者部门意见，力求达成一致"，因此要审核文稿中涉及其他地区或者部门职权范围内的事项是否经过充分协商并达成一致意见。

（7）人名、地名、时间、数字、段落顺序、引文等是否准确；文字、数字、计量单位和标点符号等用法是否规范。

三、公文的签发

公文的签发是机关领导将呈批的文稿进行审定后，签署意见，并引发的过程。签发公文是公文拟制的最后一个环节，是领导对公文进行严格把关的一项决策性过程，也是公文生效的必备条件。无论哪一级别的公文，发文前都必须通过签发程序。

签发人在签发之前应对文稿做全面审核，进行必要的修改、纠正和补充，确认无误后再签意见，并写上姓名和时间，若圈阅，则视为同意。根据签发人的身份、地位及公文处理程序，签发可以分为以下几个类型。

（1）正签，即签发人在自身法定职权范围内签发公文。

（2）代签，即根据授权，代他人签发，如正职领导人因公外出，经授权由主持日常工作的副职领导签发。

（3）核签，指下级机关的重要发文请上级领导人签发。

（4）会签，适用于联合行文。联合行文由所有联署机关的负责人会签。

签发公文时需要注意的有以下几点。

（1）不得越权签发公文。公文应当经本机关负责人审批签发；重要公文和上行文由机关主要负责人签发；党委、政府的办公厅（室）根据党委、政府授权制发的公文，由受权机关主要负责人签发或者按照有关规定签发。

（2）签发人签发公文，应当签署意见、姓名和完整日期；圈阅或者签名的，视为同意。需要注意的是，不要只签署姓名，不签署意见；签署姓名与日期要完整，不能只签姓或者只签名。

（3）公文文稿经签发成文定稿后，任何人不经签发人同意，均不得对其作出修改，否则将负行政或法律责任。

第二节　公文的办理

公文的办理是公文处理工作的主要内容和关键性阶段，主要是指对公文的拟制、办理、管理等一系列相互关联、衔接有序的工作。公文的办理工作环节很多，每个环节又有很多细节，稍不留心，就会出错，有时甚至会酿成重大失误，造成不可弥补的损失。

《党政机关公文处理工作条例》对公文的办理作了明确的规定，其第一章《总则》第四条指出："公文处理工作是指公文拟制、办理、管理等一系列相互关联、衔接有序的工作。"公文办理可归纳为收文办理和发文办理两个阶段。

一、收文办理

收文办理就是对收进的文件进行处理的方法和步骤，它由收文阶段和办理阶段组成。收文阶段包括签收、登记、初审等环节，办理阶段包括承办、传阅、催办、答复等环节。

（一）收文阶段

机关对收进的公文要经过以下处理步骤。

（1）签收。签收是外部公文经传递到达本机关后的接收工作。收件人将收件清点后，在对方的文件投递单或送文登记簿上签字或盖章，并注明签收时间。签收的目的是明确公文交接双方的责任，保证公文运行的安全。

签收的任务主要包括：①拆封：拆装有文件、资料的信封或文件包，取出文件的过程。一般公文由秘书拆封，绝密文件要由专人拆封。拆封时注意不损害文件，拆封后要单独存放，发现送错文件要及时与发文单位核对并退回。②清点：对拆封后的文件进行检查核对的过程。要按来文通知单或签收回执标明的来文单位、标题、编号、数量等仔细检查；要检查文件是否齐全完整，看是否缺文件，是否缺页、白页，有无落款、印章等。③分类：就是将清点后的文件按不同标准和要求分类，可以按发文机关分，也可以按行文方向分，还可以按文件内容分。

（2）登记。登记是对公文的主要信息和处理情况进行详细记载，是管理和保护文件的一种必要措施。凡属正式来往的公文必须登记。目前常用的登记形式有以下几种：簿册式登记、卡片式登记、联单式登记、计算机登记。不管采用哪种登记形式，都要把序号、收文时间、来文机关、发文号、文件标题、附件、份数、密级、承办部门、处理结果、件号、备注等登记在案。

登记应该注意：必须逐项登记，不得遗漏、省略；登记的时候不得重复登记或跳号；登记的时候字迹必须清楚、工整；登记后的文件必须加盖收文编号章，以示区别。

（3）初审。初审是对收到的公文进行初步审查。初审的重点是：是否应当由本机关办理，是否符合行文规则，文种、格式是否符合要求，涉及其他地区或者部门职权范围内的事项是否已经协商、会签,是否符合公文起草的其他要求。经初审不符合规定的公文,要及时退回来文单位并说明理由。

(二)办理阶段

办理阶段是指文件的具体办理过程,是落实文件精神的重要阶段,主要包括以下环节。

(1)承办。承办是公文处理的中心和核心环节,是机关有关部门根据本单位实际情况,对公文的阅读、贯彻、执行、办复等具体办理公文、执行文件精神的活动。阅知性公文应当根据公文内容、要求和工作需要确定范围后分送;批办性公文应当提出拟办意见报本机关负责人批示或者转有关部门办理;需要两个以上部门办理的,应当明确主办部门;紧急公文应当明确办理时限;承办部门对交办的公文应当及时办理,有明确办理时限要求的应当在规定时限内办理完毕。

(2)传阅。传阅指公文处理机构根据领导批示或授权,按照一定的程序将公文及时送达传阅对象阅知的过程。办理公文传阅应当随时掌握公文去向,不要因漏传、误传、延误影响公文的时效。

公文传阅的方式很多,目前最普遍采取的方法是轮辐式传阅法,即以公文传阅的工作人员为中心,以阅读审批公文的领导人为外圈,由中心点开始送给第一个人阅看,第一个人看毕后退回中心点,再由中心点传给第二个人看,依次下推,每传阅一人都经过中心点。这种方法可以有效控制公文,完全掌握公文的行踪,避免中途积压和传递断线,还可以合理调整阅读人的次序。

(3)催办。催办是文秘部门根据承办时限的要求,对文件办理进行督促检查,防止文件积压和延误的过程。要及时了解掌握公文的办理进展情况,督促承办部门按期办结。紧急公文或者重要公文应当由专人负责催办。催办的方式有电话催办、信函催办、登门催办、会议催办、约谈催办等几种。

(4)答复。答复指公文的办理结果应当及时回答来文单位,并根据需要告知相关单位。

上述工作完成后,即完成了收文处理的整个程序。但这还不是全部工作的结束,最后还应将办理完毕的文件清退回来,按照要求放在贴有类别名称的文件装具中,做好文件的回收归卷工作。

二、发文办理

发文办理是发文单位对要发出的文件进行制作和发放的处理过程,包括复核、登记、印制、核发四项内容。

(1)复核。复核指发文机关负责人对已经签批的公文,在印发前对公文的审批手续、内容、文种、格式等进行复核;当发现需做实质性修改的,应当报原签批人复审。

(2)登记。登记指对复核后的公文,确定发文字号、分送范围和印制份数并详细记载。

(3)印制。印制是印刷人员按照文件印制要求和印制份数对文件进行印制的过程。公文印制必须确保质量和时效。涉密公文应当在符合保密要求的场所印制。文件印制要做到准确、及时、规范、安全、保密。

(4)核发。公文印制完毕,应当对公文的文字、格式和印刷质量进行检查后分发。涉密公文应当通过机要交通、邮政机要通信、城市机要文件交换站或者收发件机关机要收发人员进行传递,也可通过密码电报或者符合国家保密规定的计算机信息系统传输。

第三节 公文的管理及立卷归档

公文经过正常处理过程后,应该进行立卷、归档等工作。

一、公文的管理

公文的管理是指公文写毕之后,文秘部门根据公文管理制度,在公文运转过程中,对其进行的放存、清退、销毁、立卷归档等一系列工作。

根据《党政机关公文处理工作条例》内容可知,公文管理的主要措施有以下几点。

(一)建章立制,统一管理

(1)建章立制。各级党政机关应当建立健全本机关公文管理制度,确保管理严格规范,有条不紊,充分发挥公文的效用。

(2)统一管理。党政机关公文由文秘部门或者专人统一管理。设立党委(党组)的县级以上单位应当建立机要保密室和机要阅文室,并按照有关保密规定配备工作人员和必要的安全保密设施设备。

(二)确定密级,印发传达

(1)确定密级。公文确定密级前,应当按照拟定的密级先行采取保密措施。确定密级后,应当按照所定密级严格管理。绝密级公文应当由专人管理。公文的密级需要变更或者解除的,由原确定密级的机关或者其上级机关决定。

在公文管理中,按照有无保密要求的不同,可将公文分为无保密要求的普通文件和有保密要求的保密文件两类。按照保密等级不同,可以将保密文件分为绝密文件、机密文件、秘密文件三种。这三种只是阅读的范围不同,只有具有相应职务或级别者,才能阅读相应秘密文件。

保密文件的秘密等级分为绝密、机密、秘密三个等级,它们的区别主要是保密期限不同。《中华人民共和国保守国家秘密法》规定,绝密级不超过三十年,机密级不超过二十年,秘密级不超过十年。

(2)印发传达。公文的印发传达范围应当按照发文机关的要求执行;需要变更的,应当经发文机关批准。涉密公文公开发布前应当履行解密程序。公开发布的时间、形式和渠道,由发文机关确定。经批准公开发布的公文,同发文机关正式印发的公文具有同等效力。

(三)复制汇编,撤销废止

(1)公文的复制包括翻印和复印;汇编主要是便于查找,对公文起到很好的价值作用。复制、汇编机密级、秘密级公文,应当符合有关规定并经本机关负责人批准。绝密级公文一般不得复制、汇编,确有工作需要的,应当经发文机关或者其上级机关批准。

复制、汇编的公文视同原件管理。复制件应当加盖复制机关戳记。翻印件应当注明翻印的机关名称、日期。汇编本的密级按照编入公文的最高密级标注。

(2)公文的撤销和废止,由发文机关、上级机关或者权力机关根据职权范围和有关法律法规决定。公文被撤销的,视为自始无效;公文被废止的,视为自废止之日起失效。

(四)清退销毁,合并移交

(1)清退。经过清理将有关公文按期退归原发文机关或者由其指定的有关单位。清退可以维护公文的安全,防止错误扩散,避免出现工作中的被动局面和不良影响,维护公文的权威性与有效性。清退文件的原则有二:一是时限,无论是定期清退,还是随时清退,都应在要求时限内完成清退工作;二是齐全,即需要清退的文件,一份也不能少,件件完整无损。

(2)销毁。销毁就是以各种方式和手段对失去留存价值或留存可能性的公文所做的毁灭处理。凡是涉密公文应当按照发文机关的要求和有关规定进行清退或者销毁。销毁可以保守公文中的秘密,避免无用公文的干扰,减少公文管理中无效的工作量。

不具备归档和保存价值的公文,经批准后可以销毁。销毁涉密公文必须严格按照有关规定履行审批登记手续,确保不丢失、不漏销。个人不得私自销毁、留存涉密公文。销毁的方式主要有:焚毁、打成纸浆、粉碎、清洗消磁等。

(3)合并撤销。机关合并时,全部公文应当随之合并管理;机关撤销时,需要归档的公文经整理后按照有关规定移交档案管理部门。工作人员离岗离职时,所在机关应当督促其将暂存、借用的公文按照有关规定移交、清退。

新设立的机关应当向本级党委、政府的办公厅(室)提出发文立户申请。经审查符合条件的,列为发文单位,机关合并或者撤销时,相应进行调整。

二、立卷归档

立卷归档就是将处理完毕的公文按照一定的原则组合成案卷以便向档案部门移交的过程。处理完毕、有查考保存价值的文件,都要按照科学的方法加以整理立卷,以便作为档案向档案部门移交。文件整理方式与保管单位不同,主要有以“卷”为单位整理和以“件”为单位整理两种。本节介绍以卷为单位的文件立卷程序。

(一)文件立卷

文件立卷是指文件部门将办理完毕的,具有查考和保存价值的文件材料,按照它们在形成过程中的联系和规律,组成案卷的过程。

文件立卷是文件运转处理流程中的一个程序,也是文件工作三大组成部分之一。文件经过立卷,向档案部门归档后,文件工作才最后完成。

文件立卷归档包括立卷、归档两个阶段。立卷阶段由编制立卷类目、分类、排列、编号、填写卷内目录、填写备考表、案件装订、填写案卷封面等环节组成。

归档阶段由编写案卷目录、编写立卷说明、移交归档、销毁等环节组成。具体如图 3-1 所示。

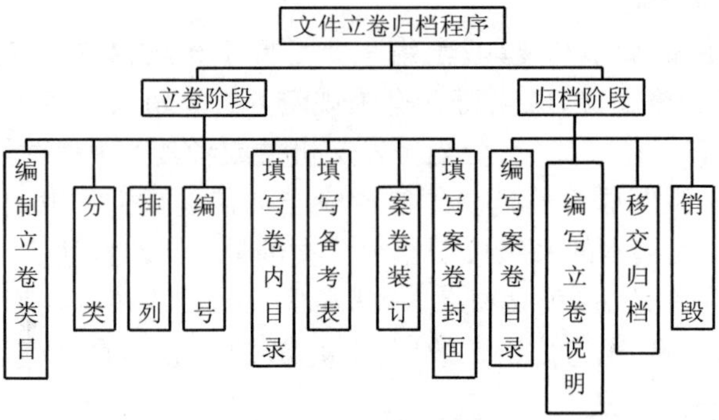

图 3-1 立卷归档

文书立卷的方法较多，以前多采用图书分类的方法，如“门、类、纲、目”法或“十进分类法”。这些方法立卷简单，但查询困难。现在多采用“文件处理、立卷、著录三位一体立卷法”，这种立卷方法利于计算机管理，方便查询。

1. 立卷阶段步骤

（1）编制立卷类目。立卷类目，又叫分类方案，是在文件还没有形成前，根据机关工作职能、机构设置和工作任务，按照立卷的原则和要求事先编制的一个立卷计划。立卷类目由文书部门主持编制。立卷类目由类、目、号三部分组成。

（2）分类。文件分类，是指立卷的文件按实体分类，即将归档文件按其来源、时间、内容和形式等方面的异同，分成若干层次和类别。

常见分类方法有：年度分类法（根据形成和处理文件的年度对归档文件进行分类）；机构分类法（根据文书处理阶段形成和处理文件的承办单位对归档文件进行分类）；问题分类法（按照文件主题分类）；保管期限分类法（根据不同的保管期限分类）；复式分类法（将前几种分类方法结合）。

（3）排列。排列指卷内文件根据不同的组合方法进行合理摆放。文件排列一般采取按时间顺序或重要程度排列。密不可分的文件，批复在前，请示在后；正本在前，定稿在后；正件在前，附件在后；重要文件的历次稿，最后定稿在前，其他历次稿依次排列。案卷厚度不超过两厘米。

（4）编号。编号是指将归档文件在全宗（全宗指某机关、组织或个人在执行职责活动中形成档案的总和）中的位置标识为符号，并以归档章的形式在归档文件上注明。卷内文件用阿拉伯数字依次编写页号，成卷装订的卷内文件在有字迹或图表的一面逐页编写页号，空白面不编号。页号位置在每页材料正面的右上角，背面的左上角。

（5）填写卷内目录。目录是文件内容的纲目，卷内文件材料要用碳素或蓝黑墨水书写目录。目录内容包括件号、责任者、文号、题名、日期、页数和备注等项目。

（6）填写备考表。备考表是对卷内归档文件进行必要的注释说明的表格。备考表的项目具体包括：盒内文件情况说明、整理人、检查人和日期。备考表填写的内容比较复杂，包括：文件收集的齐全程度、文件本身的状况（如字迹模糊、缺损）；整理工作完毕后归档文件有无修改、补充、移出、销毁等。有时目录备注项中填写不下，也可在备考表中详细说明，并在目录相关条目的备注项中加“*”号标示。

（7）案卷装订。装订案卷是为了防止卷内文件散失和损坏，对文件起到固定和保护作用。案卷装订前按顺序整理：案卷封面——卷内文件目录——卷内文件——备考表——封底。装订时去掉卷内金属物（如曲别针、大头针等），对破损的文件材料应按裱糊技术要求托裱，卷内文件材料如有字迹扩散及用圆珠笔、铅笔书写等情况，应对档案原件进行复制或手抄，并将复制件或手抄件与档案原件一并立卷；原件在前，复制件在后。案卷卷皮格式按统一要求格式进行。

（8）填写案卷封面。案卷封面是对卷内文件的直观展示，是反映文件内容的纲目，是查找文件的依据。案卷封面填写的项目包括：全宗名称、类目名称、案卷题名、时间、保管期限、件、页数、归档号、档号（全宗号、目录号、案卷号）。案卷封面还包括卷皮卷脊项目的填写，内容也包括：全宗号、目录号、年度、案卷号。

(二)文件归档

归档指文件部门将经系统整理的档案,移交给机关档案室保存的过程。文件经过整理立卷之后,需向档案部门移交归档,文件处理程序便进入了归档阶段。机关档案室是积累、保管本机关档案的专门机构。

归档阶段的步骤主要有以下几步。

1. 编制案卷目录

案卷目录是案卷的名册,是先将装订好的一个年度的案卷按一定的方法排列,然后再根据其排列顺序逐一编号登录。编制案卷目录的方法主要有以下三种。

(1)按保管期限编制,将机关在本年度内形成的案卷,按永久、长期、短期分开,编制成三本目录,每本目录中再按各个组织机构或内容分类。

(2)按年度编制,将本年度形成的案卷,综合编成一本目录,在这本目录中,按永久、长期、短期分为三个部分,在每个部分中,再按各组织机构或内容分类。

(3)按组织机构编制,将一个机关形成的案卷,按其组织机构分别编制成几本案卷目录,每本目录中皆按永久、长期、短期三个部分编制。案卷目录一般一式三份,一份留文书部门存查,其余同案卷一起交档案室保存。

2. 编写立卷说明

立卷说明即文件整理情况说明,是在文件整理结束后,对当年的机构、主要职能活动、文件整理归档情况和文件材料内容作概括说明。立卷说明的内容有如下几部分。

(1)立卷单位基本情况,包括立卷单位名称、成立时间、工作性质、职能范围、隶属关系,内部机构设置、人员编制及领导人变化情况,主要职能活动和职能任务完成情况,与立档单位紧密相关的重大事件、重大新闻、重大活动等。

(2)立卷归档情况,包括立卷组织形式及立卷情况,分类及组卷情况,案卷排列与编号方法,归档文件材料的来源、内容、形式、数量、可靠和完整程度,重要案卷的状况,立卷人、立卷时间等情况。

3. 移交归档

移交归档就是将机关立卷的文件移交档案室的过程,是机关文件整理工作的最后一个环节。移交归档文件有严格的制度,包括归档范围、归档时间、归档案卷的质量要求、归档手续等都有详细说明。

4. 销毁

销毁是指对已经办理完毕而又无保存价值,或重复的文件进行焚毁的过程。销毁文件要准确界定销毁范围,履行销毁审批手续,并对需销毁的文件登记造册,然后按照销毁规定进行销毁。

第四节　电子公文

随着现代信息技术的发展,使用计算机、局域网及广域网上等对公文进行处理的便捷方式已经成为时代的需要。加之,党政机关、企事业单位工作都实现了全面信息化,这就更离不开电子公文的使用和管理了。

一、电子公文的概念

电子公文的概念有广义和狭义之分。广义的电子公文是指社会组织用现代信息管理技术制发的一种以全数字化形式存在的、可以在计算机、局域网及广域网上进行储存、传递、检索、使用的电子文件。狭义的电子公文是指政府部门运用现代信息技术管理技术制发的、用以替代传统纸质公文的全数字化的,具有规范格式的公文。

二、电子公文的特点

相对于纸质公文而言,电子公文由于其介质和处理技术的特殊性,使其具备许多纸质公文所不具备的特点。

(1)对系统的依赖性。纸质公文是采用人眼可识读的记录符号记录的,而电子公文则是采用人眼不可识读的数字代表记录。电子公文必须借助机器来识读,识读时又必须借助一定的计算程序。一般来说,必须提供一个完备的计算机应用系统,才能够实现电子公文的记录和识读。如果是不兼容的机器,不兼容的系统软件、应用软件在电子公文上不能交换使用。

(2)信息储存的高密度性。电子公文的储存介质有磁盘、u 盘、光盘、云网、云盘等,这些现代设备的储存容量非常大,可以节约存储空间,便于存放、传输、检索和复制,非常便捷。但如果管理不好,电子公文流传出去,流传的速度也非常快,造成的损失也是巨大的。

(3)可更改、可复制性。纸质公文上的信息被固定在纸质上,信息与载体构成不可分离的完整实体。而电子公文在存储介质的位置是抽象而不固定的,是以与储存实体分离的非实体的形态存在、被处理的。这种分离特征使电子公文具有可更改行、可复制性的特点。这个特点也使电子公文更改、复制可以不留任何痕迹,所以要保证其安全,就必须使用加密技术。

(4)多媒体信息的集成性。纸质公文的信息记录是平面的,多种信息载体的有机结合比较苦难。电子公文依赖于计算机系统和自身的非实体形式,实现了多种信息格式的数字化的完美统一。运用多媒体技术,可以把图文信息、音频信息、视频图像等不同媒体形式的信息记录在一个电子文件中,强化了多元化信息的记录功能和显示功能。

(5)信息的共享性质。纸质公文在同一时期、同一地点只允许一个人阅读使用,具有信息的独占性和排他性,而电子公文子在同一时间可以被不同地点的许多人共同阅读和使用,供多用户检索,可以不受时空、地点的限制。

三、电子公文的优点

电子公文和纸质公文都是公文的一种形式,本质是相同的,但电子公文较纸质公文有着自身的优点。

(1)高速传输。电子公文摆脱了纸质公文传输的各种束缚,借助现代通信技术实现了远距离网络化传输,传输速度之快,范围之广,是纸质公文无法比拟的。

(2)方便检索。电子公文借助计算机,可以子在任何一种信息库中按照日期、标题、主题词等检索条件,迅速、准确找到所需要的信息。

(3)资源共享。网络和通信技术的发展,使人类一直追求的资源共享的愿望得以实现。电子公文使得资源可以在最短时间内共享。

(4)存储量大。电子公文的存储摆脱了传统的信息储存对存储空间的依赖性,现代电子公文密度高、容量大、价格低。

(5)多信息一体化。电子公文可以将文字、数据、表格、图片、视频、语音等信息有机结合,一体化处理。

(6)处理归档一体化。依靠现代信息管理技术,电子公文的收发、流转、立卷、归档等过程构成了一个环节连续、步骤明确的整体,使得归档管理工作的自动化,这符合公文和档案管理的特点。

三、电子公文的管理

电子公文成本低、效率高,具有优于纸质公文的很多优点,但也有自身的缺点,这就需要恰当的管理,具体内容如下。

(1)坚持统一管理,科学划分责任。从计算机技术、网络技术和通信技术的特点和功能看,电子公文形成后并没有如纸质公文那样集中管理,只有电子公文转化成电子档案后,才统一交档案室等相关单位集中保管。所以电子公文的管理要建立统一制度,如电子公文档案制度、分权限调用等;要建立电子公文管理的记录系统,对每一份电子公文进行必要的记录;要统一使用文档一体化软件,为电子公文流转和信息共享,打造文档一体化管理的软件平台;要科学划分责任,各单位要确定电子工作的分管领导,负责本单位电子公文管理的组织、协调工作。

电子公文的管理应由主管部门或负责人统一协调,指定专门机构或专人负责。电子公文的形成、承办、登记、积累、整理、编目、归档等工作由承办单位负责;电子公文的安全与维护应由本单位或计算机信息中心负责;应经常对电子文件的相关人员进行培训,规范操作、严格要求、妥善管理。

(2)做好登记工作。为了保证电子公文的产生、处理过程符合规范,应从电子公文形成开始,不间断对有关处理操作进行登记管理。电子公文到了哪里都有移交记录,这样就能解决利用时找不到电子公文的问题。

(3)规范整理。电子公文的载体有很多种,为了便于保管、利用,应按照档案的种类分别整理。首先要电子公文按不同年代、组织机构、保管期限进行组盘,再将不同年代、组织机构、保管期限的公文分盘保管,这样便于定期拷贝。组盘后,档案人员应以统一的数据库结构和规范命题,并建立公文档案盘内文件目录和档案管理信息。

电子公文的归档一般备份三套,一套封存,一套提供借阅,一套异地保存。只有科学管理,保存的电子公文,才能便于日后利用和查找。

(4)采取信息保护。为了防止电子信息被偷窃、删除和修改,防止"黑客"进入破坏,必须对电子公文信息加以严密保护。电子公文上网后,必须从入口、传输、使用三个方面采取安全措施。信息保护常用的技术方法有签署技术、加密技术、身份验证、档案备份、专机专用、设置防火墙、安装杀毒软件等。

(5)培养复合型文档管理人才。电子公文管理的实质是技术工程的管理。要求档案专业人员必须成为既能从事现代公文的处理和档案的管理,又能从事档案、图书、情报等综合信息的管理;既要掌握本专业基本理论和知识,还要具备档案管理知识;要熟练掌握档案工作的基本原则和方法,更要学习电子技术、数字通信技术等知识。

第四章　事务文书写作

第一节　事务文书的相关概念

事务文书是党政机关、企事业单位、社会团体以及各级组织在日常工作或生活中经常使用的一类文体，虽然不同于法定公文，但通过相关部门的认可，通过正规媒体转载，在某种情况下也可以作为公文使用。因此，事务性文书可以看成是法定文书的补充。

一、事务文书的概念

事务文书又称常规文书或业务文书，是指党政机关、企事业单位以及社会团体在日常事务中所形成的一种具有很强的实用性和惯用体式的应用文体的总称。它是党政机关、企事业单位、社会团体或个人用来沟通信息、部署和指导工作、总结经验、规范行为、礼仪应酬等的重要工具。

二、事务文书的特点

事务文书是用来沟通信息、安排工作、总结得失、研究问题的实用文体，是应用文写作的重要组成部分，有如下特点。

(1)自主性强、程序简便。法定公文的制发和处理需经过一定的程序，不得擅自处理。而事务文书没有那样严格的处理程序，有一定的自主权。如行业的一些规章制度可以本单位自己制定，不须报上级批准。

(2)体式灵活、行文宽泛。法定公文有严格的行文规则，而事务文书行文相当宽泛自由，可以灵活选择行文对象，也可越级行文。如简报，就可以上报，也可以平送，还可以下发。而会议记录、大事记因属内部资料，一般不外发。

(3)时效性、语言灵活。事务文书是用来处理工作事务的，因此特别注重实用性，讲究效率，只有在限定时间内及时完成才能发挥应有的效用。与党政公务文书相比，事务文书的语言更为通俗、灵活，也可以使用一些修辞手法。

三、事务文书的分类

目前学术界对事务文书的种类界定不一，大致可以分为以下几类。

(1)信息类：简报、公文摘要等。

(2)计划类：规划、计划、安排、提纲、方案等。

(3)规约类：规章、条例、办法、制度、公约等。

(4)记录类：大事记、会议记录等。

(5)讲话类：开幕词、闭幕词、发言稿、讲话稿、主持词、演讲稿等。

(6)总结类：总结、述职报告、调查报告、工作报告等。

(7)祝词类：祝词、贺词、喜报、欢迎词、答谢词等。

（8）聘请类：请柬、邀请书、聘书等。

（9）哀悼类：讣告、悼词、唁电等。

（10）书信类：证明信、公开信、介绍信、表扬信、慰问信、感谢信、申请书、倡议书、保证书、志愿书、决心书等。

（11）条据类：便条、请假条、契据等。

（12）周知类：启事、声明、海报等。

本章所指的事务文书主要包括规章制度、计划、总结、简报、调查报告、述职报告等。

四、事务文书的作用

事务文书的作用主要有以下几点。

（1）具有宣传教育和检查督促的作用。事务类文书通过分析形势、申明政策；或者交流经验、表彰先进；或者揭露时弊、抨击丑恶，可以起到宣传教育群众、检查督促工作、统一人们的认识，并提高工作水平和工作热情的作用。

（2）具有积累和提供资料的作用。事务类文书，特别是具有留存价值的事务文书，其中一部分可以作为机关活动的原始记录，这些文字资料都是珍贵的历史资料，具有极其重要的保存价值。有的事务文书还可以起到反映情况、说明问题，从而为人们提供所需资料的作用，如计划、总结等。

（3）具有咨询和建议的作用。事务文书对决策者和上级有关部门具有咨询和建议的作用。通过总结经验和教训，掌握所需的信息，对共同工作中的重点、难点问题进行调查研究，调整工作思路，改进工作方法，及时修改工作计划，以便提高工作效率。

（4）具有沟通交流和指导工作的作用。事务文书是机关、企事业单位沟通的桥梁和纽带。从纵向关系来看，管理者与被管理者之间、上下级之间，存在着指导与被指导的关系；从横向关系来看，各部门沟通情况、交流工作，要有一定的手段和凭借，有些事务文书就能起到这种作用。

第二节　规章制度

所谓“没有规矩就不成方圆”。规章制度能够维护正常的生产和经营活动秩序，确保各项政策和计划的顺利实施，同时也是组织和个体行动的指南和依据。规章制度通常具有一定的法规性和权威性，对于社会经济、科技文化教育等领域的发展以及社会公共秩序的维护都具有重要意义。

一、规章制度的概念

规章制度是国家行政机关、业务主管部门、社会团体、企事业单位或其他组织机构所制定的，在特定的范围内，要求有关人员共同遵守的具有约束力的行为规范和准则。

规章制度内容很广泛，主要有章程、条例、规定、办法、细则、规则、规程、制度、守则、公约、须知等。

二、规章制度的特点

（1）使用的广泛性。规章制度使用广泛，国家机关可以用，基层单位也可以用；可以用于重要的政策规定，也可以用于具体的管理方法；还可以作为国家的行政法规和部门的规章制度，也可以作为一般性的工作规则。

（2）内容的严密性。严密性是规章制度的主要特点。规章制度按照所涉及对象的具体情况，规范人们的行为。因此，规定的内容必须具体、严密、细致、周全，对规章制度实施过程中可能会出现的情况要有充分的估计。规章制度要有严密的逻辑性，不能自相矛盾。

（3）实施的可行性。规章制度的可行性，主要是指规章制度必须以法律和政策作为依据。任何规章制度的制定，都必须以国家颁布的各种法律、法规，党和政府制定的方针、政策为依据，如果背离了法律、法规，这种制度不但不可行，也失去了存在的依据。

（4）条例的明确性。规章制度要明确地定义各种行为准则、规则和制度，以便人们在实施过程中，能遵守规章制度的相关规定并根据其操作，使得人们能清楚地了解自己的权利和义务，不至于出现模糊不清的情况。

（5）施行的约束性。规章制度是要求特定范围内的人员共同遵守的相关条约，具有一定的指导性和约束性，可以起到规范人们行为的作用。对于违反相关规章制度的行为和人员，应该在法律允许范围内给予一定的惩戒。

三、规章制度的分类

规章制度种类很多，这里分析几种常见的文体：规则、规定、守则。

（一）规则

1. 规则的概念

规则是行政机关、社会团体、企事业单位为了维护工作纪律和公共利益，保证学习、生产、生活等活动正常有序进行，或为了实现某种目标，在特定的范围内，要求有关人员共同遵守的，具有约束力的行为规范和准则。制定规则的目的是规范人们的行动，使各项活动能正常有序地进行。

2. 规则的特点

（1）明确的限定性。规则是规范和管理的准则，它明确规定了行为的界限，以及违反规定的处理原则，以起到维护某种秩序的作用。这是规则有别于其他规章性文体的主要之处。

（2）很强的行业性。规则是根据不同行业制定的一种法规性文书，体现了行业特点，行业不同，规则的内容也有所不同。

（3）内容的针对性。规则是一种针对性很强的文书，它主要针对具体性事务进行统一要求和规范，以达到统一步调的作用。

3. 写作格式和方法

规则一般包括：标题、正文、落款几个部分。

（1）标题。常见的有两种写法，一种是由发文机关名称、事由和文种三要素组成，如《××大学图书馆关于图书借阅的规则》；二是由事由和文种组成，如《期末考试考场规则》。

（2）正文。规则的正文包括三个部分，首先写发文缘由；其次写规则的具体内容，包括具体方法、措施、处罚手段等；最后写明生效日期、解释权归属等。

正文的写法大体有三种：①条目贯通式，即按条目顺序排列。②章断条连式，即把整个规定分为总则、分则、附则三部分，而具体内容按条目的流水顺序排列。③总序分条式。

（3）落款。在右下方先署制定规则的单位名称，下面写明制定规则的日期。有的规则在标题下方正中署名和标明日期；也有的规则不署名和标明日期。

例文一

××市人民币特种股票登记暂行规则

第一章　总则

第一条　为了保障投资者合法权益，根据《××市人民币特种股票管理暂行办法》及其《实施细则》的有关规定，特制定本规则。

（略）

第二章　登记形式

第三条

（略）

第八章　附则

第二十八条　本规则用中文发布，如因译文使条文的解释发生歧义，以中文本为准。

××证券登记有限公司

××××年××月××日

例文二

高等教育自学考试考场规则

一、考生在每科考前二十分钟开始入场。

二、考生入场时须持本人准考证和考试通知单。

三、考生入场时，须自我清身。不准携带任何书籍、笔记、资料、报刊和草稿纸等，只准带必需的文具，如钢笔、圆珠笔、直尺、三角板、圆规等。允许使用算盘或计算器的课程，可带算盘或计算器，但计算器不得有程序储存功能，场内不得相互借用。各类通信工具一律不得带入考场内。

四、考生入场后，要对号入座，并将本人的准考证、考试通知单展放在考桌左上角，以便查对。

五、考生答卷前必须在试卷指定的位置填写姓名、考试号、考场及座号，有档案号的考生必须在规定的位置填写档案号，不准在试卷密封线以外作任何标记。考试铃响后，才准开始答卷。

六、考生迟到三十分钟不准入考场，考试进行三十分钟后才准交卷出场。

七、考生未交卷前不准离开考场，离开考场时必须交卷。考生离开考场后，不准在考场附近逗留和谈话。

八、考生对试题有疑难时，不得向监考人员询问。如遇试题分发错误或字迹模糊等问题，但不涉及试题内容，可举手当众询问，监考人员应予当众答复。

九、考生答卷必须使用同一色笔（钢笔或圆珠笔），并限定全蓝或全黑（有特殊规定的除外），否则不予判分。字迹要工整、清楚。必须按试卷规定的格式答卷。答卷书写在草稿纸上的一律无效。

十、考生在考场内必须保持安静，不准吸烟，不准随便讲话，不准交头接耳，不准相互暗示，不准偷看他人试卷，不准交换试卷，不准冒名顶替，不准将试卷和草稿纸带走，不准撕毁试卷，不准有任何违纪和作弊行为。

十一、考试终了时间一到，考生立即停止答卷，并将试卷翻放，等候监考人员将试卷和草稿纸分别收齐，检查无误后方可离开考场。

十二、考生应自觉服从监考人员管理，不得以任何理由妨碍监考人员进行正常工作。在考试期间，监考人员有权对场内发生的问题，按规定作出处理。

十三、考生如有违犯规则者，一律按《关于自学考试中违犯规则及作弊问题的处理规定》严肃处理。

十四、本规则自 ×××× 年 ×× 月开始试行。

×× 省高等教育自学考试委员会

×××× 年 ×× 月 ×× 日

(二)规定

1. 规定的概念

规定是党政机关、社会团体和企事业单位为实施管理而制定的，在特定范围内对某一方面工作或事项所作出的，具有约束力的行为规范。

规定是一种常见的行政法规性公文，也是企事业单位制定内部规章时所用的主要文种，是为解决“应该如何”和“不应该如何”的界限问题而制定的，主要是一些禁止性、限制性规定。

2. 规定的特点

(1)强制性。规定要求有关人员必须遵照执行，违反规定将受到某种处罚，以起到制约和依据作用，这是规定有别于其他规章性公文的主要之点。

(2)可行性。规定是以政策、宪法为依据，内容是以促进工作为目的，并且具有实际操作性，便于人们遵照执行。

(3)规范性。规定的语言运用要求高度的准确、概括、简洁、通俗、规范。

(4)时效性。时效性规定只对文件正式成立后发生的有关人和事，有法律效力，从颁布之日起，与其规定不一致的“旧文件”即行废止，以新文件为准。

3. 写作格式和方法

规定一般包括标题、正文、落款三个部分。

(1)标题。规定的标题主要有两种写法：一种是全称式标题，即由发文机关名称、事由和文种组成，如《国务院关于加强乡镇企业环境保护工作的规定》；第二种是由事由和文种组成，如《关于领导干部报告个人重大事项的规定》。

如果规定的内容尚欠成熟和完善，或属临时性规定，则应在文种前加“暂行”或“试行”字样，或者在文种后加“(暂行)”或“(试行)”字样，如《关于 ××××× 的规定(暂行)》；如果是对以前的规定做补充，则应在文种前加“补充”字样。

(2)正文。规定一般由缘由、规范内容、说明三个部分构成。首先写发文缘由，并在后面用“特做如下规定”惯用语作承上启下；其次写明规定的具体事项；最后说明定制权、解释权、实施范围和实施日期。

规定有三种形式：①条目贯通式，即从头到尾按条目顺序排列。②章断条连式，即把整个规定分为总则、分则、附则三部分，而具体内容按条目的流水顺序排列。③总序分条式，即开头以序言的形式写，主要写形势、目的、依据等。中间部分列出若干标题（小标题起到区分章节的作用），是规定的具体内容，使用序码排列条目。结尾处写实施的有关事项。

（3）落款。落款包括署名和日期，如果标题下已经有签署和制发时间，可以不署名。

例文三

普通高等学校学生管理规定

第一章　总　　则

第一条　为维护普通高等学校正常的教育教学秩序和生活秩序，保障学生身心健康，促进学生德、智、体、美全面发展，依据教育法、高等教育法以及其他有关法律、法规，制定本规定。

第二条　本规定适用于普通高等学校、承担研究生教育任务的科学研究机构（以下称高等学校或学校）对接受普通高等学历教育的研究生和本科、专科（高职）学生的管理。

……

第三章　学籍管理

……

第三十九条　毕业、结业、肄业证书和学位证书遗失或者损坏，经本人申请，学校核实后应当出具相应的证明书。证明书与原证书具有同等效力。

第四章　校园秩序与课外活动

……

第四十八条　学生使用计算机网络，应当遵循国家和学校关于网络使用的有关规定，不得登录非法网站、传播有害信息。

第四十九条　学校应当建立健全学生住宿管理制度。学生应当遵守学校关于学生住宿管理的规定。

第五章　奖励与处分

第五十三条　纪律处分的种类分为：

（一）警告；

（二）严重警告；

（三）记过；

（四）留校察看；

（五）开除学籍。

第五十四条　学生有下列情形之一，学校可以给予开除学籍处分：

（一）违反宪法，反对四项基本原则、破坏安定团结、扰乱社会秩序的；

（二）触犯国家法律，构成刑事犯罪的；

（三）违反治安管理规定受到处罚，性质恶劣的；

（四）由他人代替考试、替他人参加考试、组织作弊、使用通信设备作弊及其他作弊行为严重的；

（五）剽窃、抄袭他人研究成果，情节严重的；

（六）违反学校规定，严重影响学校教育教学秩序、生活秩序以及公共场所管理秩序，侵害其他个人、组织合法权益，造成严重后果的；

（七）屡次违反学校规定受到纪律处分，经教育不改的。

……

第六章　附　则

……

第六十九条　本规定自××××年9月1日起施行。原国家教育委员会发布的《普通高等学校学生管理规定》（国家教育委员会令第×号）、《研究生学籍管理规定》（教学[××××]×号）同时废止。其他有关文件规定与本规定不一致的，以本规定为准。

例文四

××市医院安全秩序管理规定

（××××年××月××日××市第×届人民代表大会常务委员会第×次会议通过）

第一条　为了加强本市医院安全管理，维护医院安全秩序，惩治涉医违法犯罪行为，保护医务人员安全和社会公众利益，依据有关法律法规，结合本市实际，制定本规定。

……

第三十一条　本规定自××××年××月××日起施行。

（三）守则

1. 守则的概念

守则是党政机关、社会团体或企事业单位根据有关法律、法规和实际工作需要，征集群众意见后制定的，要求所管辖范围内全体人员在思想、工作、学习、作风、生活等方面共同遵守的，具有约束性的规范文书。

2. 守则的特点

（1）针对性。守则是对党和国家方针政策与本地区、本部门的具体情况相结合制定的一种行为规范和准则，是对法律、法规和相关政策的具体化。

（2）前瞻性。守则是从更高的境界要求相关人员提高整体素质，制定守则的起点较高。

（3）行业性。守则多数只对所管辖范围的人员有效，制定时必须根据人员行业性质和工作特点提出全面要求，起到规范、激励、教育作用。

3. 规则、规定、守则的区别

规则在内容、结构和作用上与规定、守则有相似之处，但也有所区别。规则主要侧重于对工作、活动和管理等事项，就其职责、内容、范围、方式、程序等作出界定。规定侧重于对工作和管理行为提出规范，明确提出应该做什么、不应该做什么和应该怎样做、不应该怎样做等提倡性和禁止性的要求。守则侧重于对成员个体的行为和思想品德提出自律性的规范要求。

4. 写作格式和方法

守则一般包括标题、正文、落款三个部分。

(1)标题。守则的标题通常由发文机关、事由和文种构成,如《××公司员工工作行为规范守则》;也可以省去发文机关或事由,只写"守则"。如果是试行则要在标题下面括号注明"试行"字样。

(2)正文。守则的正文首先要写明发文缘由,说明制定守则的目的、意义;接着分条写出守则的具体内容,要求条理清晰。

(3)落款。在正文右下方写明发文机关名称和发文日期。如果标题已经写明发文机关,或标题下方已经标明了发文日期,则可以省略。

例文五

大学生守则

高等学校的大学生、研究生,应当有坚定正确的政治方向,热爱社会主义祖国,拥护中国共产党的领导和社会主义制度,努力学习马克思主义;应当热心于改革和开放,有艰苦奋斗的精神,努力为人民服务,为实现具有中国特色的社会主义现代化而贡献才智;应当自觉地遵守宪法、法律,严格遵守校纪校规,增强法治观念,有良好的品德;应当勤奋学习,努力掌握现代科学文化知识,立志成为有理想、有道德、有文化、有纪律的社会主义现代化建设事业的合格人才。在日常生活中必须自觉遵守以下行为准则。

一、努力学习马克思列宁主义、毛泽东思想、邓小平理论和"三个代表"重要思想,为构建和谐社会、实现中华民族伟大复兴的共同理想和坚定信念而努力奋斗,努力成为有理想、有道德、有文化、有纪律的社会主义新人。

二、热爱祖国,服务人民。弘扬民族精神,维护国家利益和民族团结。不参与违反四项基本原则、影响国家统一和社会稳定的活动。培养同人民群众的深厚感情,正确处理国家、集体和个人三者利益关系,增强社会责任感,甘愿为祖国为人民奉献。

三、勤奋学习,自强不息。追求真理,崇尚科学;刻苦钻研,严谨求实;积极实践,勇于创新;珍惜时间,学业有成。

四、遵纪守法,弘扬正气。遵守宪法、法律法规,遵守校纪校规;正确行使权利,依法履行义务;敬廉崇洁,公道正派;敢于并善于同各种违法违纪行为作斗争。

五、诚实守信,严于律己。履约践诺,知行统一;遵从学术规范,恪守学术道德,不作弊,不剽窃;自尊自爱,自省自律;文明使用互联网;自觉抵制黄、赌、毒等不良诱惑。

六、明礼修身,团结友爱。弘扬传统美德,遵守社会公德,男女交往文明;关心集体,爱护公物,热心公益;尊敬师长,友爱同学,团结合作;仪表整洁,待人礼貌;豁达宽容,积极向上。

七、勤俭节约,艰苦奋斗。热爱劳动,珍惜他人和社会劳动成果;生活俭朴,杜绝浪费;不追求超越自身和家庭实际的物质享受。

八、强健体魄,热爱生活。积极参加文体活动,提高身体素质,保持心理健康;磨砺意志,不怕挫折,提高适应能力;增强安全意识,防止意外事故;关爱自然,爱护环境,珍惜资源。

×××大学

××××年××月××日

第三节　计划、总结

一、计划

（一）计划的概念

古人云："凡事预则立，不预则废"，凡事有了计划或方案，也就有了指导思想和工作目标，工作才能有步骤、有效地展开。计划是党政机关、企事业单位、人民团体，以及个人对一定时期内所要进行的工作或要完成的任务预先作出安排部署时使用的事务性文书。

（二）计划的特点

（1）目的性和针对性。计划要求做哪些工作，完成什么，达到什么目标，此也为计划的基本内容，计划所作出的安排和所提出的措施，都是针对着目标、任务的，是为了完成任务、实现目标而进行的。

（2）超前性和预见性。计划是对未来工作的一种筹划和设想，因此具有很强的超前性和预想性，可以说没有超前性和预见性，就没有计划。计划不能定得过死，必须留有余地，在实施过程中发现与实际不符的地方，或出现新情况，必须作出切实地修改。

（3）规范性和约束性。计划是对某项工作作出安排部署，包括工作目标、任务、指标、要求、步骤措施、办法、完成时间等，这些都要按照规范的程序来制定和实施。

（4）时限性和指导性。计划是在一定时间内管用，故制定计划需要明确时间要求，通常要写明完成的时间。同时，制定计划是为了克服工作中的盲目性，一旦成文，就对实践起着一种控制和约束的作用。

（三）计划的种类

计划种类很多，通过不同的分类标准可分为不同计划。

（1）按内容分：生产计划、工作计划、学习计划、科研计划、营销计划、财务计划、分配计划、教学计划等。

（2）按范围分：单位计划、个人计划、国际计划、地区计划、部门计划等。

（3）按时间分：短期计划、长期计划、近期计划、年度计划、季度计划、月度计划等。

（4）按作用分：指令性计划、指导性计划等。

（5）按性质分：综合计划、专项计划等。

（四）意义和作用

（1）建立正常工作秩序，提高工作效率。有了计划，就有了明确的目标、具体的要求，就可以合理安排人力、物力、财力，建立起正常的秩序，提高工作效率。

（2）预防偏差，争取主动。计划具有预见性，它可以根据以往工作中的成绩和失误，经验和教训，对未来工作中可能出现的情况、问题进行科学的估计和分析，有效防止偏差。

（3）便于监督，利于检查。计划一旦制定出来并经过规定的程序通过，在客观上便成为检查、考核工作进度及质量的标准和依据。

（五）写作格式和方法

计划一般包括：标题、正文、落款三个部分。

1. 标题

计划的标题有几种：第一种由计划单位、计划时间、计划内容、文种四要素组成，如

《×× 大学 ××××—×××× 第 × 学期教学计划》；第二种，如果是内部实行的计划可省略计划单位，如《年度工作计划》；第三种，有的专项计划可省略计划的时限，如《×× 支部政治学习计划》。有的计划尚未定稿，处于讨论、征求意见阶段，可标明"征求意见稿""讨论稿""初稿""草稿"等。

2. 正文

计划的正文一般由导语、主体、结语几部分组成。

（1）导语：导语一般包括几个方面的内容：一是提出指导思想，即制定计划的依据；二是概括本单位的基本情况，分析完成计划的主客观条件；三是提出总的任务和要求，或完成计划指标的意义；四是指出制定计划的目的。然后以"为此，特制定计划如下"等惯用语引出主体部分。

（2）主体：计划正文的主体内容一般包括目标任务、要求、措施、办法、步骤、期限等内容。这部分是实施时随时对计划落实情况进行检查的依据。所提出的目标任务、要求，应当明确，完成任务的措施、办法、步骤、期限等，应当具体可行。

计划的主体有三种写作方法：一是条文式，即把下一阶段的工作分成若干项目，逐项逐条地写明具体的目标任务、措施、办法、执行人员、完成时间等；二是分部式，即将内容分成若干部分，每部分可用小标题概括重点或提示内容范围；三是贯通式，即依自然段落分层次写，开头常用提示句。

（3）结语：计划的结语一般说明计划的执行要求，也可以提出希望或号召。有的计划在主体内容表述完毕后就直接结束了，不需要写结尾；有的计划有附件，附件名称应注于正文之后，落款上方。

3. 落款

计划的落款包括了署名和时间两个部分。署名是在正文后右下方写明计划单位的名称。时间应写计划通过或批准的时间，位置在署名下方。凡是在标题中省略了单位名称的计划，必须署名；在标题中已标明单位名称的，落款可以省略署名。

例文一

××××年度党支部主题党日活动计划

为了进一步规范和创新党支部主题党日活动，扎实推进××××主题教育，结合××××工作实际，特制定××××年党支部主题党日活动计划如下。

一、总体思路（略）

二、基本内容

（一）时间安排（略）

（二）参加对象（略）

（三）活动主题（略）

（四）组织方式（略）

三、主要任务（略）

四、保障措施（略）

××××

××××年××月××日

例文二

××居委会关于××××年再就业工作计划

为响应上级关于解决安置下岗失业人员再就业工作的号召,本着对辖区居民认真负责的态度,确保辖区居民能够向小康生活迈进,在关注民生的同时,切实解决下岗失业人员的安置问题,特制定××年下岗失业人员就业再就业工作计划如下。

一、工作目标

为妥善解决下岗失业人员就业再就业的安置问题,我们将深挖潜力,不断拓宽就业渠道,配合办事处对我辖区下岗失业人员做好劳动技能的培训工作,及时发布就业信息,以及政府下达的各项通告,力争年内实现城镇下岗失业人员再就业××人,达到×%的再就业率。

二、工作安排

(一)建立健全就业再就业的各项工作制度及工作规程,做到制度公开,按政策规定办事,加强劳动保障工作平台的建设,完善服务制度和措施,使就业再就业工作分工不分家,做到有章可循、有法可依。

(二)利用社区的公示栏,板报等载体进一步加大再就业信息的宣传力度,积极配合办事处开展下岗失业人员就业再就业的培训工作,力争组织社区下岗失业人员完成办事处下达的培训任务。

(三)建立健全各类统计制度,及时有效报送下岗失业人员就业再就业的各类报表,保证报表数据的真实和准确性,为协助办事处做好下岗失业人员就业再就业的统计工作打下良好的基础。

(四)努力做好公共就业服务体系建设,响应政府对企业退休人员基本养老金实行社会化发放的号召,做好一年一度的××社区(离)退休人员基本情况及养老金社会化发放的登记认证工作,做到对企业退休人员的基本情况建档准确,按时发放新接管的社会化管理服务联系卡,退休人员社会化管理认证率达到100%。

(五)积极发展社区经济,创造就业岗位,解决一部分下岗失业人员就业;组织下岗失业人员参加用人单位现场招聘会,配合办事处做好帮助下岗失业人员实现就业再就业的工作,为部分特困下岗失业人员提供联系公益性岗位解决他们的燃眉之急,为自谋职业的下岗失业人员提供小额贷款的政策咨询服务,为他们指引就业方向;经过努力工作,力争年底实现城镇下岗失业人员再就业××人工作目标。

××社区居委会

××××年××月××日

例文三

校学生会工作计划

校学生会是在校党委的领导、团委的指导下,以"奉献校园,服务同学"为宗旨的组织,下设秘书处、宣传部、公关部、科技学术部、文娱部、生活部、体育部、网络信息部及纪检部九个部门,配合校团委及学校各部门开展工作。本届学生会主席团的全体成员会以高度的历史责任感和时代的紧迫感,以百倍的热情和积极的心态去做好每一项工作。现将本届学生会的主要工作安排如下：

一、找准定位，明确工作方向

（一）校学生会是在校党委、团委的领导下的基层学生自治组织，我们学生会要为早日把广东轻院建设成为国内一流的高职高专院校，实现广东轻院的跨越式发展，培养更杰出的学生而努力奋斗。

（二）校学生会是联系学校、各系和学生的桥梁和纽带。这就要求我们的学生会组织牢牢把握与坚持大学学生会的角色与地位。要树立“服务、奉献、亲善、实干”的思想，并将它真正有效地落实在行动与工作中。

二、加强自身建设，健全学生会的各项职能和制度

加强学生会的自身建设，制定较为完善的工作制度，是学生会开展工作的前提和有效保障。由于学生会在学校、学生和社会之间所扮演的特殊角色和地位，从而决定了学生会工作具有系统性、复杂性和挑战性的特点，所以必须使学生会工作科学化、正规化、制度化，我们将主要从以下几个方面着手：

（一）加强凝聚力建设

（二）加强组织建设

（三）完善各部门职能

（四）制定完善的工作制度

三、开展丰富多彩的学生活动，打造精品栏目，繁荣校园文化

（略）

在我校学生会工作中，我们将以“服务、奉献、亲善、实干”的思想，秉承前几届学生会的优良传统，以团结、谦虚、谨慎、戒骄戒躁的工作作风，继往开来，与时俱进，开拓创新，圆满完成本届学生会的各项工作，开创我们 ××× 学生会工作的新局面！

××× 学生会

×××× 年 ×× 月 ×× 日

二、总结

（一）总结的概念

总结是各党政机关、企事业单位、社会团体，以及个人对某一阶段工作或某项工作完成情况进行系统回顾、检查、评价，总结经验、教训、成绩、存在问题的事务文书。

（二）总结的特点

（1）客观性。总结是用实事求是的态度对已完成或正在完成的工作进行评价，是对自身实践活动的再认识，既不能夸大，也不能缩小。

（2）理论性。总结是对工作实践的本质概括，是对工作中的成绩、失误进行分析研究，找出经验、教训，上升到理论高度，提炼出规律性的东西。

（3）概括性。总结要忠实于客观现实，但不是记流水账，要把实践中的典型经验提炼概括出来，把问题找出来。

（4）借鉴性。总结不是简单地反映成绩和失误，而是要把握事物的规律性，从而提高对今后工作的预见性，为以后的工作提供借鉴。

（三）总结的种类

根据不同的分类标准，总结有以下几种分类方法。

（1）按范围分：单位总结、个人总结等。

（2）按性质分：工作总结、教学总结、学习总结、科研总结、思想总结、项目总结等。

（3）按时间分：月度总结、季度总结、年度总结、跨年度总结等。

（4）按内容分：综合总结、专题总结等。

（四）总结的作用

（1）可以全面、系统地了解、评价以往工作的情况。工作做得如何，是否完成了计划，工作中有何优点，有何不足，都可以通过总结了解、把握。

（2）可以总结经验教训，不断提高工作质量和效率。通过总结，人们能从成功的工作中获得经验，从失误的工作中得到教训，使工作效率得到提高。

（3）可以实现认识的飞跃。通过总结，可以从过去工作实践中不系统的、零碎片段的感性认识，归纳出有规律的东西，实现从感性认识到理性认识的飞跃。

（4）可以及时推广先进经验，供其他单位参考、借鉴，推动全局工作的顺利开展。

（五）写作格式和方法

总结一般包括：标题、正文、落款几个部分。

1. 标题

总结的标题有两种写法：第一种是由单位名称、时限、总结内容和文种四个要素组成，如《×× 大学 ×× 学院 ×××× 年度教学工作总结》；第二种由时间、总结内容、文种三个要素组成，如《×××× 年度科研工作总结》；第三种由内容和文种两个要素组成，如《扫黄打非工作总结》；第四种是正副标题式，如《创新活力，提升效能——×××× 年工作总结》；第五种是直接用文种，即只用“总结”作为标题。

2. 正文

总结正文内容由导言、主体、结尾三部分组成。

（1）导言。一般用简洁的语言，概括交代基本情况，包括介绍总结的背景、基本做法、主要成绩、基本经验，并作出总体性的评价。

（2）主体。主体部分一般包括基本情况介绍、主要成绩收获、基本经验、存在的问题、今后的打算五个部分。基本情况是写明所做工作的基本过程和主要措施、做法等；主要成绩收获是总结的重点，需要客观叙述取得什么成绩、表现在哪方面，成绩是怎么获得的等内容；基本经验需要对工作中的经验进行概括归纳，说明做法、体会和取得成绩的原因；存在的问题和教训需要对没有做好、未完成的工作，以及有待解决的问题、存在的缺点等进行简要阐述；今后的打算主要是针对性地提出今后努力的方向，提出改进意见和措施。

（3）结尾。结尾是正文的收束，在总结经验教训的基础上，提出今后的方向、任务和措施，表明决心、展望前景。这段内容要与开头相照应，篇幅不应过长。有些总结在主体部分已将这些内容表达过了，就不必再写结尾。

3. 落款

落款一般要在正文右下方署名和日期。如果在标题中和标题下已经标明了，则可以省略不写。

总结的结构形式有纵式、横式、纵横式几种。

(1)纵式结构。按照事务或实践活动的过程安排内容。写作时把总结所包括的时间划分为几个阶段,按时间顺序分别叙述每个阶段的成绩、做法、经验、体会。这种写法主要以工作回顾连带谈及经验教训。基本上是按工作展开的程序和步骤,分段说明每个步骤和阶段的工作情况,夹叙夹议地引出相应的经验和教训。

(2)横式结构。按不同的事实性质和规律的不同,分门别类地依次展开内容,使各层之间呈现相互并列的态势。这种写法的优点是各层次的内容鲜明集中。

(3)纵横式结构。安排内容时,既考虑到时间的先后顺序,体现事物的发展过程,又注意内容的逻辑联系,从几个方面总结出经验、教训。这种写法,多数是先采用纵式结构,写事务发展各阶段的情况或问题,然后用横式结构总结经验或教训。具体写法是总结经验、教训为主,用工作回顾阐明经验、教训。一般是先归纳和提炼出几条经验或教训,再分别展开论述,把工作过程、工作办法、取得的成效等穿插在里面写,使经验和教训看起来更加充实。

例文一

××××工作总结

××××年,××××工作按照×××的总体要求和部署,紧紧围绕××××目标,以××××主线,切实落实××××要求,取得了××××的重要成果,为加快××××地区建设提供了有力的保障。现将相关工作总结如下:

一、完成的主要工作(略)

二、主要成绩(略)

三、基本经验(略)

四、存在的不足(略)

五、明年的工作打算(略)

××××

××××年××月××日

例文二

依法行政,执法为民

——×××市政府法制办××××年工作总结

××××年以来,我办以依法行政先进单位创建和开展行政执法监督进行活动为重点,积极创新,扎实工作,完成了工作计划,现将工作总结如下:

一、完成考核,做好谋划(略)

二、保证政府立法工作质量(略)

三、开展执法监督推进活动(略)

四、发挥复议化解行政争议作用(略)

五、推进党风廉政建设(略)

××××年工作虽然进展平稳,但依法行政亮点工作仍需不断推进和巩固。按照依法

行政工作要点,积极推进各项工作在明年有序进行,重点做好以下几个方面的工作:

(一)依法行政考核(略)

(二)强化依法行政监督指导(略)

(三)加强规范性文件备案审查(略)

例文三

××××年个人工作总结

××××年,在××××领导的指导下,在××××的配合下,通过自己的努力,在思想上、业务工作水平上都有了很大提高,圆满完成了全年的工作、学习任务,并取得了一定成绩。现将一年来个人工作总结如下:

一、思想政治理论学习情况(略)

二、本职岗位工作完成情况(略)

三、取得的成绩(略)

四、存在的主要问题和不足(略)

五、今后的打算(略)

××××

××××年××月××日

第四节 简报、调查报告、述职报告

一、简报

(一)简报的概念

简报是党政机关、企事业单位、社会团体等内部为及时反映情况、汇报工作、沟通信息、交流经验而编发的一种简明扼要的、带有新闻性质和指导意义的事务文书。简报有多种名称,可以叫"××简报",也可以叫"××动态""××简讯""情况反映""××交流""××工作""内部参考"等。

(二)简报的特点

(1)简明扼要(简)。简明扼要是简报的内在特征,又是它的外在特征。简报要求内容简明、语言明快、篇幅短小、中心明确、重点突出。

(2)迅速及时(快)。简报类似新闻中的消息,非常讲究时效性。

(3)形式灵活(活)。简报的文体样式多样,编发方式机动灵活,主送单位没有上行、下行、平行的严格限定,可根据工作需要自行酌定。

(4)真实可信(真)。简报中所反映的内容都是单位内部以自身工作和日常业务的进展情况或存在问题为内容,故要求材料真实可信,符合实际。

(5)阅读范围有限(限)。简报的内容,一般只限于编发者本部门业务分工范围内。

(三)简报的种类

(1)工作简报:机关、团体、单位内部以自身工作和日常业务的进展情况或存在问题为内容的简报。

（2）专题简报：为了做好某项工作或开展某项重要活动而专门编印的简报。

（3）会议简报：在某些工作会议期间为了报道会议进程，以提高会议质量而编发的简报。

（四）简报的作用

（1）指导和推广工作。简报可以及时传达上级指示和意图，提出意见和要求，树立先进典型，推广成功经验，提高效率。

（2）汇报工作，争取领导帮助。下级单位编写的简报，可以迅速向上级机关汇报工作，反映情况，提供信息，从而争取到上级机关和主管部门的指导和帮助。

（3）沟通情况，促进了解，加强协作。平行机关之间的简报，可以相互通报情况，交流信息，相互借鉴，促进了解，加强协作。

（五）写作格式和方法

简报一般包括：报头、报核、报尾几个部分。

1. 报头

简报报头设在第一页的上方，约占全页三分之一的篇幅，下边用红色反线与正文部分隔开。报头一般都有固定格式，包括以下几部分内容。

（1）简报名称：用大号字写在报头正中部位，如“教育简报”“金融动态”。简报名称可以套红，也可以不套红。

（2）期号：在简报名称下面居中写明期号并用括号括起来，一般按年度依次排列期号，有的也可以标注累计的总期号。属于“增刊”的期号，要单独编排，不能与正刊期号混编。

（3）主编单位：在期号之下，分割横线之上的左侧，顶格写明主编单位的全称或规范化的简称。

（4）印发日期：以领导的签发日期为准，写在期号之下，分割横线之上的右侧。

（5）密级与缓急程度。如简报需注明秘密等级、缓急等级，应在简报名称的左上方标明。有的写上“内部资料，注意保存”，格式与公文相同。

2. 报核

报核是简报的主体，一般包括了按语、标题、目录、本体几个部分。

（1）按语：按语是简报发文单位的立言，对简报内容加以提示、说明或评注，如说明材料的来源、转引目的、转发范围，它代表简报编发机关的意向和要求，以引导读者注意。按语一般加写在报头主体的分割线之下，顶格标明“按语”或“编者按”等字样。按语也可以插入正文之中，但应用括号括住。

简报按语一般有说明性按语、提示性按语、批示性按语几种形式。说明性按语即对发布简报的原因、依据、目的、反映情况等做简要说明，明确行为的合法性、必要性、方向性等；提示性按语即对一些篇幅略长的简报，特别是一些介绍经验的简报，扼要介绍要点；批示性按语即对简报内容作出评价，或指出不足，或提出要求，往往援引领导人的原话或上级机关结合简报内容对实际工作提出的批示性意见。

（2）目录：简报如果是一期一组性质接近的文章，则须在按语下设置目录，将各篇文章标题依次编排，然后依次刊出每篇文章。如简报只有一篇文章，则不必设置目录。

（3）标题：简报的标题可以有两种，第一种是单行式新闻标题，即用一句话做标题，可以高度概括文章内容，也可以直接解释文章主题；第二种是双标题，正标题揭示文章的思想意义，副标题写出事件与范围。

（4）正文：正文包括导语、主体、结语三部分。

导语是简报正文的开头部分，通常是用极简洁明确的一句或一段话，总提全文中心或主要事实，让读者先有一个总的概念，一般要交代清楚谁（某人或某单位）、什么时间、干什么（事件）、结果怎样等内容，一份简报如果只有一段，那么第一句话就是导语；如果由几个部分或几段组成的，那么第一段就是导语。导语写法灵活，常有叙述式、描写式、提问式、结论式四种形式。

主体是简报正文的中间部分，也是主干部分。它紧承导语，用典型而有说服力的材料把前面的内容或观点具体化，用材料来论证或说服观点。具体内容或是反映当前情况，或是介绍具体做法，或是叙述已取得的成绩和经验，或是指出存在的问题，或是几项兼而有之。简报主体的写法，最常有纵式、横式、纵横式三种。纵式是按事情发生、发展、结局的自然顺序表述；横式既有典型材料，又从共性角度，点面结合进行概括反映；纵横式是按材料性质归纳分类，按逻辑联系排列组合而构成主体。

结语是简报正文的结尾部分。在一般情况下，简报导语已概述了事实的结果，文末不必再做重复，主体写完，自然结束；也有一些简报在结语部分用一句话或一段话概括主题，对正文的内容作一小结，以加深印象。

简报一般不具名，必要时可以在正文右下方加括号注明撰稿人姓名或供稿单位，日期已印在简报报头上的也不另写。

3. 报尾

报尾在简报末页下方三分之一处，用红色分割线与正文部分隔开。它有两个基本内容：一是在红色分割线下与之平行的另一条横线内标注本期简报的报、送、发的单位名称；二是在最后右下方，标注本期简报的印刷份数。

例文一

（密级）　　　　　　　　　　　　　　　　（编号）

××××简报

（第××期）

×××办公室　　　　　　　　　　　　××××年××月××日

目录

按语

标题

正文……

报：×××　×××

送：×××　××××

发：××××　××××

共印××份

例文二

××× 申报世界自然遗产

简　报

〔20××〕第 ×× 期

××× 申遗工作领导小组办公室编　　　　　　××××年××月××日

目录

1. ××× 申报世界自然遗产项目正式走出国门
2. ×× 省省长 ××× 视察申遗工作
3. 世界遗产中心专家高度赞扬 ××× 申遗工作
4. 简讯

××× 申报世界自然遗产项目正式走出国门

（略）

×× 省省长 ××× 视察申遗工作

（略）

世界遗产中心专家高度赞扬 ××× 申遗工作

（略）

简讯

（略）

报：×××　××××

送：×××　×××

（共印 ×× 份）

例文三

×× 地税动态

第 × 期　总第 × 期

×× 市地方税务局　　　　　　××××年××月××日

××月××日至××日，全市地税系统深化农村税收征管改革暨单项税收管理办法经验交流会议在××召开，会议介绍交流了××分局深化农村税收征管改革的经验和各地单项税收管理办法，实地学习考察了××分局改革成果，讨论研究了进一步深化全市农村税收征管改革，加强农村分局征管基础建设的具体工作措施。参加会议的有市局领导，各县（市）局、市直各分局局长及征管科长，省局征管处××处长到会作了重要讲话，市局局长作了总结讲话，××副局长作了会议主题报告。

省局××处长充分肯定了××地税系统征管工作成绩：（略）

会议系统总结了××分局深化农村税收征管改革的经验，认为“××经验”有“五大

特色”:(略)

会议对当前全市农村税收征管工作中的模式转换、系列划分及岗位职责落实、税务行政执法、单项税收控管和责任制挂钩考核等五个重点问题进行了客观分析,指出推进农村税收征管改革的关键在于深化认识,统一思想,整体联动,把握机遇,狠抓落实:(略)

市局××局长在会议总结讲话中要求以推广“××经验”为契机,进一步深化全市农村税收征管改革,着重做到四点:(略)

报:省局领导及有关处(室)、市委、市政府

送:市局领导、市直有关单位

发:各县市地税局、市直各分局,本局各科室

二、调查报告

(一)调查报告的概念

调查报告也称调查汇报、考察报告、调研报告、情况反映等,是根据特定的意图,对某项工作、某一问题或某件事进行深入、细致调查研究,并将调查中收集到的材料加以系统整理、分析研究后,以书面形式所作的报告。

(二)调查报告的特点

(1)明确的目的性。调查报告都有特定的意图,或针对某项工作,或针对某个问题,目的性非常明确。

(2)材料的真实性。调查报告要求所反映的事件、材料、结果都绝对真实,不能谎报、误报。

(3)叙事的说理性。调查报告的内容都要求说清情况,分析道理,故有较强的说理性。

(三)调查报告的分类

按调查内容、调查方式可将调查报告大致分为以下几种。

(1)介绍典型经验的调查报告。

(2)揭露问题的调查报告。

(3)反映新生事物的调查报告。

(4)社会情况的调查报告。

(四)常用的调查方法

(1)访问法:又分为人员访问法、电话访问法、邮寄问卷法、网络问卷法等。

(2)观察法:即经过长期观察被调查对象而收集材料的方法。

(3)实验法:即用设计实验的形式开展调查,从而收集材料。

(4)展示法:即将产品展示出来,让受访者亲自参与、体验,从而得到相关材料。

(5)阅读法:即收集、查询多方材料的调查方法。

(五)调查报告和总结的区别

调查报告和总结两种文体都要求占有大量的事实材料,分析大量的事实材料,并做到观点与材料的统一。它们对事实材料的叙述,与一般记叙文体不同,都不要求有生动的故事和感人的形象,而是着重用事实材料来说明问题,提出经验、教训和办法。但两种文体的区别也有具体内容如下。

（1）适用对象不同。总结比调查报告运用得广泛、普遍。调查报告的对象一般都是一些重要的、成熟的、有代表性的事件和情况，不然就没有调查研究的必要；而总结的对象则不然，它不管是否重要，是否成熟，是否有代表性，任何情况都可以是总结的对象。

（2）对客观情况的选择度不同。两种文体都要求对客观情况作出真实反映，不能歪曲捏造。但总结对客观情况进行“整体反映”，选择的余地小；调查报告无须对有关情况进行“整体反映”，选择余地大。

（3）所用人称不同。调查报告多是上级机关委派调查人员通过实地调查写成的，多用第三人称（也有用第一人称的）；总结是本部门、本单位或本人写成的，都用第一人称，绝无例外。

（4）使用场合不同。调查报告是用来反映情况的一种文体，写成后主要是向上级领导机关汇报；总结则不然，它带有记录在案的性质，不一定每一份都要向上级汇报。

（六）写作格式和方法

调查报告一般包括：标题、正文、落款三个部分。

1. 标题

调查报告的标题一般有三种：第一种是由调查对象、事由（调查内容）和“调查”三要素组成，如《四川 ×× 大学大学生自主创业情况的调查》；第二种由事由和文种二要素组成，如《关于农村空气污染情况的调查》；第三种是正副标题，采用一个两个主题词、句做主标题，另加一个副标题标明被调查的单位名称和事由，如《高校发展重在学科建设——×××大学学科建设实践思考》。

2. 正文

调查报告的正文由导语、主体和结尾部分组成。

（1）导语：导语也称引言，是调查报告的开头部分，可独立列出来，标明“前言”或“引言”，也可与正文合为一体，作为报告的“开场白”。这部分内容一般用简明扼要的话，概述三个方面的问题：调查的缘由（目的）、调查的对象（范围）、调查的经过（时间、地点、过程等）和方法，同时也可以简要概括全文的主要内容和观点。

（2）主体：要详细叙述调查的基本情况、做法、经验，分析从调查研究材料中得出的各种具体认识、观点和基本结论。

主体的结构一般有横式、纵式、纵横式三种形式。横式结构是根据调查的材料、问题的性质、得出的结论、意见等，概括为若干并列的部分，分别加以说明和阐述。横式结构条理清楚，说理充分，在写作中使用较为普遍；纵式结构是根据事情发展的先后顺序或材料内容的逻辑关系，前后有序地组织调查材料，前面部分常常是后面部分的前提和条件，后面部分往往是前面部分的进展和必然结果，这种结构能给人深刻的印象。一般对新生事物、典型事件的调查多用这种结构；纵横式结构是在安排材料时，既考虑到时间的先后顺序，体现事物的发展过程，又注意内容的逻辑联系，这种结构对比较大型的、复杂的调查报告的写作很有好处，既能做到层次清楚，又能做到逻辑分明。

（3）结尾：调查报告的结尾没有固定模式，不少调查报告在正文表述完后，即告结束。有的调查报告在最后对全文进行典型意义揭示，或重申观点，或提出希望和建议。

3. 落款

落款包括法定作者和日期两个部分。在正文右下方写明调查报告的作者，有的也署名"××× 调查组"；在作者下面落下制文日期。如果作者在标题下面已经写明，这里只写明日期即可。

例文一

关于国有大中型企业 ×××× 的情况调查

根据工作计划，××× 部派出工作组对 ×××、×××× 和 ××× 推行 ×××× 的情况进行了调查。

一、基本情况（略）

二、主要做法（略）

三、存在问题（略）

四、相关建议（略）

××× 调查组

×××× 年 ×× 月 ×× 日

例文二

××× 景区旅游客源的调查报告

一、调查目的（略）

二、调查方法

为了客观、真实、准确地获取市场资料和信息，我们采取了问卷调查附以部分访谈的方法，从 ×××× 年 × 月至 × 月，对景区游客进行了为期三个月的抽样调查。

（一）问卷设计（略）

（二）问卷内容（略）

（三）调查质量（略）

三、调查结果

（一）调查样本量（略）

（二）游客区域分布（略）

（三）国内游客层次（略）

（四）国外游客情况（略）

四、结果分析（略）

五、对策建议（略）

例文三

吃饭是学生学习的基本动力

——×× 大学食堂的调查报告

【摘 要】食堂是在校大学生一日三餐就餐的地方，是每个同学都必到的场所。根据调查 96% 同学的吃饭问题都是在学校的食堂解决。食堂紧密地联系着大学生的学习、生活和健康。食堂既是学校的硬件设施之一，又是学校管理的重要组成部分。为了更好地了解校食堂情况，为学校更好地加强对食堂的管理，我们做了一次有关学校食堂的调查，比较全面地了解了我校食堂的现状，为进一步加强和改善食堂监管工作提供了依据。

【关键词】食堂、调查

一、我校食堂基本情况

我们进行调查的时间为××××年××月××日到××月××日，共计两周时间。调查采用了问卷调查、实地观察、口头访问的形式，调查的主要对象是在校各年级的大学生，各个年级的同学所占比例基本持平，为25%左右。调查问卷总共发放150份，回收148份问卷，有效问卷148份。

我学校食堂的基本情况如下：

（一）对我校食堂基本满意（略）

（二）对食堂各种问题都有提到，并且不满意居多（略）

二、建议

根据对调查结果的整理和认真分析，我们小组针对上述问题提出以下几点建议：……

食堂是学生集中就餐的地方。食堂饭菜质量卫生的好坏直接关系到学生的身体健康。良好的就餐环境有助于愉快地饮食，更好地学习。我们热切希望学校有关监管部门加强对食堂工作的监管，也希望同学们积极配合食堂工作人员的工作。我们相信在全校师生及食堂工作人员的共同努力下，一个饭菜价格公道合理，卫生质量符合要求，就餐环境轻松愉快的新食堂将展现在大家面前！

三、述职报告

（一）述职报告的概念

述职报告是党政机关、企事业单位、社会团体的各级领导干部或管理人员，根据制度规定和工作需要，在规定时间内向上级主管或本单位陈述自己在任职期间履行岗位职责情况的报告性总结材料。

述职报告适用于所有的人员和所有岗位，是各级考核、评估、任免使用的依据，也是述职者本人总结经验、改进工作、提高素质的一个基本途径。

（二）述职报告的特点

（1）个人性。述职报告是对自身所负责的组织或者部门在某一阶段的工作进行全面的回顾。与一般报告不一样的是，述职报告特别强调个人性，即个人对工作负有的职责。用的是第一人称报告情况，能体现自己的个性。

（2）评价性。述职报告要本着严肃认真的态度对自身的实际情况进行全面评价、鉴定和定性，既要对自己负责，又要对组织负责。

（3）通俗性。述职报告面对评议听众，要尽可能使代表听懂，内容应当通俗易懂的。即使是专业性比较强的内容，也要深入浅出。

（4）艺术性。述职报告的艺术性是魅力所在，直接影响着听众对报告的评价。

（三）述职报告的分类

（1）从内容上划分：有综合性述职报告、专题性述职报告。

（2）从时间上划分：有任期述职报告、年度述职报告。

（3）从表达形式上划分：有口头述职报告、书面述职报告。

（四）述职报告与工作总结的区别

述职报告和个人工作总结在写作时有相似的地方，在工作中，有不少人在拟写述职报告时，往往把它写成个人工作总结，二者的主要区别如下。

（1）概念不同。述职报告是公职人员报告职责范围内的工作，不涉及与本职无关的事；而个人工作总结则是通过对工作的回顾，从中找出收获、总结经验教训及带有规律性的认识。

（2）目的作用不同。述职报告是上级考核述职人员是否称职的文字依据，有利于述职者恪尽职守，利于民主监督；而个人工作总结则是总结出带有规律性的理性认识。

（3）回答的问题不同。个人工作总结是要回答做了哪些工作、有哪些成绩、哪些经验，要吸取教训，今后的打算等问题；而述职报告要回答的是如何履行职责的、称职与否等问题。

（4）写作的侧重点不同。个人工作总结以归纳工作事实、汇总工作为主；而述职报告则以报告职责情况、报告德才能绩为主。

（5）结束语不同。述职报告常用“述职至此，谢谢大家”“专此报告，请审阅”等字样；而个人总结结束时，还要写明下一步的打算、努力方向等。

（6）表达不同。述职报告用夹叙夹议、有时还辅以说明的表达方式；总结一般用叙述的语言，概括归纳。

（五）写作格式和方法

述职报告一般包括：标题、称谓、正文、落款几个部分。

1. 标题

述职报告的标题主要有四种形式：第一种要素式标题，由姓名、时间、事由、文种四要素组成，如《王 ×× 于 ××××—×××× 年任局长的述职报告》；第二种文种式标题，如《述职报告》；第三种是代词加文种，如《我的述职报告》；第四种是正副标题，正题写主题，或者写述职报告类型，副题写述职情况，如《抓教学质量不能忽视思想品德教育——×× 中学校长杨 ×× 的述职报告》。

2. 称谓

标题之下第一行顶格写主送机关或称谓。向上级机关呈送的述职报告，应写明收文机关；向领导和本单位干部职工作述职报告，则应写明称谓。

3. 正文

述职报告的正文由导言、主体和结尾三个部分组成。

（1）导言：力求简洁明了，包括两方面内容，一是任职介绍，说明自己的任职时间、担任职务和主要职责，简要交代述职的内容和范围；二是任职评价，扼要介绍任职以来的工作情况。

（2）主体：这是述职报告的核心，主要陈述履行职务的情况，包括三个方面的内容。第一是任职期间的任务完成情况，取得的主要工作成绩；二是存在的问题及经验教训；三是今后工作的努力方向、目标或打算。

（3）结尾：一般用习惯语来结束全文，采用谦逊式结尾，如“以上是本人的述职报告，请予审查”“特此报告”“专此述职”等。

4. 落款

包括署名、成文或述职时间两种，写在正文右下方。有的时候还要写明述职人的单位、职务和姓名。如果在标题下方已经写明了署名，在这里只写明日期即可。

例文一

述职报告

×××：

××××年是全国××××工作落实的重要一年，也是本单位××××工作的关键时期，在×××的领导下，我严格要求自己，坚决执行×××的决策部署，认真履行党员干部职责，勤奋学习，努力工作，较为圆满完成了××××工作任务。现将个人履职情况报告如下：

一、履职情况

（略）

二、存在的问题

（略）

三、今后的打算

（略）

述职人：×××

××××年××月××日

例文二

××××至××××年任挂职副县长的述职报告

王××

尊敬的考评组专家：

到××县挂职半年以来，在县委、县政府的正确领导下和领导以及同志们的关心、支持、帮助下，从学习实践科学发展观活动开展以来，我始终围绕“科学发展，富民强县”这个主题，牢牢把握“党员干部受教育，科学发展上水平，人民群众得实惠”的具体要求，努力学习，深入调研，力争做到用科学发展观武装头脑、指导实践、推动工作。根据科学发展观活动第二阶段的具体要求，结合自身学习工作情况和群众所提意见，对照民主生活会的主题，现将我这段时间来的学习、工作情况剖析如下：

一、学习工作情况

（略）

二、存在问题和原因

（略）

三、整改措施及努力方向

（略）

作为一名省直机关干部，又是基层领导，我将时刻牢记自己的身份和职责，把抓落实作为工作的重中之重，下大力气把问题分析得更深一些，透一些；把措施研究得更具体一些，实在一些，紧紧围绕“四县”建设这个核心，在推动“文化旅游名县”方面取得实效。同时，作为一名党员干部，我将时刻注意自己的身份和言行，始终坚持讲党性，重品性、作表率，不搞特殊，不唱高调，自重自省，廉洁自律，真心交友，诚恳待人，树立省直机关干部的良好形象。

×××年××月××日

例文三

××××年到社区任职的述职报告

尊敬的各位领导、同志们：

大家好！我叫×××，××××年××月我通过××省选聘高校毕业生到社区任职考试，被选聘到××路街道×××社区担任社区书记助理，一年来我经历了人生的两次跨越，实现了从一名普通高校毕业生到社区基层干部，从一名党支部书记助理到社区党支部书记的角色转换。

“麻雀虽小，五脏俱全”，一个社区虽然不大，但是社区的工作复杂琐碎，到社区工作一年多来，我参与了社区方方面面的工作，党建、低保、劳动保障、综治、计生、安全维稳工作以及各类调查（有非物质文化遗产调查、经济普查）等等，真正体会到社区工作的千头万绪，党和国家的方针政策要真正落实到社区，离不开基层干部包括我们社区大学生的努力工作。借此机会向大家汇报一下我作为一名社区大学生，一年多来的思想和工作情况。

一、真诚做人，和每一位居民真心做朋友。（略）

二、精心做事，当好人民公仆。（略）

三、全面做好社区党建工作。（略）

四、充分提高社区党员干部及社区班子成员的业务水平。（略）

五、做好先进文化的传播者。（略）

六、当好普法宣传员。（略）

七、要切实发挥好社区服务体系的作用，大力拓宽社区服务领域。（略）

总之，基层党务和社区服务工作千头万绪，政策性、服务性很强，这就要求我们要紧密结合新时期新任务下工作的新特点、新要求，树立公道正派形象，加强自身建设，落实岗位职责，转变作风，拓宽思路，全心全意服务于社区居民群众。一年多来，我在社区做了一系列的工作，但是还存在许多不足：一是理论学习不够扎实；二是工作认识不够深入；三是全局意识不够牢固。

因此，在今后的工作中，我将深入群众，积累经验，做到勤跑动、勤询问、勤思考，使自己真正融入到群众中去。并结合社区的自身特点，发挥自身的创新性，从小事做起，点滴积累，完成从量到质的转化，进一步向有难度的工作发起挑战，培养自己独当一面的能力，在工作中突出亮点，为社区建设增加新鲜的血液和活力。

述职人：王××

××××年××月××日

第五章　日常应用文书写作

第一节　日常应用文书的相关概念

日常应用文书是应用文写作中的一种最基本的文体,它不具备行业性和官方性,是人们日常交往时候,使用得较多的,与日常生活息息相关的一种应用文书。

一、日常应用文书的概念

日常应用文书是人们在日常的工作、学习和生活中,处理公务、办理私事时所使用的一种实用性文体,由于其通俗易懂,实用性强,也有人把它称作实用文。

其有比较固定的、约定俗成的格式,语言平实、规范、简明,与社会生活、日常工作密切相关,一般不具备专业性和官方性。

二、日常应用文书的特点

(1)有特定的对象和行文目的。日常应用文书的对象十分明确,写作的对象是谁,行文者十分清楚,发文者所希望达到什么样的结果也是明确的。因此日常应用文书写给谁、写些什么、达到怎样的效果,事先是已知道的。

(2)有较为固定的写作格式。写作格式的固定是日常应用文书的显著特点。它是历史留传、人们习以为常、约定俗成的,任何人不可随意违反它的固定格式。

(3)有较强的时效性。日常应用文书是针对工作学习或生活中所出现的具体事情而写的。是问题已摆在眼前或即将发生,必须想办法处理或解决时才使用的。

(4)语言准确、简明、朴实。日常应用文书的语言要尽量不书面化,让人一看就懂。一般日常应用文书无需作什么修饰,也要少用形容词或描述性的句子,更不可用夸张等修辞手法。

三、日常应用文书的分类

日常应用文书包含的内容很多,可以说涵盖了应用文写作的大部分,为了方便讲解、这里大致分为以下几类。

(1)便条契据类:这是由当事人双方在事务交往中出具给对方的作为凭证或说明某些问题的一种常见的应用文书,如借据、请假条、便条等。

(2)海报启事类:海报启事类是指可以公开张贴在公共场所或通过媒介公开播放、刊登的广而告之的一类事务性应用文书。海报启事类日常应用文书包括征稿启事、征婚启事、征订启事、寻人、寻物启事、招聘启事、招生启事、海报等文体。

(3)社交礼仪类:这是一类适用于社交场合的文书,它的存在完全是为了促进双方之间关系的发展,同时它又是人们文明交流的一种体现。常用的礼仪类文书如请柬、欢迎词、祝词、欢送词、邀请信、题词、慰问信、表扬信、感谢信、贺电等。

（4）家书情书类：自古至今，无论朋友之间的互致问候、表达关心，或者情人之间互致相思、表达爱慕均使用书信这种形式。

（5）专用书信类：是具有书信的格式，发文的对象或者使用的目的又是特定的一类文书，如咨询信、介绍信、证明信、推荐信、求职信、聘书、说明书、报捷书、保证书、倡议书、建议书等。

（6）申请书类：这是专用书信类的一个分支，但由于其使用较为特殊，具有非常突出的特点，即请乞性，所以这里专列为一类，如入学申请书、入党入团申请书、住房申请书、困难补助申请书、辞职申请书等。

（7）讣告悼词类：这是以致悼死者为主的一类文书。其中有些文体只适用于特殊的人物和特定的场合，有些则广泛地应用于民间如讣告、唁电、治丧名单、悼词、碑文等。

（8）对联类：这是人们在婚丧嫁娶、宴飨寿诞、季节变换时使用的一种具有较浓传统文化气息的一种文书，如节令联、祝寿联、婚联、喜联、挽联、名胜联等。

四、日常应用文书的社会作用

日常应用文书具有较为广泛的社会功能，在人们的日常交往中起着重要的作用。

（1）交流思想经验、互通信息、联络情感的作用。无论个人与个人之间，单位与个人之间还是不同的单位之间的交流都日益频繁，所以许多应用文就起着沟通双方情感，互通信息的重要作用。家书情书类应用文自不待言，那些向对方表示祝贺、感谢、慰问等的书信或电报也具有这一作用。

（2）凭证的作用。日常应用文中有很大一部分具有凭证性的功能。有些事务、特别是有关钱、财交流的，事后都要有可靠的凭据才好说话，如证明信、条据、聘书等日常应用文就起到了作为凭证的作用。

（3）广告宣传的作用。起广告宣传作用的日常应用文很多，如海报启事类的文书，其中许多就是主要为了宣传而写的。有些日常应用文要配上图片或一些装饰物，其目的也是使其更好地起到广告宣传的作用。

（4）提供和保存历史资料的作用。日常应用文反映单位和个人的种种活动，记载着各个时期的政治、经济和文化等方面的情况，因此它可以保存和积累大量的历史资料，为今后有关部门和个人的研究提供方便。

第二节 便条类文书

一、请假条

（一）请假条的概念

请假条是请假人向所在单位领导或者老师请求准假，说明不能参加某项工作、学习或者从事其他集体活动的便条类文书。

请假条因为请假的原因，一般分为请病假和请事假两种。它是应用文写作中的一个很重要、但经常被忽略的日常应用文书。

(二)写作请教条的要求

(1)请假条应当在事前面交,如事发突然,实在不能前往,可请别人转交,但不能“先斩后奏”和请“霸王假”。

(2)主送要明确,请假条无论是送与负责人或某一机构,目的一定要明确,要送达相关的准假负责人。

(3)事由要充分,请假在一定程度上会造成工作或学习的正常秩序被打乱,所以请假一定要有正当事由。

(三)写作格式和方法

请假条一般包括:标题、称谓、正文、落款几部分。

1. 标题

在第一行正中写明“请假条”三个字。

2. 称谓

写明主送机关(或负责人)。主送机关的位置有两种,一是在标题下面顶格书写;另一种是在正文之后提行,空两格写上“此致”,然后再起一行,顶格写上称呼,类似司法文书主送机关的写法。

3. 正文

写明请假原因和起止时间,如有重要事情交代,可在请假原因、起止时间之后说明。末尾写上“此致　敬礼”“请予准假”等。正文语言要谦逊,表示尊重,内容要求简单明了,不要啰唆。

4. 落款

写在正文之后的右下方,先写明请假人的姓名,然后在下一排写明请假的日期。

例文一

请假条

×××(主送人):

由于我今天突然发烧,需要到医院检查,不能到岗上班,特请假一天,请予准假。

此致

敬礼!

请假人:×××

××××年××月××日

例文二

请假条

王主任:

我于××月××日—××月××日到市计算机中心参加教育技术培训,不能到校上课(我所上的课已调好),特请假5天(××—××日),请批准。

此致

敬礼！

请假人：××

××××年××月××日

例文三

请假条

尊敬的×老师：

因孩子×××昨夜突发高烧，至今未退，故今天不能到校上课，请予准假。病假证明待孩子回校后补交。

×××父亲：×××

××××年××月××日

二、留言条

（一）留言条的概念

留言条是有话要告诉对方或有事情要托付对方，却又暂时见不到对方时留给对方的便条。

（二）留言条的种类

留言条根据使用的方式不同，可以分为留存式和告示式两种。留存式一般可以置于对方的门口、信箱、书桌或其他显眼的地方，也可以交给别人代转。告示式留言则一般张贴于车站、码头的留言记事栏里。随着科技发展，留言条经常使用手机、电子邮件等信息方式留言。

（三）写作留言条的条件

（1）自己有事马上需要离开，但又有话要向对方交代，或有事要请对方托办。

（2）久等不见约好的朋友出现，写下留言给对方，说明不能久等的原因，或另约时间和地点，或留下要说的话及要办的事。

（3）因事临时外出或离开，在容易发现的地方留言，告知对方自己的去向，并交代相关事项。

（4）替别人接了电话，或替别人接待了来访者，自己一时不能当面转告的，需留下要转告的话。

（四）写作格式和方法

留言条一般包括：标题、称呼、正文、落款几个部分。

1. 标题

留言条可以有标题，即“留言条”，也可以不写标题，直接写称呼。

2. 称呼

提行顶格写明称呼。

3. 正文

用尽量少的文字把要告知对方的事情说清楚、明白。

4. 落款

落款包括署名和日期。署名可以用简称，让对方一看就知道是谁写的；留言条的日期比较随意,如果对方当日就可见到留言条,可写“即日”,或写几时几分。如果对方隔日或过几天才可见到留言条的,可以只写月、日,不一定加年份。

例文一

留言条
×××:
因我临时有急事要外出半个小时,你来后请稍候,我去去便回。
×××
上午9点

例文二

赵×:

刘×从海南赶来找你,说有要事托你帮忙。因你的电话有变,联系不上,我带他上门拜访,你不在家。刘×现住我家,他十分着急,请你尽快打电话与我联系,我的号码未变。

高×

3日晚10点30分

例文三

留言条

××先生:

今天晚上我来找你,有重要事情商量,结果你不在。明日上午八时我再来,请等我。

××留言

××××年××月××日×时

三、领条

(一)领条的概念

领条是单位发放钱物时,领到钱物的人向发放经手人提供的表示领到钱物的凭证式应用文。

领条依其领钱物者的情况来看,大致可以分为个人领条和单位领条;依其所领的东西来看,大致可以分为领款条和领物条。

(二)写作格式和方法

领条一般包括标题、正文、落款几个部分。

1. 标题

通常以“领条”二字或“今领到”三字作标题。

2. 正文

在标题下另起一行空两格写正文,必须依次写明领到谁的钱物及其数量等内容,涉及钱、物等数量时,要用大写,以免发生纠纷。正文之后紧接着写上“此据”,以防添加。如果领取的钱物很多,可以单独列表用附件的形式表示。

3. 落款

落款包括领取人署名和领取日期两部分。应在正文右下方署名，由领取人签字，如果是代领，要写明是代领人，在署名下方写明领取的日期。

例文一

领条

今领到 ×× 市教育局发放给学生的 ×××× 年下学期参考资料捌佰套。

此据。

××× 市 ×× 小学（公章）

经手人：×××（签名或盖章）

×××× 年 ×× 月 ×× 日

例文二

领条

今领到院办公室发放的扫帚、拖把、垃圾撮斗各壹件，84 消毒液壹瓶，用于教研室打扫卫生、消毒。

此据！

领取人：张 ××

×××× 年 ×× 月 ×× 日

例文三

今领到

×× 学院发给 ×× 教师的课时奖励费共计叁仟伍百元整（¥3 500）。

经手人：×××

×××× 年 ×× 月 ×× 日

四、借条

（一）借条的概念

借条又称借据，是向个人或单位借用钱物时，留给出借方的，包括借钱人信息、所借钱物数额、期限、利率等信息的单据，它是一种凭证类，且具有法律效力的文书。当所借钱物归还后，出借人收回条子，即作废或撕毁。

（二）书写借条的注意事项

（1）借款内容必须清楚明白。出借者和借者信息、钱物数量、利息多少、归还时间，以及违约金等信息都必须写得明白，不能含糊，以免产生纠纷。

（2）最好在借条中附上出借人和借款者双方的身份证号码、联系方式等。借款人签名时，出借人必须亲眼看到其签名，防止其他人签名。

（3）尽量避免使用容易产生分歧的语言。避免出现甲向乙借钱等模糊语言，借条语言应规范严谨，简洁且语义单一，不至于让人咬文嚼字，对借条的基本内容最好不要以甲乙相称，而应该明确借款人与出借人的姓名，以免分不清楚谁是借款人谁又是出借人。

（4）借条应该由借款人进行书写而不是出借人，否则借款人可能会因内容不是原文而进行抗辩，否定借款事实。

（5）很多人都将“借条”与“欠条”混为一谈，其实两者在法律上有着明显的区别。假如两者均没有写明具体的还款时间，一旦债务人赖账不还，那么，借条的诉讼有效期长达20年之久，而欠条的诉讼有效期只有3年，一旦超过这一期限，债主就会丧失胜诉权，该借贷关系便不受法律保护。

（三）写作格式和方法

借条一般包括：标题、正文、落款几部分。

1. 标题

通常以“借条”或“今借到”作标题。

2. 正文

在标题下另起一行空两格写正文，说明向什么人或单位借到什么东西，对财物要写明名称、数量、品种、规格；钱要写明币种、金额。金额要大写，写完后要写“整”字以示完结，防止添删修改。正文内容不能涂改，尤其是数字、量词使用要准确。若需改动内容，必须在改动处加盖印章，以示负责，避免纠纷。

3. 落款

落款包括署名和日期两部分。在正文右下方写明借钱物者的姓名，在署名下方写明日期。

例文一

借条

今借到×××人民币叁佰万（¥3 000 000），期限为××，利息为××。于××××年××月××日本息一次性归还。

此据。

借款人：×××（签名、按手印）

身份证号码：×××××

联系电话：××××

××××年××月××日

例文二

借条

今王××借给李××人民币壹佰万元整（¥1 000 000.00元），时间从××××年××月××日至××××年××月××日止，期限××个月，利率为每月0.3%，利息共计人民币×××整（¥×××），全部本息于××××年××月××日一次性偿还。

借款人：李××（手印、签章）

××××年××月××日

例文三

借条

因班级团支部活动日需要,特向校学生会借用下列物品:

1. 红色彩旗壹面,旗杆壹支;

2. 电喇叭壹只,内含一号干电池肆节;

3. 收录机壹台。

以上物品,一周内归还。

此据。

××系××专业×班团支书:×××

××××年××月××日

五、欠条

(一)欠条的概念

欠条是欠款、欠物的一方写给对方的凭证性文书。

(二)出具欠条的条件

(1)借款借物的一方向出借方归还所借款物时,因某些原因不能全部归还,未能归还的部分要立欠条以作凭证。

(2)双方交易时,买方不能支付或不能完全支付卖方应得货款,以及卖方不能交付或不能完全交付买方应得货物时,要立下欠条以待日后交割钱物时作凭证。

(3)收购物资时,收购方不能马上向对方支付现金,应立下欠条写明将来兑现的金额数量及兑现时间。

(三)欠条与借条的区别

(1)形成的原因不同。借条形成的原因是特定的借款事实;欠条形成的原因有很多,可以基于多种事实而产生,如买卖、劳务、企业承包等事实产生的欠款都可以形成欠条,产生的法律后果不同。

(2)诉讼时效不同。约定了还款期的借条和欠条的时效是一样的。但是没有约定还款期的借条和欠条的时效是有区别的。借条的效力最长可达20年;欠条的效力一般只有三年。

(3)举证责任不同。借条持有人一般只需向法官简单陈述借款的事实经过即可;欠条持有人必须向法官陈述欠条形成的事实,如果对方否认,欠条持有人必须进一步举证证明欠条形成的事实。

(四)写作格式和方法

欠条一般包括:标题、正文、落款几部分。

1. 标题

通常以“欠条”或“今欠到”作标题。

2. 正文

在标题下另起一行空两格写,要写清楚欠什么单位、个人什么东西。对财物要写明名称、数量、品种、规格;钱要写明币种、金额。金额要大写,写完后要写“整”字,防止添删修改。

正文内容不能涂改,尤其是数字,量词要注意用法。需要改动内容,必须在改动处加盖印章,以示负责,避免纠纷。

3. 落款

落款包括署名和日期两个部分。署名由欠方单位或欠方人签字盖章,最后在下一排注明日期。

例文一

欠条

本人 ×××(身份证号码:××××),欠 ×××(身份证号码:××××)石材款,截至 ×××× 年 ×× 月 ×× 日,尚欠人民币伍拾万元整(¥500 000),经双方协商约定于 ×××× 年 ×× 月 ×× 日前全部还清。

特立此据。

债务人:×××

债权人:×××

×××× 年 ×× 月 ×× 日

例文二

欠条

今欠福梁村王 ×× 生猪款叁仟伍佰柒拾捌元整,期限为三个月,时间从 ×× 年 ×× 月 ×× 日起算,还款日期至迟不超过同年 ×× 月 ×× 日。

特此立据。

×× 乡食品站(盖章)

×××× 年 ×× 月 ×× 日

例文三

今欠到

×× 电厂来我公司安装电灯的安装费叁仟元整(¥3 000),限 × 月 × 日前付清此款。

×× 公司总务处

经手人:×××

×××× 年 ×× 月 ×× 日

六、收条

(一)收条的概念

收条又叫收据,是收到钱款或物品时写给对方表示收到钱物的凭据性应用文。

收条更多是用来证明履行了交付钱物的合同义务,不能用来证明借贷的关系存在。收条的种类一般来讲有两类:一类是写给个人的收条,一类是写给某一单位的收条。单位出具的收条通常是由某一个人经手,而以单位的名义开具。

(二)出具收条的条件

(1)代替别人收回借出的钱款或物品时,由于出借经手人不在场,无法归还借条,可开出收条表示借出钱款已收回。如果出借经手人在场,则只需将借条还给对方或将借条当面销毁,不必再写收条。

(2)接受本单位个人或团体交上来的钱款或物品时,应开具收条表示已经接受。

(3)个人接受外单位付给的劳务费、讲课费、慰问品、纪念品的时候,为了表示已经从经手人处接受了钱物,有时也需要开具收条。

(三)写作格式和方法

收条一般包括:标题、正文、落款几部分。

1. 标题

通常以"收条"或"今收到"作标题。

2. 正文

在标题下另起一行空两格写,要写清楚收到什么单位、个人什么东西。对财物要写明名称、数量、品种、规格;钱要写明币种、金额。金额要大写,写完后要写"整"字,防止添删修改。

正文内容不能涂改,尤其是数字,量词要注意用法。需要改动内容,必须在改动处加盖印章,以示负责,避免纠纷。

3. 落款

落款包括署名和日期两个部分。如以自己的身份接受钱物,只签

姓名日期即可。如是代单位签收钱物,要写上单位名称,再以经手人的身份签字。如是代别人接受钱物,则可写为"代收人:×××",日期写在签字下面一行。

例文一

收条

今收到 ××× 公司所发工程款拾万圆整(¥100 000)。

收款人:×××

身份证号码:×××

××××年××月××日

例文二

收条

刘×× 老师还给电化教学实验室松下牌专业录音机壹部,经试用功能完好无损。

代收人:薛×

××××年××月××日

例文三

今收到

市 ×× 局交来十二月份本局机关 ×× 名党员党费人民币陆佰捌拾圆整(¥680)。

×× 市组织部

经手人：×××

×××× 年 ×× 月 ×× 日

第三节　日记、读书笔记

一、日记

（一）日记的概念

日记即日有所记，就是个人对一天生活中主要的、有价值的所行、所见、所闻、所感、所思的真实记录。它可以"备遗忘、录时事、志感想"。

日记作为一种文体，是属于记叙文性质的应用文。日记的内容，来源于我们对生活的观察。因此，可以记事，可以写人，可以状物，可以写景，也可以记述活动，凡是自己在一天中做过的，或看到的，或听到的，或想到的，都可以是日记的内容。

（二）日记的特点

（1）私密性。日记是公民个人私生活实录，受到法律保护。

（2）持续性。日记是长期生活的真实记录，贵在连续性。如中途因故中断，还应补写。除日期外，有的还写明天气、地点等。

（3）典型性。日记是把一天中最重要，感受最深的事情实实在在记录下来。

（4）灵活性。日记作为一种日常个人写作体，无固定格式，根据内容表达需要和自己的习惯，灵活运用。

（三）日记的种类

（1）备忘式。把每一天经历的主要事件一一提及，省略他们的具体内容，以备查用的一种日记。例如：鲁迅的日记：晴，乃作《传奇集》札记，夜浴。

（2）纪实式。把一天中最重要，感受最深的事情实实在在地记录下来的一种日记。

（3）随感式。自由自在，不受任何形式约束，以发表对生活感慨为主的一种日记。

（4）研讨式。作者将自己所遇到的具有一定意义的现象、事件、问题，加以认识、分析、判断，并把自己见解和看法的认识过程记录下来，具有综合性议论的特点。

（四）写作格式和方法

日记的格式有日期与正文两项。

1. 日期

日记的日期写于第一行，一般年、月、日及星期等都写全，最好在日期后标明气候，如晴、阴、雨、雪等等。

2. 正文

正文从第二行空两格后开始写起。日记的具体写法是多种多样的，如正文内容多，可以分成几段来写。正文上面可加标题，也可不加标题。

日记正文的具体要求如下。

（1）主题集中：一篇日记说明一个主要道理，解决一个主要问题。

（2）重点突出：日记中的主要事件要叙述清楚，不要平铺直叙。

（3）词句准确、表达恰当：要把所写事件和感情淋漓尽致地展现出来。

写日记时，要选择一天中最精彩的事件和感受最深的东西，内容力求新颖，不重复。如观察日记，要对有些事物做连续观察，连续记录，揭示它的发展过程。旅游日记，要把一山一水、一草一木或有趣的事，有感情地记录下来。

例文一

新兵训练日记

××××年　××月××日　星期×　天气：晴

入伍两个多月了，新兵训练接近尾声，队列、擒敌拳、射击等军人的初级本领都基本掌握了。我们现在正在合练，为了在阅兵时让很多领导检验我们新兵训练的成果。阅兵结束后，我们就要下连队了，新兵生活即将结束。想想不再和我们建立了深厚感情的班长、排长、区队长将整天生活在一起，心里有些不是滋味。××训练基地就像我的第二故乡，从这里我跨越了新世纪，从这里我走向了新的军旅生活……

例文二

雷锋日记

一九六二年四月十七日　星期×　天气：××

一个人的作用，对于革命事业来说，就如一架机器上的一颗螺丝钉。机器由于有许许多多的螺丝钉的连接和固定，才成了一个坚实的整体，才能够运转自如，发挥它巨大的工作能量。螺丝钉虽小，其作用是不可估计的。我愿永远做一个螺丝钉。螺丝钉要经常保养和清洗，才不会生锈。人的思想也是这样，要经常检查，才不会出毛病。

我要不断地加强学习提高自己的思想觉悟，坚决听党和毛主席的话，经常开展批评与自我批评，随时清除思想上的毛病，在伟大的革命事业中做一个永不生锈的螺丝钉。

例文三

鲁迅日记

戊午日记 三月

一日

晴。下午往通俗图书馆。夜商契衡来。

二日

晴。午后寄家用泉百，二月分。夜钱玄同来。

三日

昙。星期休息。上午得二、三弟妇信，二月廿七日发。午后往留黎厂买《张僧妙碑》、姚伯多、锜双胡、苏丰国造象记各一分，共大小十一枚，券八元。下午往铭伯先生寓。晚蔡国青及其夫人来。

四日

晴。上午得三弟信，二月廿八日发。得宋芷生信并拓片一包，廿八日太原发。

五日

昙。无事。夜商契衡来。

六日

晴。午后寄丸善银六元。夜濯足。

二、读书笔记

（一）读书笔记的概念

读书笔记是指在阅读书籍、报刊时，将所获、所思、所感的要点或心得记录下来作为资料的应用文体。写读书笔记是训练阅读的好方法。

（二）读书笔记的特点

（1）知识性。读书笔记不受内容的限制，可以收集大量的知识，是所涉猎到的知识的精华，为今后的工作、学习、生活提供重要的参考。

（2）概括性。读书笔记是在读书的过程中把自认为是最重要部分或精华部分概括地记录下来。它不能反映读书的全部内容。

（3）灵活性。读书笔记是根据个人的特点进行的个人写作活动。

（三）读书笔记的分类

（1）摘要式读书笔记。在读书时把有关于自己学习、工作、研究的问题语句、段落等按原文准确无误地抄录下来。

（2）评注式读书笔记。把读物内容的主要观点、材料的看法写出来。评注式笔记有时要对摘录的要点做概括的说明。

（3）心得式读书笔记。在读书之后写出自己的认识、感想、体会和得到的启发与收获。

（4）提纲式读书笔记。以记住书的主要内容为目的，通过编写内容提纲，明确主要和次要的内容。

（5）索引式读书笔记。只记录文章的题目、出处的笔记，以备日后查找方便。

（三）写作格式和方法

读书笔记没有固定的写作方法，常用“随感”的形式出现，下面是常用的几种写作方法。

（1）点评法。点评法也叫批注法，是一种最简易的读书笔记作法。就是在读书的时候，把书中重要的地方和自己体会最深的地方，用笔在字句旁边的空白处打上个符号，或者在空白处加批注。这种笔记方法不但有利于加深理解对书中的内容，也为日后查找提供了方便。

（2）摘录法。摘录法就是照抄书刊文献中与自己学习、研究有关的精彩语句、段落等作为日后应用的原始材料。摘抄原文要写上分类题目，在引文后面注明出处。

（3）提要法。提要是综合全文写出要点。提要可以完全用自己的语言，扼要地写出读物的内容。提要除客观叙述读物内容外，带有一些评述的性质。

（4）提纲法。提纲是用纲要的形式把一本书或一篇文章的论点、论据提纲挚领地叙述出来。提纲可按原文的章节、段落层次，把主要的内容扼要地写出来。提纲读书笔记可以采用原文的语句和自己的语言相结合的方式来写。

例文一

读《基督山伯爵》

爱也彻底,恨也彻底。报恩也彻底,复仇也彻底。这就是我在读完《基督山伯爵》后最大的感受。

中国有句俗语叫做君子报仇,十年不晚。报仇也是需要养精蓄锐的,并不是凭着一时的心绪就可轻举妄动的。而基督山伯爵,则是最具体的用自己的行动阐释了这句俗语的。在经历十四年的地牢生涯后,他的人生要义就是找寻曾经的亲人,曾经的恩人和曾经的仇人。在确认了所要寻找的人以后,他并没有如我们在武侠小说里所见的那样,于恩人抱拳于赴汤蹈火,在所不惜,于仇人一剑刺死。他选择了他自己的方式。对曾经有恩于自己的船主一家,他竭其所能,默默地支持着,以各种各样的方式,却从来不让他们知道其实自己就是为了报恩而来。如果说他的报恩令人感动,那他的复仇则是如此的淋漓尽致,在我们也有几度的叫好后不免也有点心惊。

例文二

读书笔记:醉打蒋门神

武松杀死了西门庆,就被发送了孟州充军,又在十字坡结识了张青和孙二娘。但是这些都不够精彩,唯独这集里的武松醉打蒋门神最为精彩。

本集中,武松为了个人的友谊而去帮助施恩夺回快活林和在路上每家酒馆都吃上三碗酒,这两点,就知道他有着放任自己的感情的冲动。

而他在打蒋门神之前的挑逗更是精彩,先是到酒馆里找碴,然后把蒋门神惹怒,再狠狠地打他,这能证明武松是个粗中有细的人。

他在挑逗时还可分成几个细节,三次换酒,之后说让蒋门神的小妾陪他喝酒,酒保不让,就和他们打了起来(这里包括蒋门神)。

他在擒了蒋门神之后,又怕他告官,在说要求蒋门神的第三件事时,却怕他告官和以后再把快活林夺回来,所以让他离开孟州,不得在此居住。由此也可以看出武松多么的细心。

第四节　启事、海报

一、启事

(一)启事的概念

启事是为了让公众周知某项事件,而登载在媒体上或张贴在墙壁上,引起公众注意,进一步促进该事件顺利推进的一种常用文书。

启事不具有通知、通告的下发文件的性质,而是类似于广告,将某项事件通告新闻媒体或以张贴方式公之于众,但又不具有广告的招来顾客的目的与手段。

(二)启事的特点

(1)公开性。启事都要通过传媒或张贴方式向社会公众广泛发布,知道的人越多越好。

(2)告启性。启事具有向公众通知、告知事宜,招揽和请求协助的作用,只具有知照性,不具有法令性和强制性。

(3)简明性。启事的写法要求简明,三言两语,一目了然,将事情说清楚即可,不需要长篇大论。

(4)通用性。上至国家党政机关,下至各种基层组织、单位、个人都可以用启事,且所涉及的范围非常广,几乎可以涵盖日常工作和生活中的所有事项。

(三)启事的分类

启事的种类繁多,通常可分为三大类:

(1)征招类启事。如招工、招领、求购、求聘、征婚、征集、征租、招聘等启事。

(2)告知类启事。如庆典、开业、歇业、道歉、更正、更名、迁移、转让、遗失等启事。

(3)寻找类启事。如寻人、寻物等启事。

(四)写作格式和方法

启事由标题、正文、落款三部分组成。

1. 标题

启事的标题有几种情况:第一种是由发文单位、事由、文种组成,如《×××钢铁公司关于招聘高级工程师的启事》;第二种由事由、文种组成,如《公司更名启事》《校庆启事》;第三种是直接用“启事”;第四种是连文种也省略,只写简单的题目,如《征婚》。

2. 正文

启事的正文即需要告知的事项,是启事的主要部分。要写清楚启事的原因、目的、意义、要求以及时间、地点、事件等内容。

简单的启事可采取篇段合一的结构方式;内容复杂的,可列出小标题,分层次进行表述,特别是类似招聘人员启事、征文启事、征集广告语启事等,都要分层次将背景、条件、要求等交代清楚。

3. 落款

如果在标题中注明了发文机关名称,则可在落款时只标注启事的发布时间;反之,应将发文机关体现在落款中。有的启事采取张贴的方式进行发布,还应在落款中加盖印章,以示负责。

例文一

招领启事

本人于××××年××月××日在×××捡到电脑包一个,内有物品若干,王失主尽快前来认领。为了防止出现冒领现象,敬请失主前来认领时准确说出包内物品详情。

联系人:×××

联系电话:×××××

×××

××××年××月××日

例文二

××大学特聘教授招聘启事

××大学源于××年创办的××学堂,是国家重点建设的“211工程”大学之一。学校设有××个学院,××个系,××个硕士学位授权学科,××个博士学位授权点,×个博士后流动站。为适应国家知识创新体系的建立以及××大学建设高水平大学的需要,现根据教育部批准设置的岗位和我校的学科建设需要，面向国内外招聘“特聘教授”。有关招聘事项如下：

一、岗位名称

×× 学者：生物医学工程、水生生物学

×× 学者：产业经济学、文艺学

二、招聘条件及岗位职责

1. 具有博士学位，年龄一般不超过 45 周岁。

2. 具有较高的学术造诣，在科学研究方面取得国内外同行公认的重要成就。

3. 具有活跃的研究思想，对本学科建设和学术研究工作具有创新的构想，具有领导和组织本学科中青年学术梯队在其前沿领域赶超或保持国际先进水平的能力。能够主持国家重大科研项目的研究，近 5 年承担过国家级课题。

4. 开设 1~3 门学科核心课程。

三、待遇

（略）

四、应聘材料

（略）

五、聘任程序

（略）

联系方式

1. 来信请寄：×× 大学人事处（邮编：××××××）

2. 电　　话：×××××

3. 传　　真：×××××

4.E-mail：×××××

联系人：饶 ×、陈 ×

×××× 年 ×× 月 ×× 日

例文三

征稿启事

在互联网证券信息传播、应用、服务及其他技术服务方面，×× 在线网站始终保持着业界领先地位。为了更充分利用好 ×× 在线这个媒体平台，促进诸位业内同行业务拓展，更好地向投资者提供优质的服务，×× 在线向业内诚征证券财经方面各类稿件和合作伙伴。欢迎业内实力机构、媒体、专家来稿。具体要求如下：

1. 文字精练，条理顺畅，通俗易懂；

2. 对证券市场有深度、有特色的评论和研究，对市场热点的跟踪和分析；

……

9. 来稿请投：×××××。文中请提供真实姓名、联系电话、地址。

《×× 财经》编辑部

×××× 年 ×× 月 ×× 日

二、海报

(一)海报的概念

海报是一种特殊的广告,是将图片、文字等信息进行形式新颖地结合,并公开张贴,向公众传递某种事物、某项事件的特点和内容的材料。

(二)海报的特点

(1)广告性。海报是广告的另一种形式,有时还配以图片,以吸引更多人的注意。海报张贴于人们易见到的地方。也可以在媒体上刊登、播放。

(2)商业性。海报是为某项活动所做的前期宣传,其目的是让人们参与其中,演出类海报占海报中的大部分,而演出类广告又往往着眼于商业性目的。

(3)公益性。海报和广告有很多相似之处,不同的是海报有很多是带有公益活动性质,税收机关、事业单位也经常使用。

(三)写作格式和方法

海报由标题、正文、落款三部分组成。

1. 标题

标题有两种形式,第一种是单独由文种名构成,直接写"海报"字样;第二种是直接由活动的内容作标题,省去文种名称,如"周末舞讯""影讯""球讯"等。为了能够起到夺人眼球的效果,许多海报标题还要进行美术设计。

2. 正文

正文是海报主要部分,要具体写明内容、地点、时间、活动方式等信息。可以重点罗列,也可以设置悬念,核心思想要是夺人眼球,吸引人的关注。

3. 落款

落款包括发海报的名称和日期两个部分,在海报正文右下方写明发海报的名称,在名称下方写明日期。

例文一

周末化妆舞会

生动!

有趣!

震撼!

酷!

欢迎同学踊跃参加,莫失良机。

地点:学生活动中心

时间:×××× 年 ×× 月 ×× 日晚 × 点 × 分准时开始

主办单位:经济学院

校学生会

校团委会

×××× 年 ×× 月 ×× 日

例文二

海报

为庆祝“五一”国际劳动节，4月30日下午2:30分,在厂大礼堂举行“我们工人有力量”歌咏比赛,节目精彩,敬请光临。

××厂工会

××××年××月××日

第六章　书信类文书写作

第一节　书信类文书的相关概念

人们的社会交往、信息交流日益频繁，工作中交流意见、生活中互通信息，都要通过某种媒介来实现，这种媒介就是我们常用的书信类文书。当然，随着科技的发展，信息化程度越高，使用传统书信类文书频率就越低。

一、书信文书的概念

我国历史文化悠久，是有名的礼仪之邦。人们的社会交往和思想感情交流，大多通过一定的礼仪形式和一定的文化活动方式来进行。在实际生活中，每个人都经常使用到一系列如书信、名片、柬帖、题诗题词、对联等的应用文，这些应用写作包含着丰富的礼仪内容，具有中华民族浓厚的文化色彩。

书信类文书是个人与个人之间、个人与组织之间按照约定俗成或固定的格式，用书面语言交流思想、抒发情感、沟通信息、处理事务、联系工作的一种常用的应用文体。

二、书信文书的特点

书信类应用文的特点体现在以下四个方面。

（1）主体的平等性。无论是国家机关的公务类书信，还是日常的个人书信，发出方与受信方之间都处于平等的地位，没有行政上的隶属关系。

（2）内容的指向性。所有的书信类文书，其写作目的都是为了联系工作、商洽事务、联络感情，写作的目的都有一定的指向性。

（3）形式的约定性。无论是何种形式的书信类文体，都没有官方的具体规定，格式都是约定俗成的。

（4）语言的亲和性。书信是主客体之间的平等交流，在语言运用上要体现出平等，用亲和的语言可以拉近双方的距离。

三、书信文书的分类

为了适应各种情况，书信的文体也有不同的分类。一般根据用途把书信分为普通书信和专用书信。

（1）普通书信：是家人、亲戚、朋友、同事间往来的私人信件，如家书、问候信、答复信、情书等，这类书信多用于个人和个人之间。

（2）专用书信：是公务或社交活动中使用的书信类文书，如倡议书、申请书、承诺书、保证书、决心书、建议书、证明信、介绍信、慰问信、求职信、推荐信等等。

第二节　普通书信

（一）普通书信的概念

普通书信又叫私人书信、个人书信，简称“信”。它是人们在生活、工作、学习中，相互沟通，交流信息，交换思想，联络感情的一种最普通、最常用的应用文体。

书信是写给具体收信人的私人通信，除了保护有关的私人秘密外，一般对属于书面作品性质的信件也给予版权保护。

（二）普通书信的分类

普通书信一般可以分为：家书、问候信、邀约信、劝说信、致歉信、情书等。

（三）写作格式和写法

书信一般由信封和信笺（又称信瓤或信纸）两部分组成。

1. 信封的格式和方法

信封的内容包括收信人地址、收信人、寄信人信息等部分组成。

（1）收信人地址。

中文信封收信人地址，由大到小逐一书写，即由邮政编码、省（自治区）、市、县、乡、村，或市、区、街、号、室组成。

（2）收信人。

中式信封，收信人写在信封正面中间，字体稍大一些。

称呼：是给邮递员的提示，因此不能用信中的称呼，如“爸爸”“妈妈”等，如果不便使用其他称谓，直接写上名字也可。其他人通用尊称，如“先生”“女士”“小姐”“同志”，写在姓名后面一至三个字的空白处。

开启语：习惯上在称呼之后加开启语，通常用“收”“启”“拆”，不宜加括号，也可以不写。表示尊敬可写“大启”“台启”，给晚辈的信多用“收”“青览”“惠启”，公务机关可用“公启”，如希望某人亲自阅读可用“亲收”“亲启”“亲拆”，至亲家信大都用“安启”。给女士的信亦可用“展”“玉展”“惠展”等。

（3）寄信人信息。

中文信寄信人的地址是对回信的提示，也是由大写到小，写在信封的右下角；竖式中文信写在信封正面左下方。

例文一

横写体信封

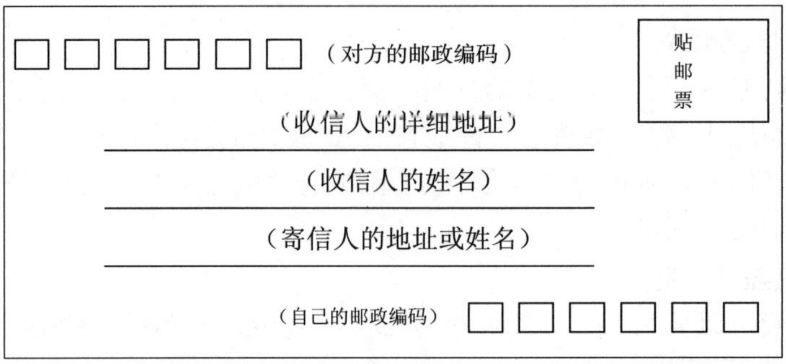

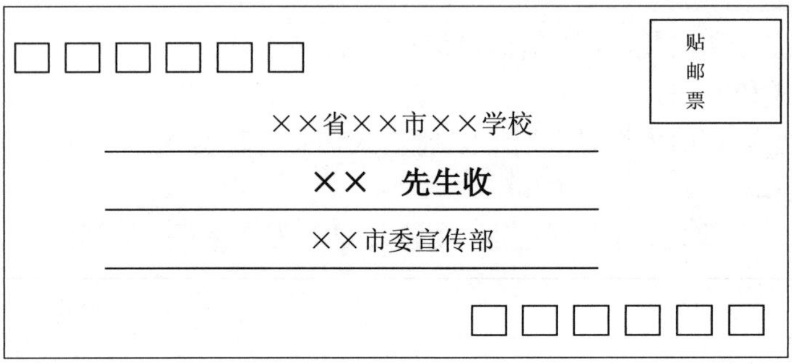

例文二

竖写体信封

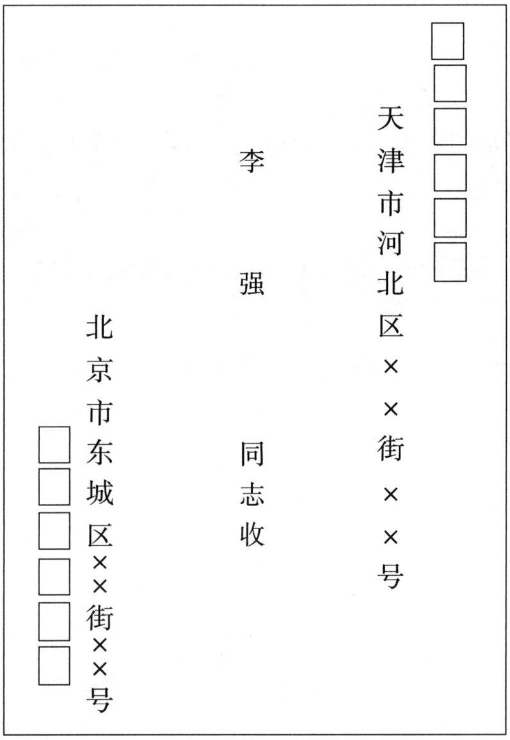

例文三

托人带信与专人送信的格式

烦　请
刘 ×× 先生面呈
张 ××　先生收
林 ××　敬托

敬　烦
李 ×× 先生吉便带致
家父赵 ×× 亲收
赵 ××　敬托

2. 信笺的格式和方法

（1）称呼。顶格写在书信的左侧第一行，后加冒号。

写给长辈的信，按辈分称呼，不写名字，如“爸爸”“爷爷”等；写给平辈的或晚辈的，可以直呼其名，也可以在名字后加辈分，只写名字的最后一个字，如“王小慧”称“慧妹”。

朋友、同事之间通信，在姓前加上“老”或“小”字，以示亲切；关系特别密切的可直呼其名，但不带姓。

对德高望重的老人或知名人士，常在姓之后加上“老”字，以示仰慕，如“周老”“吴老”等；也可以在姓名前加尊敬词语，如“尊敬的 ×× 先生”。

对华侨和港澳台同胞以及不很熟悉的人宜使用“先生”“女士”“阁下”等称呼。

（2）问候语。写在称呼下一行，空两格，单独成行，如“您好！”“近来身体好吗？”等。

（3）正文。写在问候语的下一行，首句空两格，根据内容适当分段。一般采取“一事一段”或“一段一事”的写法。

（4）祝福语。表示祝愿、敬意的一种礼貌语言。分两半写，前半截紧接正文之后或另起一行空两格写上“敬祝”“祝您”等，后半截换行顶格写上“身体健康”“万事如意”，现大多数人喜欢用“此致”“敬礼”作祝福语，一般不用标点符号。

（5）署名。另起一行，将写信人的名字写在正文的右下方，如信纸空白较多，以离开结尾约二、三行为宜。给长辈的信，可以写上自己的辈分加上名字或在名字后面写“上”或“敬上”；父母给子女写信可以不署名字，只写辈分，可用“父字”“父示”“母手书”“母亲笔”等。

（6）日期。写在署名下一行，并与之对称，一般只写月、日。重要的信件要写年、月、日，以备查。

（7）其他。如果忘了写某事，则可以在日期下空一行，再空两格写上“又附”，再另起一行书写未尽的事情。

3. 写作规范

（1）单字不成行，即一行不能只有一个字。

（2）单行不成页，即一页纸不能只有一行字。

（3）通幅至少要有几行写到底，不宜行行吊脚。

（4）不能用红墨水或铅笔写信，用红笔写代表绝交，用铅笔有轻慢之意。

例文四

(尊敬的、亲爱的)××:
问好(你好!您好!见信好!近来身体可好?)
正文(根据内容适当分段,一般一事一段)
此致(敬祝)
敬礼!(身体健康!)
×××(敬上/上)
日期(一般只写月、日)

例文五

曾国藩家书

父亲大人:

万福金安!

自闰三月十四日,在都门拜送父亲,嗣后共接家信五封。五月十五日,父亲到长沙发信,内有四弟信,六弟文章五首。谨悉祖父母大人康强,家中老幼平安,诸弟读书发奋,并喜父亲出京,一路顺畅,自京至省,仅三十余日,真极神速。

迩际男身体如常,每夜早眠,起亦渐早。惟不耐久思,思多则头昏,故常冥心于无用,优游涵养,以谨守父亲保身之训。九弟功课有常,《礼记》九本已点完,《鉴》已看至《三国》,《斯文精粹》诗文,各已读半本,诗略进功,文章未进功。男亦不求速效,观其领悟,已有心得,大约手不从心耳。

甲三于四月下旬能行走,不须扶持,尚未能言,无乳可食,每日一粥两饭。家妇身体亦好,已有梦熊之喜,婢仆皆如故。

今年新进士龙翰臣得状元,系前任湘乡知县见田年伯之世兄,同乡六人,得四庶常,两知县,复试单已于闰三月十六日付回。兹又付呈殿试朝考全单。

同乡京官如故,郑莘田给谏服阕来京,梅霖生病势沉重,深为可虑。黎樾乔老前辈处,父亲未去辞行,男已道达此意。广东之事,四月十八日得捷音,兹将抄报付回。

男等在京,自知谨慎,堂上各老人,不必挂怀。家中事,兰姊去年生育,是男是女?楚善事如何成就?伏望示知。

男谨禀,即请母亲大人万福金安!

男国藩跪禀

道光二十一年五月十八日

例文六

傅雷给儿子的信

聪:

亲爱的孩子。

收到9月22日晚发的第六信,很高兴。

我们并没为你前信感到什么烦恼或是不安。我在第八信中还对你预告,这种精神消沉的情形,以后还是会有的。我是过来人,绝不至于大惊小怪。你也不必为此担心,更不必硬压在肚里不告诉我们。心中的苦闷不在家信中发泄,又哪里去发泄呢?孩子不向父母诉苦向谁诉呢?我们不来安慰你,又该谁来安慰你呢?人一辈子都在高潮—低潮中浮沉,唯有庸碌的人,生活才如死水一般;或者要有极高的修养,方能廓然无累,真正地解脱。只要高潮不过分使你紧张,低潮不过分使你颓废,就好了。太阳太强烈,会把五谷晒焦;雨水太猛,也会淹死庄稼。我们只求心理相当平衡,不至于受伤而已。你也不是栽了筋斗爬不起来的人。我预料国外这几年,对你整个的人也有很大的帮助。这次来信所说的痛苦,我都理会得;我很同情,我愿意尽量安慰你、鼓励你。克利斯朵夫不是经过多少回这种情形吗?他不是一切艺术家的缩影与结晶吗?慢慢地你会养成另外一种心情对付过去的事:就是能够想到而不再惊心动魄,能够从客观的立场分析前因后果,做将来的借鉴,以免重蹈覆辙。一个人唯有敢于正视现实,正视错误,用理智分析,彻底感悟,才不至于被回忆侵蚀。我相信你逐渐会学会这一套,越来越坚强的。我以前在信中和你提过感情的创伤,就是要你把这些事当做心灵的灰烬看,看的时候当然不免感触万端,但不要刻骨铭心地伤害自己,而要像对着古战场一般的存着凭吊的心怀。倘若你认为这些话是对的,对你有些启发作用,那么将来在遇到因回忆而痛苦的时候(那一定免不了会再来的),拿出这封信来重读几遍。

父字

1954年10月2日

第三节　倡议书、申请书

一、倡议书

(一)倡议书的概念

倡议书是有关单位或个人为促进某项工作或开展某项公益活动而公开提出某种建议或意见,需要受众积极响应的一种专用书信。

(二)倡议书的特点

倡议书是发动群众开展某种活动的一种手段,具有以下特点。

(1)广泛性。倡议书是向广大群众发出,或是部门的所有人,或是一个地区的所有人,甚至是全国人民,故对象的广泛性是倡议书的根本特征。

(2)公开性。倡议书就是一种广而告之的书信,是要让广大的人民群众知道了解,从而激起更多的人响应,以期在最大的范围内引起共鸣。

(3)公益性。倡议书要求广大群众响应的往往是某项公益事业,或对国家、对社会有重要意义的活动。

(4)合法性。无论什么样的倡议书,都必须是在符合国家法律的前提下写作与发出的,坚决不能有违反国家法律法规的内容出现。

(三)倡议书的要求

(1)倡议事项要便于操作,不能要求过高,要求过高,就得不到响应,达不到目的。

（2）选词用语要简明易懂，使公众都能看懂。倡议书是面向公众的，用语也要求简明，群众都读得懂，才能得到更加广泛的响应。

（3）语言要富有感召力，行文要富有激情，这样才能动员更多的公众参加所倡议的工作或活动。

（4）篇幅不宜过长。倡议书要言简意赅，篇幅短小，不能长篇大论，以便吸引更多的读者，得到更多响应。

（四）写作格式和方法

倡议书一般由标题、称呼、正文、落款四部分组成。

1. 标题

倡议书的标题有三种形式：第一种是由文种名单独组成，用“倡议书”三个字；第二种是由倡议内容和文种名共同组成，如《节约用水倡议书》；第三种是由发文单位、倡议内容、文种三要素组成，如《团中央向见义勇为受伤的英雄捐款的倡议书》。

2. 称谓

在标题下方另起一行，在第二行开头顶格写明倡议的对象称呼，如“广大的同胞们”。如果对象没有指定性，可不用称呼。

3. 正文

正文是倡议书的核心部分，一般由开头、主体、结尾三个部分组成。

（1）开头：倡议书开头阐明倡议缘由，即说清楚倡议的背景、原因、目的等，以引起广泛响应，然后一般用“为此，我们倡议如下”等惯用语引出正文。

（2）主体：主体要写明倡议的事项，内容一定要具体化，包括开展怎样的活动，要做哪些事情，具体要求是什么，有哪些价值和意义等，均须一一说明。这部分要逻辑性强，语言简明，一般要分条开列，这样一目了然。

（3）结尾：结尾要表示倡议者的决心和希望或某种建议，一般不在结尾写表示敬意或祝愿的话。

4. 落款

落款包括倡议者署名和日期两个部分。在正文右下方写明倡议者单位、集体名称或个人姓名；在署名下方写发倡议的日期。

例文一

关于推动形成文明健康、绿色环保生活方式的
倡议书

广大市民们：

为了保障人民群众身体健康，积极培育文明健康、绿色环保的生活方式，提高广大群众的文明素养和自我保护能力，市文明办倡议如下：

一、开展城乡环境清洁行动……

二、……

全体市民朋友们，请大家积极行动起来，人人动手，同心协力，用勤劳的双手共同营造洁净优美的居住环境、生活环境和工作环境。

××市文明办
××××年××月××日

例文二

倡议书

今年5月31日是第×个"世界无烟日"，希望各传播媒介将今年世界无烟日作为一个新开端，为我国早日控制烟害作出贡献。我们谨向全国各报社、杂志社、电台和其他大众传播媒介倡议：

一、根据各自的特点，坚持做好反对吸烟的宣传，以各种形式向大众传播吸烟有害的知识，介绍戒烟方法。

二、不与国内外烟草公司或其广告代理人签订任何为烟草做广告的刊播合同。

三、在制作、刊播的影视作品中，努力杜绝和减少吸烟镜头的出现。

四、应当采取积极控烟措施，新闻工作者应率先在工作场所和公共场所不吸烟，争做无烟单位。

让我们共同努力，为把我国建设成为文明的社会主义现代化强国而奋斗！

发起单位：中央电视台、中央人民广播电台、光明日报、
健康报、中国环境报
××××年××月××日

例文三

"学习雷锋精神 弘扬文明新风"倡议书

亲爱的同学们：

春天是一个充满希望的季节。在这个生机勃勃的季节里，你可曾想起一个不朽的名字——雷锋。雷锋精神教育鼓舞了一代又一代的青年。继承优良传统，弘扬雷锋精神，是每位当代大学生所肩负的神圣使命。学习雷锋应当从自身做起，从身边的每一件小事情做起。在此，我们真诚地向全体同学发出倡议：

一、学习、弘扬雷锋热爱党、热爱祖国、热爱社会主义的崇高理想和坚定信念，自觉地把

个人的追求和奋斗同党的事业、国家的命运、民族的前途联系起来,为祖国的繁荣发展贡献自己的智慧和力量。

二、学习、弘扬雷锋助人为乐、勇于奉献的精神,让雷锋精神在校园闪光,从现在做起,从自我做起,从身边小事做起,热心帮助身边需要帮助的人,伸出互助的双手,展现当代青年的风范。

三、学习、弘扬雷锋渴求知识、发奋学习的敬业精神,自觉培养实事求是、刻苦钻研、勤奋好学的学习态度,多读书、读好书,不断充实自己,提高自身的科学文化素养。

四、学习、弘扬雷锋的集体主义精神,做文明校园的维护者和践行者,从小事做起,自觉遵守学校规章制度,自觉爱护公共财物,自觉维护校园良好秩序。

五、积极参与学校组织的各项志愿服务活动,在实践中加深对雷锋精神的认识,在校园中掀起自觉实践雷锋精神、倡导志愿服务的热潮,用行动体现精神,用爱心创造和谐。

在雷锋精神的照耀下,一代代青年实践着自己的人生价值。我们立志要当永远的活雷锋,而不是3月5日的雷锋;我们不用做惊天动地的大事,只需要做好身边的每一件小事。同学们,让我们从小事做起,从现在做起,让雷锋精神永放光芒,让社会处处盛放雷锋之花!

共青团××师范大学委员会
××师范大学学生会
××师范大学青年志愿者协会
××师范大学大学生社团联合会
××××年××月××日

二、申请书

(一)申请书的概念

申请书是个人或集体用来向上级或主管组织表达某种愿望,提出某种请求或申请解决某个问题时使用的一种请求性专用书信。

申请书的使用范围很广,涉及工作、生活的很多方面,购买物品、工作调动、入党、入团、参军、入会、开业、入学、复学、困难补助、物资调配等都可以使用申请书。

(二)申请书的特点

(1)恳请性。从写作动机看,申请书的写作带有明显的请求目的,是向上级部门请求办理自己不能办到的事或实现自己的某种愿望。

(2)明确性。申请书所表示的意愿一定要清楚准确,尤其涉及一些数据的时候,更要做到准确无误。

(3)限定性。申请人申请的事项内容往往都有一定的条件,不是人人都能申请成功,申请者也要符合某种条件,或有某种可能才会提出申请。

(4)时效性。很多申请都有一定的时间规定,超过了规定的时限,就失去了申请的机会和条件。

(三)申请书的种类

申请书的使用范围相当广,种类也很多,具体有以下几种划分方法。

(1)按作者分类,可分为个人申请书和单位、集体公务申请书。

(2)按解决事项的内容分类,可分为入团、入党、困难补助、调换工作、建房、领证、承包、贷款等申请书。

（3）从使用范围分类，申请书可分为如下几类。

①社会组织方面的申请。这种申请书一般是指加入党派和社会团体的专用书信，如入党、入团，加入民主党派或一些社会团体等。

②工作学习方面的申请书。这类申请书一般是指向单位提出工作、学习中的意愿的专用书信，如入学、退学、进修、工作调动等。

③日常生活方面的申请书。这类申请书一般是指向有关部门提出生活需求的专用书信，如结婚、困难补助、开业等。

（四）写作格式和方法

申请书一般由标题、称谓、正文、落款四个部分组成。

1. 标题

在首行正中写上申请书的标题，标题一般有两种情况：第一种直接写明“申请书”；第二种是由事由、文种组成，如《困难补助申请书》《入党申请书》。

2. 称谓

顶格写明接受申请书的单位、组织或有关领导并加冒号，如“团支部：”“尊敬的领导：”“市工商联：”等。

3. 正文

正文是申请书的核心，一般包括引言、主体、结尾三个部分。

（1）引言：介绍自己的身份，简要、明确地提出自己的申请事项。

（2）主体：写明申请事项的理由、意义、价值等，要写得客观、充分。

（3）结语：表明自己的态度，然后用惯用语“特此申请”“恳请领导帮助解决”“希望领导研究批准”“请组织考察”作结，也可以用“此致敬礼”等礼貌用语作结。

4. 落款

落款包括署名和日期两个部分，在正文右下方写明。个人申请要写清申请者姓名，单位申请写明单位名称并加盖公章，日期以写作申请书的时间为准，位置在署名下面。

（五）申请书写作要求

（1）实事求是。写申请书应该要真实客观表达愿望、反映情况，叙述事实要准确，提出要求要明确具体。不应该为了达到某种目的而故弄玄虚、言过其实，更不能不择手段、弄虚作假、歪曲事实。

（2）简明扼要。申请内容应该简明扼要，开门见山，让人一目了然，不要长篇大论，让人看后云里雾里。

（3）朴实诚恳。申请书的写作态度一定要诚恳坦率，语气要谦虚，语言要朴实。

例文一

转正申请

尊敬的领导：

我于 ×××× 年 ×× 月 ×× 日成为单位的试用员工，一直担任行政文职工作，现实习期满，特向单位提出转正申请。

在半年的实习工作中，在领导的悉心教育下，在同事们的真诚帮助下，我取得了一些进步，适应了单位的工作，现已能独立完成相关工作。

经过半年的实习工作……

在今后的工作中，我会更加努力，勤勉不懈，专心进取，严格要求自己，在单位实现自己的人生目标，与单位共同发展。

此致

敬礼！

申请人：×××

×××× 年 ×× 月 ×× 日

例文二

入党申请书

敬爱的党组织：

我向党组织郑重提出申请：请求加入伟大的中国共产党，成为一名光荣的中国共产党党员。

我是一个沐浴在党的阳光下成长起来的新时代青年，自小受到学校、家庭的良好教育和熏陶，所以在学习上、事业上我始终追求的是上进，在思想素质的提高上也能严格要求自己，决心把自己锻炼成为一名新时代的有志青年。

我想作为一名新时代的青年，不仅要学好文化知识，努力钻研技术业务，政治上一定也要严格要求自己，这是社会赋予我的职责。通过多次政治学习，我深刻地领会和了解了党的基本知识，提高了对党的认识和坚持党的基本路线的自觉性，进一步坚定了共产主义信念，也更坚定了我要加入中国共产党的决心，并为成为一名合格的共产党员不懈奋斗。没有共产党就没有新中国，就没有社会主义建设和改革的发展；中国共产党是领导中国特色社会主义事业的核心力量，是全国各族人民利益的忠实代表；是以马列主义、毛泽东思想、邓小平理论、“三个代表”重要思想、科学发展观、习近平新时代中国特色社会主义思想为行动指南，为最终实现共产主义的伟大目标而战斗的队伍。

共产党员是中国工人阶级的有共产主义觉悟的先锋战士，必须全心全意为人民服务，不惜牺牲个人的一切，为共产主义奋斗终身；共产党员永远是劳动人民中的普通一员，除了法律和政策规定范围内的个人利益和工作职权外，所有党员都不得谋求任何私利和特权。我是积极要求进步，争取入党的青年，必须用共产党员的标准对照要求自己。首先要从思想上入党，树立起正确的人生观、价值观，和全心全意为人民服务的思想作风，把为共产主义奋斗终身的信念落实到行动中，今后我要更认真学习马列主义、毛泽东思想、邓小平理论、“三个代表”重要思想、科学发展观、习近平新时代中国特色社会主义思想，学习党的路线、方针、政策及决议，自觉坚持党的基本路线，学习科学、文化和业务知识，努力提高为人民服务的本领，积极带头参加改革开放和社会主义现代化建设，在学习、工作、社会生活中起模范带头作用，坚持党和人民的利益高于一切，克己奉公。我懂得入党不是权宜之计，更不是功利行为，而是为了把自己融入到伟大的共产主义事业中去的决定，我恳请党组织接受我的请求。

我随时准备接受党组织的考验。

此致

敬礼！

申请人：×××

××××年××月××日

例文三

工作调动申请

×××党委：

我申请调到×××工作，恳请组织批准我的申请。

我于××××年××月××日进入单位工作，×年以来，一直从事×××工作，经过单位的培养和锻炼，我在政治、思想及个人能力方面得到了长足的进步……

经过慎重考虑，我调到×××工作既有利于单位发展，能发挥我自身的特长，又能解决个人的实际困难。所以，我向组织申请调动工作，望组织批准我的申请。

此致

敬礼！

申请人：×××

年××月××日

第四节　证明信、介绍信

一、证明信

（一）证明信的概念

证明信又称“证明书”，是以党政机关、企事业单位、人民团体或个人的名义凭借确凿的证据证明某个人的身份、经历或某件事的真实情况时所使用的一种专用书信。

证明信关键在于证明，是持有者用以证明自己身份、经历或某项事情真实情况的一种凭证。

（二）证明信的使用

（1）党团组织发展新团员，对加入者的身份进行调查时可以使用证明信。

（2）某些真相模糊不清的历史事实或事件被人歪曲，而当时亲身经历的人写出证明信以澄清事实。

（3）在公安机关侦破案件过程中，当时在场的群众写出证明信，以说明案发时的真实情况。

（4）个人在为单位办理某些事项，或个人由于具体情况而必须向单位作出解释说明时，也可以请有关人员出具证明。

(三)写作格式和方法

证明信的写作格式一般由标题、称谓、正文、落款四部分组成。

1. 标题

证明信的标题通常有两种形式。第一种是单独由文种名构成,如“证明信”“证明”;第二种由文种名和证明的内容共同构成,如《关于 ××× 同志 ×× 情况(问题)的证明》。

2. 称谓

在标题下一行,顶格写受文单位或受文个人的称谓,之后加冒号。

有些供有关人员外出活动证明身份的证明信因没有特定的受文者,开头可以不写称谓,而是在正文开头用公文导词“兹”引起正文内容。

3. 正文

证明信的正文一般要交代清楚证明的原因、依据、内容、证件号码、

时间、地点、人物等信息,在结尾时,另起一行,写“特此证明”。

4. 落款

落款包括署名和日期两个部分。在正文右下角写出证明单位或证明人的名字,在证明人下方写明日期。单位证明要加盖公章。

例文一

学历证明

兹有我校学生 ×××,性别 ×,身份证号码为 ××××××,于 ×××× 年 ×× 月以大学本科学历考入我校,为 ××× 专业硕士研究生,学制三年,毕业时间为 ×××× 年 ×× 月。证书编号:××××××

特此证明。

×× 大学(公章)

×××× 年 ×× 月 ×× 日

例文二

证　明

×× 学校:

贵校学生 ×××,男,身份证号码为 ×××××,系本地居民,家庭情况如下:

1. 家庭人口 × 人,家庭成员有父亲 ×××、母亲 ×××、姐姐 ×××。

2. 家庭年收入约 ×× 元人民币。

3. 家庭主要收入来源为低保。

4. 目前家家中有病人 ××,没有劳动能力。

确属困难家庭。

特此证明!

××× 街道(公章)

×××× 年 ×× 月 ×× 日

例文三

个人收入证明（模板）

兹证明 ________ 为本单位职工，已连续在我单位工作 ____ 年，学历为 ______ 毕业，目前在我单位担任 ________ 职务。近一年内该职工在我单位平均年/月收入为（税后）______ 元，（大写：______ 万 ______ 仟 ______ 佰 ______ 拾 ______ 元整）。

特此证明。

单位名称 ________

________ 年 ______ 月 ______ 日

二、介绍信

（一）介绍信的概念

介绍信是党政机关、社会团体、企事业单位派出人员到其他单位联系工作、了解情况或参加各种社会活动时，用来介绍、联系、接洽事宜的专用书信。

介绍信有两种类型：一种是印好格式的介绍信，用时按空格填写即可；一种是用公用信笺书写的介绍信。

（二）介绍信的特点

1. 证明性

介绍信具有介绍和证明的作用，是连接双方关系的一个桥梁，目的在于证明来人的身份。

2. 模式性

介绍信都有固定的模式，特别印刷的介绍信，模板是固定的。

3. 简便性

介绍信一般都简明扼要，不要长篇大论，只需要向对方介绍当事者的有关情况即可，不需要介绍全面情况。

4. 时效性

介绍信有一定的时间要求，就相当于在一定时间内有效的证件，所以介绍信一般都要注明期限。

（三）介绍信写作要求

（1）开具介绍信之前，需经主管领导批准，不得随意使用介绍信。

（2）一封介绍信只能写给一个单位，以示慎重。

（3）介绍信应填写持信人的真实姓名、职务、职称等信息，不得冒名顶替。

（4）接洽的事宜要写得具体、简明，不需要长篇大论。

（5）要注明介绍信的有效期限，天数要大写，以防篡改和乱用。

（6）存根式介绍信的文本内容应与存根内容一致，并加盖骑缝章。

（四）写作格式和方法

介绍信的写作格式分为存根式和便函式两种。

1. 存根式介绍信

存根式介绍信一般包括存根联、间缝和正文联三个部分。

（1）存根联。

存根部分第一行正中写有“介绍信”三字，紧跟其后用括号注明“存根”二字；

存根第二行下方写明“××字第××号”字样，如“市教字第5号”；

存根正文另起一行，写明被介绍对象的姓名、人数及相关身份内容介绍，还要写明前往何处单位，具体说明办理什么事项，有什么要求；

存根结尾靠右注明成文日期，不必署名，因存根仅供本单位考查使用。

（2）间缝。

存根部分同正文部分只有一条虚线，虚线上有“第 × × 号”字样。按照虚线处截开后，字迹在存根联和正文联各有一半，同时，虚线处正中要加盖公章。

（3）正文联。

正文联第一行正中写有“介绍信”字样；

正文联第二行下方写明“× × 字第 × × 号”字样，内容按照存根联填写；

正文联第三行顶格写称谓，写明联系单位或个人的称呼或姓名，后加冒号；

正文联第四行空两格写介绍信的具体内容，内容与存根部分一样，主要写明持有介绍信者的姓名、人数、接洽的具体事项和要求等；

正文结尾写明表示祝愿或敬意的话，一般要写“请接洽”“请协助”等话，后面还要写“此致敬礼”等话，下方靠左括号内写明介绍信的有效期限；

最后在右下方署上本单位的名称，并加盖公章，名称下面写明日期。

例文一

存根式介绍信

介绍信（存根）

××字第××号

×××等×人前往××××联系××××

××××年××月××日

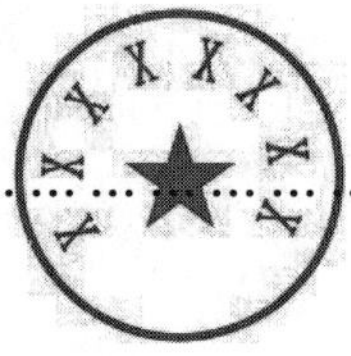

……………………第 × × 号……………………

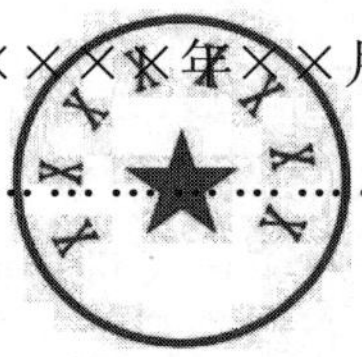

介 绍 信

××字第××号

××××（称谓）：

兹介绍×××等×位同志前往你处联系×××××事宜，敬请接洽并予以协助。

此致

敬礼！

×××（盖章）

（有效期××天）　　　　××××年××月××日

2. 便函式介绍信

便函式介绍信的写作格式一般由标题、称谓、正文、落款四部分组成。

（1）标题。直接用文种名在公文纸第一行居中写上“介绍信”三字。

（2）称谓。另起一行顶格写明受文单位或个人姓名，名称要明确。

（3）正文。介绍信正文一般要交代清楚人员的姓名、人数、身份、职务、职称，所要联系的工作、接洽的事宜。在结尾处，写“请接洽”等惯用语。在最后另起一行，写上“此致，敬礼”等语。

（4）落款。落款包括署名和日期两个部分。在右下角写上介绍人单位名称，加盖公章，在单位的下方写上开具证明的日期。

例文二

便函式介绍信

介绍信

×××：

　　兹有我单位×××同志前往贵单位，全权处理×××××事宜，请予接洽为盼！

　　此致

敬礼！

×××（盖章）

××××年××月××日

例文三

介 绍 信

××报社：

　　兹介绍我院×××教授前往贵社联系××级新闻专业学生实习事宜，请接洽。

　　此致

敬礼！

××大学新闻学院

××××年××月××日

第五节　求职信、推荐信、简历

一、求职信

（一）求职信的概念

求职信也称求职书、求职函，是求职者为了寻求工作，将自己全方位地介绍给对方单位的一种专用书信。求职信就是用语言推销自己，是简历的一个重要组成部分，目前这类书信使用频率很高，是大学生走向社会、迎接挑战的第一次写作。

（二）求职信的特点

1. 针对性

就是求职者要针对本人的专业、兴趣特长等情况，同时还应针对招聘单位的用人要求，阐明自己的求职理由。

2. 自荐性

求职信是供需双方未曾谋面的初次接触，这就要求求职者善于自我推销，根据对方的需求，充分展示自己的优势和强项，突出自己的个性，写出自己与众不同、高人一筹的任职条件，以期引起用人单位的重视和青睐。

3. 真实性

求职者向用人单位介绍自己的基本条件和有关能力时，特别要注意真实诚恳、实事求是、准确客观。

4. 简要性

求职者在介绍自己时要力求简明扼要，简洁生动，用最短的时间，最简洁的文字将自己推销给对方。

（三）写作格式和方法

求职信的写作格式一般由标题、称谓、正文、落款四部分组成，有的求职信还要附上求职者的简历作“附件”。

1. 标题

在第一行居中写明“自荐书”“自荐信”“求职信”等。

2. 称谓

顶格写上求职的单位或领导称呼，最好用敬称。

3. 正文

求职信的正文包括开头、主体和结尾几个部分。

（1）开头：交代求职者的身份、年龄、学历等基本情况，给用人单位一个初步的完整印象。如果有明确的目标，还可以谈自己应聘的想法。

（2）主体部分：针对用人要求具体介绍自己，全面展示自己的专业特长、业务技能、外语水平以及其他能力，使用人单位意识到你是最佳人选。

（3）结尾：要再次强调自己的求职愿望，恳请用人单位予以录用，也可在结尾处写明“热切盼望答复”等感谢或致敬的惯用语。

4. 落款

落款包括署名和日期两部分。在正文右下方署名，在署名下方写明日期。

5. 附件说明

多数求职信都要附带一些相关证明材料。凡有附件又未在正文中作过交代的，均应在正文结尾处另起一行空两格注明“附件”字样，后列出附件名称和件数。附件一般有：个人简历、学历证明、职称证书、任职资格、身份证、获奖证书、联系地址及电话等。

例文一

<table><tr><td>
自荐书 / 自荐信 / 求职信
×××（求职单位或领导的名称）：
您好！
感谢您在百忙之中批阅我的求职信，我是 ×× 大学 ×× 系的一名硕士研究生，即将毕业。
经过本科和研究生的七年学习……（全面介绍自己）
希望您能为我安排一个与您见面的机会，给我一个为贵单位效力的机会。
此致
敬礼！
求职者：×××
×××× 年 ×× 月 ×× 日
</td></tr></table>

例文二

求职信

尊敬的领导：

您好！

我是 ×× 医学院妇产科学的应届毕业生。步入医学事业，解除患者的痛苦一直是我的梦想，医学院的七年历练为我实现梦想打下了坚实的基础，专业特长更使我明确了择业目标：做一名产科医师。

久闻贵院用一流的技术，一流的服务赢得了社会的肯定。在信息产业与知识产业高度融合的时代，为提高医院信息处理能力，实现与国际信息交流手段现代化，实现医院信息网络管理化方面，贵院也走在了同类医院的前面。对此，我十分仰慕。现把一个真实的我以自荐书的形式展现给您，望贵院给我一个展示才华的机会，如有幸进入贵院工作，我一定为贵院出力争光，同时也圆我的治病救人梦想。

选择了医疗事业，选择了医学院校，我立志救死扶伤的信念便铭刻于心。进入大学以后，我抓紧每一天进行专业知识的积累和基本功的培养，不断充实自己的头脑。求学期间，我在思想上积极要求进步，乐观向上，对大是大非保持清醒认识，不畏难繁，有信心、有责任感。能力培养上，我在校内积极参加各项活动，校外广泛尝试，多次进行下乡义诊实践，既运用了所学专业技术，又锻炼了能力。大鹏展翅，骏马飞驰都需要有自己的天地。贵院科学的管理体制和明达的择人理念，使我坚信到贵院工作是明智的选择。

最后，祝贵院英才荟萃，再创佳绩！

求职人：×××

×××× 年 ×× 月 ×× 日

二、推荐信

（一）推荐信的概念

推荐信是党政机关、社会团体、企事业单位或个人向另一单位组织或个人推荐人才时所使用的专用书信。

现在推荐信一般有工作推荐信、学术推荐信等。一份好的推荐信能够使对方单位更清楚、更深入地了解被推荐人的详细情况以及被推荐人与用人单位需求匹配度,从而提高推荐成功率,并提高被推荐人的自信心。

(二)推荐信的特点

1. 介绍性

推荐信主要是把被推荐的人的基本情况介绍给对方,所以推荐信的写作要紧紧围绕介绍被推荐人这一点进行。

2. 客观性

推荐信要全面地、实事求是地介绍被推荐人的情况,对优点和长处不要夸大,对缺点也不要隐瞒,要客观、公正,以便对方单位全面掌握被推荐人的情况。

3. 简明性

推荐信的作用是向有关单位或个人推荐人才,而不是表扬稿,有针对性地把被推荐者的主要业务能力、工作成绩和特长写清楚即可,篇幅要短小,要简洁明确。

(三)写作格式和方法

推荐信由标题、称谓、正文、落款四个部分组成。

1. 标题

推荐信的标题常见有两种形式,第一种是直接用文种名,如“推荐信”;第二种是用文种名加事由,如《关于 ×× 的推荐信》,如果是写给某个人的推荐信,可以省略标题。

2. 称谓

在第二行顶格处写明推荐方单位名称或者个人名称及职务、职称,要用尊称。

3. 正文

推荐信正文由开头、主体和结尾三部分组成。

(1)开头,写明被推荐者的基本情况,如姓名、性别、年龄、政治面貌、学历、职称、现任职务、特长及通讯地址等情况;如果是推荐物品,写清楚物品的名称、性能、产地、用途和特点等。

(2)主体,写明值得推荐的理由,包括被推荐者的工作经历,业务专长,有哪些成果,适合干什么性质、什么岗位的工作等;如果是物品,写清楚使用方法和使用范围。

(3)结尾,写明与被推荐人的关系,以及自己的相关信息,如通讯地址、联系人、电话号码等;若是物品,交代采购或定购办法。如有必要,还应写几句感谢和企盼的话。

4. 落款

落款包括署名和日期两个部分。在正文右下方署名,在署名下方写明日期。有的推荐信还需要加盖单位印章或个人私章。

例文一

关于 ×× 的推荐信

尊敬的 ××× 先生：

您好！我是 ××× 公司的总经理。得知我公司优秀员工 ××× 想要出国深造，我感到非常高兴和无比欣慰。这样一个上进的年轻人应该接受良好的教育，拥有更辉煌的未来。因此，我很荣幸向贵校强烈推荐这位优秀青年。

××× 曾在大四的时候来我公司报告实习。作为我公司的一名业务精英，他工作认真、负责、努力，为所有同事树立了榜样，因此被评为本公司优秀员工，并享有高额奖金。

虽然从某种程度上来说，如此优秀的员工即将踏上留学之途是我公司的损失，但是考虑到他的前途，我依然毫不犹豫地支持他远赴贵校深造。真诚期望贵校能同样支持他，给他一个提升自己实现梦想的机会。谢谢。

×× 公司总经理：×××

×××× 年 ×× 月 ×× 日

例文二

推荐信

×× 报社：

××× 同学，男，28 岁，是我校文艺学专业的在读博士研究生，今年六月即将毕业。他在读本科期间曾系统学习了新闻专业的主要课程，在读硕和读博期间除发表多篇本专业的学术论文之外，也多次发表新闻作品，其中两篇新闻言论还发表在《人民日报》和《中国青年报》的重要栏目上。他的学位论文也已经通过评审，即将获得博士学位。

××× 同学在校表现优秀，学习刻苦，作风正派，有吃苦耐劳精神。外语水平较高，已通过专业六级考试。

贵报最近正在招聘新闻采编人员，××× 同学也有志于从事新闻事业，为此，特向贵报郑重推荐 ××× 同学。如能被录用，我相信他会在新闻战线取得突出成绩。

×× 大学中文系教授

×××

×××× 年 ×× 月 ×× 日

三、简历

（一）简历的概念

简历就是对个人学历、经历、特长、爱好及其他有关情况所作的简明扼要的书面介绍。简历是有针对性的自我介绍的一种规范化、逻辑化的书面表达。对应聘者来说，简历是求职的“敲门砖”。

（二）简历的特点

1. 完备性

履历是用简约的文字全面介绍自己的个人经历，以供招聘单位全面了解自己、认识自己。

2. 条理性

简历通常用表格表示,对个人的履历、爱好、特长、兴趣等分门别类地进行清晰而准确的表达。

3. 客观性

简历在自我评价时要实事求是,客观公正,既不要自吹自擂,也不要妄自菲薄。

4. 简明性

简历不宜太长,应当言简意赅,表达流畅,既要全面,又要突出重点。

5. 美观性

一份令人满意的简历,除了内容写得好外,其版面设计也很重要,设计优秀的版面可以给招聘者眼前一亮的感觉。

(三)简历注意事项

(1)要仔细检查已成文的个人简历,绝对不能出现错别字、语法和标点符号方面的低级错误。

(2)个人简历必须突出重点,它不是个人自传,与申请工作无关的事情要尽量不写,而对申请的工作有意义的经历和经验绝不能漏掉。

(3)要尽量提供个人简历中提到的业绩和能力的证明资料,并作为附件附在个人简历的后面。

(4)个人资料里的联系方式一定要齐全,包括手机号码、固定电话、暂住或家庭地址、E-mail 等等,方便招聘单位第一时间通知参加面试或发布面试结果。

(5)简历照片不宜五花八门,应以一至两寸的彩色半身职业近照为佳,以便给应聘单位一个好的第一印象。

(6)简历是介绍自己的应用文体,最好不要写工资要求。

(四)简历的写作格式和方法

简历一般包括以下内容。

(1)封面。封面是简历的外包装,主要写清楚姓名、单位。设计要精致、版式要美观,颜色要适宜,创意要新颖,以便能吸引对方单位。

(2)身份简历。一般包括姓名、性别、年龄、民族、婚否、健康状况、政治面貌、主要社会关系、联系方式、电话等。

(3)教育背景。包括就读中学、大学,所学专业、所获学位,学校开设的主要课程及学习成绩,进修经历、专业技能等。

(4)工作经历。包括何时何地参加过何种社会实践或曾在何单位工作,并写明其间所取得的成绩。

(5)个人兴趣、爱好、特长。如外语、计算机、普通话、写作能力、书法、绘画、驾驶等。

(6)学校或单位推荐信。可以将学校或单位的推荐信附在后面。

(7)相关荣誉证书。将所获得的奖状、荣誉证书等附在后面。

(8)自我评价。将自己的优点、缺点,人生理念、奋斗目标,对应聘单位的建议等用简短的文字概说。

例文

<table>
<tr><td colspan="9">个人基本简历</td></tr>
<tr><td>姓名</td><td></td><td>性别</td><td></td><td>出生年月</td><td></td><td>民族</td><td></td><td rowspan="3">照片</td></tr>
<tr><td>籍贯</td><td colspan="2"></td><td colspan="2">毕业院校</td><td colspan="3"></td></tr>
<tr><td>政治面貌</td><td></td><td>学历</td><td></td><td>身体情况</td><td colspan="3"></td></tr>
<tr><td colspan="9">求职意向及个人工作经历</td></tr>
<tr><td>求职类型</td><td colspan="8"></td></tr>
<tr><td>应聘职位</td><td colspan="8"></td></tr>
<tr><td>求职</td><td colspan="3"></td><td colspan="2">可到职日期</td><td colspan="3"></td></tr>
<tr><td>工作经历</td><td colspan="8"></td></tr>
<tr><td colspan="9">教育背景</td></tr>
<tr><td colspan="3">何年何月至何年何月</td><td colspan="4">在何地上学</td><td colspan="2">证明人</td></tr>
<tr><td colspan="3"></td><td colspan="4"></td><td colspan="2"></td></tr>
<tr><td colspan="3"></td><td colspan="4"></td><td colspan="2"></td></tr>
<tr><td colspan="3"></td><td colspan="4"></td><td colspan="2"></td></tr>
<tr><td>最高学历</td><td colspan="2"></td><td colspan="2">选修专业</td><td colspan="4"></td></tr>
<tr><td>所学专业课程</td><td colspan="8"></td></tr>
<tr><td>个人技能</td><td colspan="8"></td></tr>
<tr><td>专业成果</td><td colspan="8"></td></tr>
<tr><td>语言能力</td><td colspan="3"></td><td colspan="2">中文水平</td><td colspan="3"></td></tr>
<tr><td colspan="9">个人工作能力及其他专长</td></tr>
<tr><td>个人爱好、特长</td><td colspan="8"></td></tr>
<tr><td>个人获奖情况</td><td colspan="8"></td></tr>
<tr><td>现任职务</td><td colspan="8"></td></tr>
<tr><td>自我评价</td><td colspan="8"></td></tr>
<tr><td colspan="9">个人联系方式</td></tr>
</table>

续表

通讯地址			
邮政编码			
QQ		手机	
E-mail			

第六节　电子类信件

一、电子邮件

（一）概念

电子邮件是一种用电子手段提供信息交换的通信方式，是互联网应用最广的服务之一。

电子邮件是因特网上最常用的功能之一，人们可以通过它实现更即时、更便宜、更完善的通信。电子邮件可以是文字、图像、声音等多种形式。同时，用户可以得到大量免费的新闻、专题邮件，并实现轻松的信息搜索。电子邮件的存在极大地方便了人与人之间的沟通与交流，促进了社会的发展。

（二）电子邮件的特点

1. 方便

电子邮件非常方便，尤其是足不出户就可以和远在万里之外的其他人通信，还能同时发送给多人。

2. 快捷

电子邮件比普通邮政信件快得多，甚至比传真还快。一封几千字的电子信件，只需要几秒钟就可以发送到位。

3. 便宜

电子邮件比普通邮政信件要节约得多。

4. 信息多样

电子邮件可以是文字、数字，也可以是图像、视频、声音等。

（三）电子邮件的使用方法

（1）建立邮箱：电脑网络开通后，可以在 www.163.com、www.126.com、www.qq.com，等网络地址上申请邮箱，记住自己的邮箱地址和邮箱密码即可。

（2）写电子信件：

第一步，打开自己的邮箱，点击“写信”栏；

第二步，在收信人地址后面填写收信人的电子邮件地址；

第三步，在主题词后面输入“信”的主题（主题的作用是对信的正文进行概括，要求简洁、明了）；

第四步，写信的正文，写完信后，还可以对信的内容进行排版、编辑，也可以点击“信纸”，变换信纸风格；

第五步，如果正文表达不够，或者要传送图片等信息，可以点“添加附件”，只要点击“浏览”栏，则可随意添加所需信息；

第六步，一切写好，检查无误后，点击下方的“发送”即可。

例文

常用电子邮箱

微软睿邮（微软）
Exchange 邮箱（阳光互联）
Outlook mail（微软）
MSN mail（微软）
35mail（35 互联）
QQ mail（腾讯）
Foxmail（腾讯）
163 邮箱（网易）
126 邮箱（网易）
188 邮箱（网易）
21CN 邮箱（世纪龙）
139 邮箱（移动）
189 邮箱（电信）
TOM 随心邮
新华邮箱
人民邮箱
中国网邮箱
新浪邮箱

二、手机短信

（一）手机短信的概念

手机短信分为两种：一种是短信，是用户通过手机或其他电信终端直接发送或接收的文字或数字信息；一种是彩信，它最大的特色就是支持多媒体功能，能够传递功能全面的内容和信息，包括文字、图像、声音、数据等各种多媒体格式的信息。

（二）手机短信的特点

手机短信有以下几个特点。

（1）直接交流。短信交流不需要经过第三者，从而可保证信息真实。

（2）经济实惠。短信的费用非常便宜。

（3）准确传递。短信在对方关机情况下也能收到，且信息不失真。

（4）形式多样。短信可以是文字，也可以是图片，甚至可以是视频等。

例文一

爱情短信

（1）不要问我爱你有多深，我只想比宇宙多一点。

（2）不要问我爱你有多长，我只想比永远多一天。

（3）有你的日子度年如日，没你的日子，度日如年。

(4)你的信息我舍不得删掉,你的笑脸我不能忘掉,你的真情我已知道,我心跳的声音不想让你听到!

(5)无论苦辣与酸甜,让微笑相伴!无论咫尺与天涯,让祝福溢满!无论海枯与石烂,让真爱永远!亲爱的,生生世世,爱你的心永不变!

(6)在每一个静谧的夜晚,我愿化作一颗明星,守候在你的窗棂,让你睡得更加香甜;在每一个寒冷的清晨,我愿化作一缕阳光,温暖你的心灵,让微笑常伴你的心间;在每一个想你的瞬间,我愿化作你爱的那个天使,张开翅膀永远守护着你!亲爱的,爱你一万年!

(7)静夜思君君不在,只闻闲庭海棠开;你我两地隔千里,遥问何时是归期。待到春花烂漫时,把酒欢歌叙情谊;祝福问候写下来,情深永久如沧海。

(8)不潜心入夜不识夜来香,不历经寒风不知梅花芳。每次微风掠过,都轻轻拂起我对你的思念,每次流云经过,我都默默许愿,愿你幸福快乐!

(9)因为有你,初春的阳光格外明媚;因为有你,世界多了片海洋;因为有你,地球自转有了方向;还是因为有你,心里有了份牵挂和依靠。

(10)天空有多少星星,我对你的思念就有多少,虽然会有些星星坠落了,但新的星星又会出现,我对你的思念也会不断重生。

例文二

节日短信

(1)爆竹一声除旧,桃符万户更新。值此春回大地、福满人间之际,祝你与心爱的人:恩爱天长,加减乘除难算尽;好合地久,点线面体难包完!

(2)虽只是几句短短的问候:祝节日快乐!却是我最真挚的祝福!

(3)这是我们相识后的第一个春节,我要献上一声特别的祝福:愿你心似我心,共以真诚铸友情 。

(4)请你打开窗,让新春的风吹进你的屋子,让新春的雪飞进你的屋子,让我新春的祝愿,飘进你的心坎。

(5)请用一秒钟忘记烦恼,用一分钟想想新年,用一小时与喜欢的人度过,然后在新旧交替的时候,用一个微笑来接收我提前传递给你的祝福!

(6)今天夜间到明天白天,你的手机将出现鹅毛般的祝福,你的心情将以晴为主,受气氛影响,笑声将席卷你周围,预计一周内将不断刮顺风!春节快乐!

(7)变撒哈拉之沙为财、太平洋之水为福、喜马拉雅之巅为寿,送作新年礼物,祝你新的一年财广、福多、身体健康!

(8)人生忙忙碌碌,日子酸酸甜甜,缘分简简单单,联系断断续续,惦记时时刻刻,祝福长长久久,天天开开心心。祝您全家在新的一年里健健康康、平平安安!

(9)浏览,是一份难得的雅致;悠闲,是一种放松的感觉;朋友,是一生修来的幸福;友情,是一世难求的缘分;问候,是一种甜蜜的牵挂。祝春节快乐身体健康!

(10)送你五枚铜钱:第一枚,代表父母康健;第二枚,代表家庭美满;第三枚,代表财运亨通;第四枚,代表广结善缘;第五枚,代表国泰民安。

例文三

娱乐短信

(1)一个学生正在为进入职业学校进行体检。“请问,你常常这样结巴吗?”医生问。“不,不,不经常……只是讲,讲,讲话时才,才,才这样……”

(2)妻子:“赶快贴张寻猪的布告吧,要不就去广播站广播一下,咱们家的猪不见了。”丈夫:“那有啥用,猪又听不懂你的话,更不认识字。”

(3)妈妈:“你爸爸老记不得我的生日。”女儿:“我已经教了爸爸一招。”妈妈:“你怎么教的?”女儿:“我请爸爸将手机锁屏密码换成妈妈的生日,就不会忘记了。”

(4)儿子回家后兴冲冲地告诉爸爸:“老师说,一个孩子吃河马的奶,一个月内体重增加20磅。”爸爸厉声说:“胡说八道,哪有这回事!是谁的孩子?”“就是河马的孩子呀。”儿子认真地回答。

(5)儿子:“妈妈,给我一瓶珍珠霜。”妈妈:“干啥用?”儿子:“我把它涂在图画本里。老师说我的图画画得不漂亮。”

(6)“我像你这么大的时候,哪有机会上学呀!没钱,而且当时学校非常少。”爷爷对上一年级的孙子说。“爷爷,那你现在替我去上学吧!”

(7)一位年轻的爸爸责问5岁的儿子:“哎呀,你怎么把日历都涂成红色的了?”儿子回答:“你不是对我说过,每到日历变成红色的日子,就不用去幼儿园了吗?”

(8)“听说您在体育馆工作,您能不能给我搞几张球票?”“当然可以,听说您在银行工作,你能不能为我搞几张钞票?”

(9)老杨带精美的糖果造访,并坚持留下礼物说:“根号二啊,收下吧!”“根号二?”我一听不禁愣住了。他接着说:“根号二约等于1.414 21,读起来就是‘意思意思而已’啦!”

(10)儿童商店送给每位孩子一个气球。男孩想要两个,店员说:“非常抱歉,我们只给每个孩子一个气球,你家里还有弟弟吗?”他说:“不,我没有弟弟,但是我姐姐有个弟弟,我想给他领一个。”

三、QQ

(一)QQ 的概念

QQ 是腾讯 QQ 的简称,是腾讯公司开发的一款基于 Internet 的即时通信(IM)软件,其标志是一只戴着红色围巾的小企鹅。

腾讯 QQ 具有在线聊天、视频通话、手机聊天、语音通话、点对点传文件、传送离线文件、共享文件、网络硬盘、自定义面板、发送贺卡、储存文件、QQ 邮箱等多种功能,是国内最为流行、功能最多、方便、实用、高效的即时通信软件。

(二)QQ 的主要相关功能

1.QQ 状态

QQ 状态分为不在线,离线,忙碌,请勿打扰,离开,隐身,在线,Q 我吧等,还可以自己编辑 QQ 状态。

2.QQ 群

QQ 群是一个聚集一定数量 QQ 用户的长期稳定的公共聊天室。QQ 群成员可以通过文字、语音进行聊天,在群空间内也可以通过群论坛、群相册、群共享文件等方式进行交流。创建 QQ 群的人叫做群主,能委任群成员为管理员,还能转让群和解散群,群主和管理员可以添加、删除群成员。

3.QQ 空间

QQ 空间是一个个性空间，具有博客（blog）的功能，自问世以来受到众多用户的喜爱。

4.QQ 邮箱

QQ 邮箱是一种安全、稳定、快速、便捷的电子邮件服务产品。

5.QQ 音乐

QQ 音乐是中国最大的网络音乐平台，是中国互联网领域领先的正版数字音乐服务提供商，向广大用户提供方便流畅的在线音乐和丰富多彩的音乐社区服务。

6.QQ 影音

QQ 影音是一款支持多种格式影片和音乐文件的本地播放器。

7.QQ 游戏

用 QQ 号和密码就可以登录到 QQ 游戏中心，在 QQ 上点击 QQ 游戏按钮即可进入丰富多彩的 QQ 游戏世界，还能在 QQ 上直接邀请 QQ 好友一起玩游戏。

（三）QQ 的使用方法

（1）下载 QQ 软件。

（2）安装 QQ 软件。

（3）申请 QQ 号码，并设置密码。

（4）登录上线，开启 QQ 之旅。

四、微信

1. 概念

微信是腾讯公司推出的一款通过网络快速发送语音短信、视频、图片和文字，并支持多人群聊的手机聊天软件。

2. 主要功能

（1）发送语音短信、视频、图片（包括静、动态表情）和文字；

（2）建立群，并支持多人群聊；

（3）查看所在位置附近使用微信的人；

（4）视频聊天；

（5）电脑登录；

（6）把照片分享到朋友圈，可与好友进行互动；

（7）浏览热点新闻资讯；

（8）通过微信支付费用、转账、提现；

（9）通过微信订阅文章、阅读文章。

3. 微信使用方法

（1）下载微信，并注册。

（2）添加朋友，得到对方同意后，建立自己的微信朋友圈（也可通过扫二维码添加朋友），然后可以与朋友进行文字、语音、视频聊天，也可传送文件和图片。

（3）发起微信群聊，将相关好友拉进群聊内，然后可以在群里与朋友共同交流。

第七章　礼仪文书写作

第一节　礼仪文书相关概念

一、礼仪文书的概念

礼仪是礼节和仪式的总称，是为礼仪目的或在礼仪场合使用的常用实用文书。中国是文明古国，是世界上有名的礼仪之邦。人们的社会交往活动和思想感情的交流，有许多都是通过一定的礼仪形式和一定的文化活动方式来进行的，礼仪文书就是礼仪规范的具体表达，在个人和社会发展中具有不可忽视的重要作用。

二、礼仪文书的特点

(1)实用性。礼仪文书较多地用于日常交际、应酬，既可以处理私务，也可以涉及公务。礼仪文书主要以实用为目的，如书信、请柬、名片、启事、电报稿等，有直接的应用性。

(2)交际性。礼仪文书主要体现交际双方的愿望、喜好、情感，反映的是一种“双边”关系，为增进友谊、加强合作、促进人际关系的和谐起催化剂作用。

(3)礼仪性。礼仪文书注重“以礼相待”，强调因人、因事、因地、因时地待人接物。写作时不仅文辞要典雅庄重，而且在书写款式、用笔用墨、书写材料等方面都颇为讲究。

(4)规范性。礼仪文书一般都具有比较固定的格式和用语，是一种规范化的文体。当然，其规范性全凭民间约定俗成，习惯成自然，社会上都遵循它而已。

(5)文化性。礼仪文书既讲究礼仪内容，同时也要能体现出它的文化内涵。书写时不仅在文辞上，而且在书法款式、用笔用墨、书写印刷材料上也要体现文化意蕴。甚至在制作时，一般都比较讲究纸张的质地与硬度，还配以一定的装饰，以反映礼仪文书的内在文化涵养。

(6)情真意切。礼仪文书为社交活动服务，旨在建立良好的社会关系，因此，必须真挚恳切，去伪饰，少做作。

三、礼仪文书的作用

(1)表达礼仪。礼仪文书是表达礼仪的书面形式，在日常生活中起着联络致礼等重要作用。逢年过节、婚丧嫁娶、迎宾送客等都要使用礼仪文书。

(2)交流思想。礼仪文书因用于人际交流不可避免地体现出一定的思想内容和感情色彩，因此，礼仪文书实现了人与人之间的思想交流和感情沟通。

(3)处理事务。礼仪文书不仅表达礼节、交流思想，也有处理日常事务的作用，处理礼仪事务是礼仪文书的重要目的之一。

四、礼仪文书的分类

礼仪文书的种类很多，常用的有请柬、邀请书、贺信、名片、欢迎词、祝酒词、欢送词、悼词、讣告、碑文、对联等。

第二节 请柬、邀请书、贺信

一、请柬

(一)请柬的概念

请柬也叫请帖、柬帖,是组织或个人邀请有关人员参加某种活动或会议时言辞简短的书面应用文书。

请柬在社会交际中的用途十分广泛,如会议、典礼、宴饮、晚会、婚庆等活动,用请柬邀请宾客表示对宾客的尊重。请柬是比邀请书更为正式和庄重的文书。

(二)请柬的特点

(1)格式固定。请柬的格式一般都较为固定,内容也比较固定。

(2)篇幅短小。请柬的内容要求简单明了,只要求用精练的文字把告知的事项说清楚即可,切忌啰唆冗长。

(3)慎重诚恳。请柬是邀请性质的礼仪文书,要用诚恳的态度表示对被邀请者的尊敬。即使被邀请人近在咫尺,也须送请柬。

(4)告知明确。请柬中要清楚、明确告知客人活动的内容、时间、地点,不能遗漏或出错。

(5)制作精美。请柬是邀请的文书,出于对被邀请者的尊重,制作要相对精美。通常可以用书法、绘画、剪纸等来装饰请柬,一副精美的请柬会使人感到亲切和愉快。

(三)请柬的分类

(1)根据请柬形式可以分为卡片式请柬和折叠式请柬。

①卡片式请柬是用一张硬卡片,正面印上卡片名称和美术图案,背面空白,用于书写邀请事项。常用于一般交际关系。

②折叠式请柬是将卡片折叠起来,分为内外两部分,卡片外面是请柬名称及精美图案,里面空白,用于书写邀请事项。折叠式卡片显得更为慎重、精美,更易于形成礼仪气氛。

(2)根据请柬的书写形式可以分为竖式请柬和横式请柬。

①竖式请柬由右向左纵向书写,这也是传统请柬的书写方式。

②横式请柬是横向书写的请柬。

(3)根据请柬内容可以分为:庆典请柬、演出请柬、招待会请柬、寿筵请柬、婚礼请柬、参展请柬等。

(四)写作格式和方法

1. 封面制作

封面正中应写明“请柬”二字,字号稍大,可以附加美术设计,以求美观大方,引人注意,给人尊重。

2. 请柬内容

(1)称谓:在请柬正文的上面一行,抬头顶格书写被邀请者的姓名及称呼,或组织名称,如“××× 先生(女士)”“×× 单位”。

(2)正文:另外起一行,空两格,写清楚活动的内容,如座谈会、联欢晚会、生日派对、庆典宴会、婚礼、寿筵等;写明时间、地点、方式。如果是请人看戏或表演,还应将入场券附上,如有其他要求需注明,如“请准备发言”“请准备节目”等。

(3)结尾:在正文后,要写上礼节性问候语或恭敬语,如“致以—敬礼”“顺致以崇高敬意”“敬请光临”“敬请赐教”“恭请届时光临”等。

(4)落款:在正文右下方,要署邀请者的个人姓名或组织名称,换行写明发请柬的年月日。

(5)附启语:有一些请柬根据不同情况还要写各种附启语,如“每柬 × 人”“凭柬入场”“能否前往请回电话”等,附启语写在请柬正文左下方处。

例文一

××友:

谨定于六月二十八日为 张××、李×× 在本市举行结婚典礼,敬备喜筵

恭请

光临

地点:××× 大饭店二楼

时间:中午十二点整

张××、李×× 鞠躬

例文二

请柬

××先生

兹定于××××年××月××日上午九时在省文联大礼堂召开鲁迅××周年诞辰纪念大会,届时敬请出席。

××省鲁迅××周年诞辰纪念委员会

××××年××月××日

例文三

纪念 ×× 出版社建社五十周年

××××—××××年

请 柬

××× 教授：

兹定于 ×× 月 ×× 日上午九时，在本社二楼会议室召开建社五十周年座谈会。敬请届时光临。

顺致

崇高的敬意！

×× 出版社（公章）

×××× 年 ×× 月 ×× 日

二、邀请信（函）

（一）邀请信的概念

邀请信（函）是党政机关、企事业单位、人民团体或个人为了增进友谊、发展业务，邀请相关客人参加典礼、出席会议、观看演出、商务交流等的专用文书。

邀请书使用非常广泛，不受级别高低、单位大小的限制，收发者均以平等的身份进行联系。

（二）邀请书的特点

（1）邀请性。邀请书很注重礼节，选词用语要充分体现相邀恭请的意味。

（2）事务性。邀请是事务性极强的社会活动，邀请书要对会议的内容、时间、地点等因素进行明确表示。

（3）正式性。正式是尊敬的前提，一个做事马虎、说话含混的人是不会让人尊敬的。

（三）写作格式和方法

邀请信包括了标题、称呼、正文、结语、落款、回执六个部分。

1. 标题

邀请信的标题一般包括两种形式：第一种是直接以“邀请书”或“邀请函”为标题；第二种是由发文缘由加文种组成，如“关于出席 ××× 会议的邀请函”。标题位置在正文上方居中。

2. 称呼

标题下方一行，顶格写明被邀请人的姓名，并加上职称、职衔，如“×× 教授”“×× 先生”“×× 经理”等。

3. 正文

正文要写明举办活动的时间、地点、内容、安排、注意事项等。

4. 结语

结尾处要表示希望对方接受邀请、欢迎前来的诚意，一般用“敬请光临”“恭请莅临”“请光临指导”等用语。

5. 落款

落款包括署名和日期。在正文右下方写明邀请人的单位名称或个人姓名，以单位名义或组织名义邀请的，还要加盖公章，在署名下一行要写明邀请的具体日期。

6. 回执

会议回执一般在正式邀请函后面，用以确认邀请者能否准时参加会议。回执的内容一般包括参加者的个人信息（姓名、性别、单位、职务等）、是否住宿信息、是否开车信息、是否发言信息、是否参与后续活动信息等。

（四）注意事项

（1）态度要严肃认真。写错邀请对象的姓名，遗漏有关内容，都是邀请函写作的大忌。

（2）主题要集中。写作时只需要写明邀请的原因、事项，而不用写具体事件内容，更不要谈与邀请活动无关的话题。

（3）语言要精练，篇幅要短小。邀请函要求用精练的语言写清楚有关内容事项，如需说明其他事项，可另备附件。

例文一

邀请函

尊敬的 ××× 先生：

为了感谢您及贵单位对我们长期以来的支持与厚爱，我们将在 ××× 酒店 ×× 厅举办 ××× 主题答谢会，期待您的莅临！

××× 公司

×××× 年 ×× 月 ×× 日

例文二

邀请函

××× 老师：

×× 大学出版社诚邀您参加下周五我社举办的 ×× 地区高校大学语文教学主管教师座谈会。会议旨在了解兄弟院校大学语文教学情况和教材使用情况，并推介我社新近出版的“新版大学语文系列教材”。

时间：×××× 年 × 月 × 日下午三时整

地点：×× 大学出版社会议室

联系人：×× 大学出版社编辑部　　陈 ××

电话：××××××××

×× 大学出版社

×××× 年 ×× 月 ×× 日

例文三

邀请书

尊敬的 ××× 教授：

我研究会决定于 ×××× 年 ×× 月 ×× 日在 ××× 宾馆会议厅举办 ××× 报告

会,恭请您就 ×××× 的现状与发展发表高见。务请拨冗出席。

顺祝

健康!

××省×××研究会

××××年××月××日

三、贺信

(一)贺信的概念

贺信又称贺词、贺电,是党政机关、企事业单位、社会团体或个人向有突出成绩或喜庆之事的单位或个人表示祝贺或庆贺的一种礼仪文书。

贺信是从古代祝词中演变而来的,今天的贺信已成为表彰、赞扬、庆贺对方在某个方面取得成就、作出贡献的一种常用书信文体,如上级祝贺下级工作取得成绩,国家之间的贺信,个人用于祝贺亲朋好友迎来重要日子、重大喜事等。此外,贺信还兼有表示慰问和赞扬的功能。

(二)贺信的特点

(1)祝贺信。贺信的内容重在庆贺、祝贺,行文多采用热情洋溢的赞美之词。

(2)情谊性。贺信要以真挚的情感祝贺对方,表达祝贺愿望,增进彼此感情。

(3)时限性。贺信可以直接送达,也可以请人转送,还可以投递送达,但不管采用什么祝贺方式,都要注意祝贺时间,太晚或者太早都不合适。

(三)写作格式和方法

贺信的写作包括标题、称谓、正文、结语、落款五个部分。

1. 标题

贺信标题一般直接写"贺信"二字即可,有时写明被祝贺的事由,如《习近平致电祝贺普京当选连任俄罗斯总统》。

2. 称谓

在正文下方一行,顶格写明接受贺信的单位或个人名称、姓名。

3. 正文

贺信的正文一般包括以下几个内容:

(1)开头以简练的语言写明祝贺的事由,并表示祝贺,如"值此……之际,谨代表 ××× 向 ××× 表示热烈祝贺";

(2)概括说明对方的工作成绩,或事件的重要性;

(3)表达祝贺者的决心或希望要求。

4. 结语

结束语一般表示殷切的希望,热情的祝愿等,可以写"此致,敬礼",或写"祝争取更大的胜利"等祝语。

5. 落款

落款包括署名和日期两个部分。在正文右下方写明发文单位名称或个人姓名,并在下行署上成文的时间。

(四)注意事项

贺信是一种礼仪性很强的文书,故在写作的时候一定要注意以下要点。

（1）感情饱满。贺信要体现真诚的祝福，以加强彼此联系，增强双方交流。

（2）内容要真实。贺信内容要真实，评价成绩要恰如其分，表示决心要切实可行，不可空发议论，空喊口号。

（3）语言要精练，简洁明快，不堆砌辞藻。

例文一

贺信

×××：

春入门庭多秀色，瑞呈宇宙有光辉！

值此辞旧迎新之际，我谨代表×××向×××致以诚挚的问候和衷心的祝福！××××年，我们团结一致，上下齐心，在××××取得了重要的成就。这些成绩的取得，是大家共同努力的结果。在此，我代表×××向所有为×××发展付出辛勤劳动和作出巨大贡献的同志们表示衷心感谢。

最后，衷心祝愿大家新年快乐！阖家幸福！

×××

××××年××月××日

例文二

贺信

《××》杂志社：

我们怀着十分欣喜与钦佩的心情通知您，贵刊在刚刚结束的"中国期刊奖"暨"第×届全国百种重点社科期刊"评选中获"中国期刊奖"暨"第×届全国百种重点社科期刊"称号，在此，向贵刊表示衷心的祝贺与诚挚的敬意。"中国期刊奖"与"全国百种重点社科期刊"的评选，是对全国期刊界的检阅，承前启后，继往开来，预示着来年中国期刊业进一步繁荣、腾飞的灿烂前景。吮吸着悠久历史的芬芳，化育着时代奋进的精神，祝愿贵刊早日成为中国期刊之林的一棵参天大树。

×××敬贺

××××年××月××日

第三节 感谢信、慰问信

一、感谢信

（一）感谢信的概念

感谢信是组织和个人向帮助、关心、救助和支持过自己的组织和个人表示感谢的专用书信。感谢信对于弘扬正气、树立良好的社会风尚，促进社会主义精神文明建设有着重要的意义。

感谢信和表扬信的作用十分相近，感谢信含有感谢和表扬两种含义，在充分叙述对方先进事迹，感谢对方的同时，更要表达为对方的好思想、好作风和先进事迹所感动的情愫，并表达真切谢意。表扬信一般用于长辈受到小辈的帮助而表示赞扬夸奖，也有感谢的意思；而感谢信则不分年龄辈分，重在感谢。

（二）感谢信的特点

（1）确指性。感谢信都有确切的感谢对象，使大家都知道是在感谢谁。

（2）具体性。感谢别人是通过具体的事实表述的，否则就会抽象空泛。

（3）鲜明性。感谢和致谢的色彩强烈鲜明，字里行间洋溢着感激之情。

（4）公开性。感谢信可以公开张贴，也可进行报刊刊登和电台广播，以起到弘扬正气的作用。

（三）写作格式和方法

感谢信一般由标题、称谓、正文、落款四个部分组成。

1. 标题

在第一行正中用较大的字体写上“感谢信”三个字；也可以加上感谢对象，如《致 ×× 同学的感谢信》；还可以加上感谢者，如《赵 ×× 全家致锦江社区居民委员会的感谢信》。

2. 称谓

在标题下，第二行的顶格要写明感谢对象的单位名称或个人姓名，并在姓名后附上尊称，如“同志”“先生”“女士”“老师”等。

3. 正文

正文是感谢信的主体，一般包括开头、主体、结尾三方面内容。

（1）开头：简单、概括、清楚地叙写感谢的缘由，表达谢意。

（2）主体：具体叙写对方的先进事迹，要以人物、事件、时间、地点、原因、结果为线索，着重叙说在得到对方帮助后产生的效果。

（3）结尾：热情颂扬对方的好思想、好作风和可贵精神，表明向对方学习的态度和决心。常以敬语结尾，如“此致敬礼”“致以最诚挚的敬礼”“特此表扬”“致以衷心感谢”。

4. 落款

落款包括署名和日期两个部分。在正文右下方写明感谢的单位名称或个人姓名，在署名下方写明日期。

例文一

感谢信

××× 先生：

×××× 年 ×× 月 ×× 日，××× 先生在百忙之中来到 ××× 学校，开展爱心捐助活动。这对于我们学校来说，无疑是雪中送炭的大好事。在此，我们真诚向 ××× 先生表示衷心的感谢！

这次捐助活动，意义非常重大……

通过本次活动，相信我们会……

最后，让我们再次向帮助和支持我们的 ××× 先生表示由衷的感谢！

××× 学校

×××× 年 ×× 月 ×× 日

例文二

感谢信

支援四川抗震救灾和灾后恢复重建的广大救援与援建人员、志愿者和社会各界人士，港澳台同胞、海外华人华侨及国际友人：

2008年5月12日14时28分，汶川特大地震突如其来，地裂山崩，路断河改，数万鲜活生命顷刻消逝，无数美丽家园瞬间毁灭。365个日夜过去，我们沉痛悼念在地震中不幸罹难的同胞，深切缅怀在救灾中英勇献身的烈士！

一年安危与共，一年风雨同舟。地震发生后，党中央、国务院举全国之力组织救灾，解放军指战员、武警官兵、民兵预备役人员和公安民警冲锋在前，医疗人员、专业技术人员和新闻工作者奋战一线，广大援建人员、志愿者和社会各界人士倾情奉献，港澳台同胞、海外华人华侨和国际友人真诚援助，凝聚成万众一心、众志成城，不畏艰险、百折不挠，以人为本、尊重科学的伟大抗震救灾精神。我们永远铭记，在抢险救援的危急关头，你们与灾区人民血脉共搏，千里驰援、生死营救，创造了战天斗地的奇迹，谱写了感天动地的壮歌；我们永远铭记，在恢复重建的艰难时期，你们与灾区人民心手相连，无私无畏、超常付出，全力以赴救灾区所急，千方百计解灾区所难。无疆之爱昭示了大真大善大美，倾力之援展现了坚定坚强坚韧。抗震救灾斗争取得的重大胜利使我们更加深切地感受到：祖国大家庭最温暖，人民子弟兵最可爱，赤子之心最可贵，匹夫之责最可敬。在此，我们谨代表地震灾区及全川8 800万人民，对一年来你们给予的真诚关心和宝贵支持表示最诚挚的感谢，并致以最崇高的敬意！

承关爱自奋起，历磨难志愈坚。在中央的亲切关怀和社会各界的大力支持下，我们自立自强自救。在抢险救援阶段，从废墟中救出生还者8万多人，收治伤病员400多万人次。在安置群众阶段，震后第一时间对近1 200万群众进行了紧急安置，北京奥运会开幕前按“就地、就近、分散”原则解决了450万户住所问题，震后第一个冬季确保了安全过冬温暖过年，实现了受灾群众“安居、安定、安全、安稳、安心”。在恢复重建阶段，切实加大力度、加快进度，已开工建设重建项目19 702个、完成投资3 370.5亿元，已开工农村、城镇永久性住房重建分别占总数的99%和45.2%，已开工建设学校、医院分别占总数的76.9%和51.6%。全省经济社会发展逐步走出特大地震和国际金融危机的不利影响。遭遇特大地震，四川人民没有垮，而是抑制悲痛、隐忍哀思，从废墟中挺立、在危难中崛起；遭遇特大地震，四川没有垮，而是浴火重生、负重前行，正加快建设灾后美好新家园、加快建设西部经济发展高地。

一周年是重建家园的重要节点，更是加快发展的崭新起点。我们将继续弘扬伟大抗震救灾精神，坚持实事求是和群众满意，突出民生优先和科学统筹，攻坚克难，爬坡上行，力争灾后恢复重建三年目标任务两年基本完成，到2010年9月基本实现“家家有房住、户户有就业、人人有保障、设施有提高、经济有发展、生态有改善”，灾区基本生活条件和经济社会发展水平总体达到或超过灾前水平，向历史和人民交出一份合格答卷。

灾后四川依然美丽，今日天府处处生机。我们坚信，有党中央、国务院的坚强领导，有亿万同胞和国际友人的巨大关怀，更加美好的四川一定会展现在世界面前！

中共四川省委

四川省人民政府

××××年××月××日

例文三

致母校的感谢信

亲爱的母校：

您好！

首先，请接受我们—— 一群即将踏上人生创业征程的热血青年，发自心灵深处最真诚的感谢！感谢母校，让我们从无知到有知，从肤浅到深邃，从徘徊迷茫到豪情万丈！感谢母校，让我们破茧成蝶翩然起舞，从寂寞等待到高飞远举，一路上我们壮志高歌！

几年前，怀揣着期待与梦想，向往与崇拜，我们如愿跨入了学校的大门。在这里，为青春呐喊，为理想奋斗，为成为一名合格的大学生而释放全部的激情；在这里，有思维与智慧的碰撞，有心灵与心灵的沟通，有友谊与爱情的交织，有欢笑与泪水的交融；在这里，我们学会了分析与思考，学会了丰富与凝练，学会了合作与竞争，学会了如何超越自己、突破极限；在这里，有慈祥的老师，让我们忘记了离家的惆怅，让我们不再是茫茫江面上一只无法靠岸的小船；在这里，有敬爱的党，让我们实现了生命的又一次锻造和考验。那年那月那天，在鲜红的党旗下，我们感受到了荣誉与责任，沉甸甸的使命让我们看到了生命的分量与价值！

再回首，我们是欣慰的，无悔的，更是自豪的。有那么多的故事值得记忆；有那么多的瞬间值得回味；有那么多的感动值得捕捉。

当我们漫步在知识的殿堂，拼搏于激情燃烧的岁月，我们的灵魂接受着来自历史、现在与未来的洗礼；当我们接过老师的深情留言，我们体会到了期望和嘱托，无言的叮咛却是我们一辈子永远不敢忘却的纪念；当我们签约成功答辩完毕，我们体会到了成功的自豪和喜悦，几年的辛勤浇灌终于开花结果，但同时我们期待的，却又是下一个奋斗的季节！然而—— 从下一刻起，一切都只能在回忆中重演！

今天，现在，此刻，我们必须离开老师、离开母校！我们必须去工作，去奋斗，去打拼，去面对崭新的世界，去实现新的理想与价值。但是，不论走到哪里，我们都会谨记母校的教诲，永远挺起胸膛做人！母校啊，请拥我入怀，请接受孩子最真最纯的爱！

今夜，我不会哭泣，更不会喝得烂醉如泥；今夜，我要把所有的记忆装进行李，哪怕是缥渺的点点滴滴！

您即将远行的孩子们

××××年××月××日

二、慰问信

（一）慰问信的概念

慰问信是机关团体、企事业单位或个人在他人遭受困境和不幸情况下或在节假日向对方（一般是同级或下级）表示安慰、关心、鼓励的专用书信。其能体现组织的关怀、温暖，社会的关爱与支持，朋友、亲人间的深厚情意，能给人以奋进的勇气、信心和力量。如果慰问信以电信的方式传送就叫慰问电。

慰问信从内容上看，一般有三种类型：第一种是对先进者的慰问；第二种是对受难者的慰问；第三种是节日慰问。慰问可以直接发给慰问对象，也可以发给慰问对象的上级单位，还可以利用新闻媒体进行传播。

慰问信不同于普通书信，它是一种社交礼仪应用文，不涉及日常生活事物，也不反映私人之间的友谊情感，常常是社会组织的领导人出于公共关系工作的需要，礼节性慰问有关组织或人员，借此达到鼓舞斗志、增强团结、激励前进的目的。

（二）慰问信的特点

（1）慰问性。慰问信的感情因素常使受信人感到温暖、亲切和欣慰。

（2）公开性。慰问信具有社会礼仪性质，能发挥协调公共关系的作用，根据需要有时要把慰问信登报、广播、张贴，以达到晓谕社会的目的。

（3）鼓舞性。慰问信要给人以继续前进的信心、不畏困难的勇气、努力工作的力量，要鼓舞人、激励人、感染人。

（4）广泛性。慰问信可以用于组织与组织之间，国家与国家之间，组织与集体之间，也可以用于组织与个人之间。

（三）慰问信的要求

（1）内容要充实。写慰问信前一定要深入了解情况，全面收集材料，内容要充实，不能虚浮空泛。

（2）要有真情实感。慰问信首先要在感情上打动人，必须用情去写。

（3）语言要朴实精练。表达语气要真切诚恳，不能居高临下。

（四）写作格式和方法

慰问信一般由标题、称谓、正文、落款四部分组成。

1. 标题

标题在第一行正中写明，一般有三种形式：第一种直接写文种“慰问信”；第二种由慰问对象加文种构成，如《给 ××× 的慰问信》；第三种是以“××× 致 ××× 的慰问信”的格式进行书写。

2. 称谓

称谓在标题下方，第二行顶格写被慰问的单位或个人的名称。写单位要用全称；写个人姓名前可以加“敬爱的”“尊敬的”“亲爱的”，在姓名后要加尊称，如“同志”“先生”等。

3. 正文

正文一般包括开头、正文、结尾三个部分。

（1）开头，主要说明写信的背景和原因，直接表示问候或同情，如“向 ×× 表示亲切的慰问”。

（2）正文，要概括地叙述受信方的先进事迹、先进思想、工作成绩，并对此作出必要的评价或总结。

（3）结尾，结尾部分要表示希望和祝愿，鼓舞对方继续前进。

4. 落款

落款包括署名与日期。在正文右下方先署名，在署名下方写上日期。如果写慰问信的单位、个人不止一个，那么都要一一写明。

例文一

<table><tr><td>

慰问信

亲爱的×××：

新年伊始，万象更新，值此新春佳节，我谨代表×××，向一年来对×××工作给予大力支持的×××致以节日的问候。××××年在党委正确领导下，在各部门的共同努力下，通过×××的辛勤努力，×××步入加速前进的轨道……

回顾过去，我们激情满怀；展望未来，我们信心百倍……

祝你们身体健康，万事如意，全家幸福！

×××

××××年××月××日

</td></tr></table>

例文二

慰问信

奋战在抗洪抢险第一线的广大干部群众、部队指战员、武警官兵、民兵预备役人员、公安干警、同志们：

你们辛苦了！连日来，受今年第×号台风外围的影响，我省出现了强降雨，××江上游各支流快速上涨，×××、××、×××等水库相继开闸泄洪，×江出现了特大洪水，×江××段迎来了自××××年以来的最大一次洪水挑战。

汛情就是命令。在市委、市政府和市防指的统一指挥下，你们在抗洪抢险的关键时期和实战阶段，始终突出以人民群众的安危为己任，奋战在抗洪一线。在全市上下团结一致、顽强拼搏下，我市抗洪抢险工作取得了阶段性胜利。在此，中共××市委、××市人民政府向你们表示衷心的感谢，并致以崇高的敬意和最亲切的慰问！你们在抗洪抢险中始终承担着最艰巨的任务，战斗在最艰险的地方，出现在最危急的关头，充分展示出了强烈的责任心、严肃的组织性和坚强的意志力，充分体现了团结一心、英勇顽强、战之能胜的优良作风。在迎战特大洪水面前，你们经受住了严峻考验，你们的辛苦换来了××的平安，市委、市政府和××人民感谢你们！目前，洪峰虽已顺利通过××段，但高危水位运行还可能持续较长时间，安全度汛的责任仍然重大，防汛抢险工作丝毫不能松懈。希望你们再接再厉，保持高度警惕，克服松劲情绪，坚持严防死守，战酷暑，耐高温，不怕疲劳，连续作战，直至夺取抗洪抢险的全面胜利！

中共××市委

××市人民政府

××××年××月××日

第四节 欢迎词、祝词、答谢词

一、欢迎词

（一）欢迎词的概念

欢迎词是指国家机关、企事业单位、社会团体在举行隆重庆典、大型集会、欢迎仪式或洗尘宴会上，主人向客人的来临表示热烈欢迎而使用的讲话稿。

欢迎词是社交礼仪演讲词的一种，使用较多，言辞热情，旨在对来宾表示欢迎和尊重，表达友好交往、增强交流与合作心愿，营造和强化友好和谐的社交气氛。一般来说，主人致欢迎词后，客人即致答谢词。

（二）欢迎词的特点

（1）欢迎色彩强烈。欢迎词是用来欢迎宾客到来或回归的，既有礼节形式又有事务内容，既要祝宾客顺利平安，又要畅叙友谊。

（2）感情真挚自然。欢迎宾客要吐露真情，推心置腹，感情真诚，使宾客产生“宾至如归”的感觉。

（3）直接宣读。欢迎词要由致词人在欢迎仪式、宴会或其他欢迎场合上亲自宣读陈述。

（三）写作格式和方法

欢迎词一般包括标题、称谓、正文、落款四个部分。

1. 标题

在第一行正中写明“欢迎词”三字，或写明“××在××会上的欢迎词”。

2. 称呼

在标题下方第二排顶格写明被欢迎者的称呼，并加上尊称，如“尊敬的”“亲爱的”，或在后面加上“先生”“女士”，外国元首来访，应该加“阁下”“陛下”等尊称，也可称现任职务。

3. 正文

正文包括开头、主体、结尾三个部分。

（1）开头，说明现场举行的是何种欢迎仪式，发言者代表何人向谁表示欢迎。

（2）主体，主要阐述和回顾主客双方在共同的领域所持的共同的立场、观点、目标、原则等内容，较具体介绍来宾在各方面的成就及在某些方面作出的突出贡献，同时要指出来宾本次到访或光临对增加宾主友谊及合作交流所具有的现实意义和历史意义。

（3）结尾，再次向来宾表示欢迎，表达美好的祝愿或希望，如“衷心祝愿××访问取得圆满成功，访问期间生活愉快”，“让我们再次以热烈的掌声对××的到来表示诚挚谢意”等。

4. 落款

落款包括署名和日期两部分。在正文右下方署上致欢迎词单位名称，致欢迎词者身份、姓名，并在署名下方落上日期。

（四）注意事项

（1）对宾客要用尊称。在姓名前后要加上头衔或亲切词语，不可用简称。

（2）选词用语要恰当准确，庄重典雅，措辞要谨慎，勿信口开河，同时要尊重对方的风俗习惯，不讲对方忌讳的话。

（3）语言要精确、热情、友好、温和、礼貌。
（4）篇幅短小，言简意赅，不必长篇大论。

例文一

欢迎词

尊敬的各位领导、亲爱的朋友们：

晴日暖风生麦气、绿荫幽草胜花时，在这美好的季节里，我们用火一样真挚的心情，在美丽、神奇的 ××× 地区，迎来了 ××× 单位的各位领导和同人。首先请允许我代表 ××× 全体人员向大家表示最热烈的欢迎，祝各位领导、各位同人在 ××× 地区期间心情舒畅。

××× 地区是一个有着悠久历史的……

最后，预祝 ××× 培训会议圆满成功，真诚祝愿各位在 ××× 地区过得开心。

谢谢大家。

×××
×××× 年 ×× 月 ×× 日

例文二

在全球水伙伴中国省级地方法规建设研讨会上的欢迎词

×× 省人大常委会副主任　×××

各位来宾，各位领导，女士们，先生们，同志们：

全球水伙伴中国省级地方法规建设研讨会，今天在我省召开，我代表省人大常委会和省人大 ×× 主任，向远道而来莅临会议的全球水伙伴组织的官员和专家，向全国人大农委、水利部领导和两院院士，向兄弟省（区、市）参加会议的领导和同志们，表示热烈的欢迎和亲切的问候！

水是人类生存的生命线，是实现可持续发展的重要物质基础。（略）

这次研讨会在我省召开，国外专家、兄弟省区市带来了许多水法规建设的好经验、好做法、好建议，并就水资源的法律保障和体制保障进行研讨，为我们创造了一个很好的学习交流和研讨的机会。

我相信，在全球水伙伴组织、全国人大农委和水利部领导的指导下，在与会领导和专家及同志们的共同努力下，这次会议一定能够取得圆满成功，必将推动我国省一级地方水法规建设的发展。

最后，预祝这次研讨会圆满成功！祝各位与会期间生活愉快！

谢谢大家。

例文三

×× 大学校长致 ×× 的欢迎词

×× 大学校长：×××

尊敬的 ×× 教授，各位来宾，老师们、同学们：

大家下午好,×× 月的 ×× 市生机勃勃,×× 月的 ×× 大学群贤毕至,今天我们在这么一个有 ×× 年历史的文治堂共同举办 ×××× 年诺贝尔奖经济学家高峰论坛是非常有意义的。首先允许我代表 ×× 大学对远道而来的 ×××× 年诺贝尔经济学奖获得者 ×× 教授表示真诚地感谢。对出席本次论坛的各位领导和嘉宾以及企业界学术界的各位领导朋友表示热烈的欢迎。

经济学,是社会科学研究领域的一颗明珠,(略)

×× 大学是我国历史最悠久的名校之一,培养了大批各领域的优秀人才,为我国的社会经济发展和进步作出了重要贡献。如今我校正在积极努力加强经济学科的建设,先后成立了经济学院,引进了海内外一大批优秀学者加盟,希望将 ×× 大学建设成为国内知名国际一流的特色学校,今天我们将隆重邀请 ×× 教授担任我院的名誉教授,希望在他的帮助下实现我校经济学研究的新的突破,最后再次对他的到来表示感谢,希望 ×× 教授在 ×× 期间身体健康,预祝这次论坛圆满成功。

二、祝词

(一)祝词的概念

祝词是指在喜庆活动中,用以对某个特定对象表示祝贺的言辞或文章。

祝词使用非常广泛,婚嫁、寿庆、满月、生日、乔迁、升学、谢师等场合都可以使用。合理使用祝词可以进一步增进感情,凝聚友谊。

(二)祝词的分类

祝词依据其祝贺对象、场合的不同,大体可以分为以下几类。

(1)事业祝词:多见于祝贺会议开幕、剪彩、工程竣工、纪念会等。

(2)寿诞祝词:主要用于对老年人祝寿或小孩子满月时使用。

(3)祝酒词:在招待宾客的宴会上,主人和客人都要致祝酒词。

(三)写作格式和方法

祝词由标题、称谓、正文、落款四个部分组成。

1. 标题

在第一行正中,写明"祝词",也可以写成"在 ××× 典礼上的祝词""给 ××× 的祝寿词""××× 在 ××× 宴会上的祝酒词"。

2. 称谓

在标题下一排,顶格写称谓,并根据受文对象的身份加上尊称,以表示尊重,如"尊敬的 ×× 先生""各位领导、各位来宾、同志们、朋友们"。如果祝贺对象是单位或团体,要写明单位全称。

3. 正文

正文是祝词的核心。这部分比较灵活,针对不同的祝贺对象写出相应的内容,但总体来说,大致可以包括以下几个部分。

(1)开头,写明祝词的缘由,向祝贺对象表示祝贺、感谢、慰问等。

(2)主体,对已作出的成就进行适当评价或指出其意义。

(3)结尾,常用惯用祝贺语再次祝贺对象,如"敬祝……",如果是祝酒词,还要用"我提议,为……干杯"等。

4. 落款

落款包括署名和日期两部分。在正文右下方写明撰文的单位名称或个人姓名。在署名下方标明日期。

例文一

祝词

尊敬的各位来宾、各位亲朋好友：

大家好！

春秋代序，岁月轮回，九十年风风雨雨，九十载生活沧桑，不知不觉中迎来了我母亲 ××× 的九十寿辰。

在这个吉星高照、高朋满座、寿星安康的日子里，请允许我代表所有来宾，向今天的寿星 ××× 献上真诚的祝福：祝您生日快乐！

（略）

最后让我们献上最衷心的祝愿，祝愿老人家不老常青，春晖永绽。

祝在座的所有来宾：身体健康、工作顺利、合家欢乐、万事如意！

谢谢大家！

×××

×××× 年 ×× 月 ×× 日

例文二

在大学毕业晚会上的祝酒词

各位同学：

今宵我们又欢聚一堂。只是，今宵的聚首是为了离别，就要离别了，我们每个人的心里都有很多话要讲。

四年前，我们从祖国的大江南北、四面八方来到了大学校园。四年的同窗生活中，我们同心并肩，一起走过了许多风风雨雨。

尤记得，大海边，我们中秋聚首赏明月；

尤记得，长城上，我们烈日挥汗诉豪情；

尤记得，田径场，我们奋力拼搏争荣誉；

尤记得，教室里，我们埋头苦读修人生。

尤记得，校园里，我们点点滴滴的纯真故事。正是这点点滴滴，情深、意长、味重，我们一生都忘记不了。在十年、二十年、三十年之后，当我们细细地回想这一切时，我们仍会记得校园里的良师益友，仍会记得岁月里的成长故事。

要离别了，我想起了古人的十里长亭别友人，那里头是一丝丝的忧愁和悲壮。但我们拥有更多的快乐和更多的豪情，“十年寒窗苦，今朝凌云志”，我们就要怀着成熟的人生理念、丰富的专业技能踏上工作的岗位了。曾经有一首歌唱“再过二十年，我们来相会”，今天，让我们也来相约二十年。二十年后，希望我们在座的各位中既有 IT 界的精英、又有军队里的将才、更有企业界的巨子,我深信我们大家都将会在各自的岗位上作出一番骄人的业绩。

有语云:无酒,何以逢知己;无酒,何以诉离情;无酒,何以壮行色。让我们举起杯,为了我们这四年的相聚;为了我们的相约二十年;为了我们辉煌灿烂的明天,干杯!

三、答谢词

(一)答谢词的概念

答谢词是指在特定的公共礼仪场合,主人致欢迎词或欢送词后,客人所发表的对主人热情款待和关照表示感谢的讲话;也是客人在举行必要的答谢活动中所发表的感谢主人盛情款待的讲话。

答谢词是一种表示感谢的致词,是社会中“礼尚往来”现象的体现,是人与人之间平等和谐关系的反映。答谢词主要是在组织与组织之间使用,但通常是组织或单位领导以个人名义致答谢词的,而他们代表的是本组织或单位。

(二)答谢词的特点

(1)感谢意愿强烈。答谢词的核心内容就是对他人给予的热情接待和关心帮助表示诚挚的谢意,这种感谢是一种社交礼节。

(2)现场气氛浓烈。答谢词由致谢人在欢迎宴会上直接宣读,现场气氛强烈。

(三)答谢词的种类

依据不同的致谢缘由和致谢内容,答谢词可划分为两个基本类型。

(1)“谢遇型”答谢词。“遇”,招待,款待。“谢遇型”答谢词,即用来答谢别人招待的致词,它常用于宾主之间,既可用于欢迎仪式、会见仪式上与“欢迎词”相应,也可用于欢送仪式、告别仪式上与“欢送词”相应。

(2)“谢恩型”答谢词。“恩”,受到的好处,即别人的帮助。“谢恩型”答谢词,即用来答谢别人帮助的致词。它常用于捐赠仪式或某种送别仪式上。

(四)写作格式和方法

答谢词主要包括了标题、称谓、正文三个部分。

1. 标题

在开篇第一行正中写明,主要有三种类型:第一种是直接写“答谢词”;第二种是由致答谢词者、事由、文种组成,如《××× 在 ××× 上的答谢词》;第三种是正副标题式,先由一句提炼主题的句子作为主标题,再用第二种写法写副标题,如《长城不再是一道隔离墙——美国总统尼克松在访华答谢宴上的祝酒词》。

2. 称谓

在标题下一排顶格写明感谢对象,并在姓名前冠以“尊敬的”“亲爱的”等词语,在姓名后加上“同志”“先生”“阁下”等敬称。

3. 正文

正文包括开头、主体、结尾三部分。

(1)开头,直接对主人的盛情表示真诚感谢,表达自己的荣幸与激动。

(2)主体,对对方的情况做较为详细的介绍,对主客双方的友谊、合作表示真诚的感谢。

(3)结尾,再次提出希望或感谢,表达美好的祝愿,一般使用敬语,如“致以诚挚的谢意”“祝身体健康”。

例文一

<table><tr><td>

答谢词

尊敬的 ×××：

我们对 ××× 地区的考察即将结束。首先，请允许我代表 ××× 对 ××× 的盛情款待表示衷心的感谢！

在 ××× 考察期间，有幸得到了 ××× 的帮助，给我们留下了难忘的深刻印象……

希望我们两个单位能进一步加强合作，也邀请贵单位朋友们到 ××× 做客。

祝友谊万古长青！谢谢大家！

</td></tr></table>

例文二

答谢词

尊敬的各位长辈、各位亲朋好友：

大家好！

十分感谢大家在百忙之中，挤出时间光临华灯溢彩、喜气洋洋的 ×× 酒楼，参加我女儿的满月宴。古语讲，养儿方知父母恩。我却说，育女道谢亲人情。

借爱女满月之喜，我一要感恩父母对我的生养之恩，对我女儿的喜爱之情；二要感恩亲朋好友的关爱之意；三要感谢爱妻无怨无悔的辛勤付出；四要祝福爱女健康、快乐地成长。

今天，是一个喜日子，我们略备薄酒、深表谢意，各位长辈、各位亲朋好友，感谢你们为我们一家送来了温暖，送来了友情，送来了吉祥，送来了最美好的祝福。请大家在这里吃好、喝好、玩好，祝大家万事如意、快乐吉祥！

第五节　开幕词、闭幕词

一、开幕词

（一）开幕词的概念

开幕词是党政机关、社会团体、企事业单位在隆重会议开始时，由会议主持人或主要领导人向大会所作的旨在阐明会议的指导思想、宗旨、重要意义，向与会者提出开好会议的中心任务和要求的致辞，为会议定下总的基调。

开幕词是大会正式召开的标志，主要领导人亲临大会并发表开幕词，显示了组织者对大会的重视。开幕词主要内容是阐述会议的指导思想、宗旨、重要意义，向与会者提出要求并对会议的成功表示祝愿。

（二）开幕词的特点

（1）庄重性。开幕词要郑重宣布会议开幕，给会议造成一种隆重气氛。

（2）开启性。开幕词是会议的前奏，它明确交代会议的议程，交代会议的主要精神。

（3）简洁性。开幕词的语言精练简洁，篇幅不长，最忌长篇累牍，言不及义。

（三）开幕词分类

开幕词按内容可以分为以下两类。

（1）侧重性开幕词：往往对会议或活动的历史背景、重大意义等做重点阐述。

（2）一般性开幕词：只对会议或活动的目的、基本精神、参与人员等做简要阐述。

（四）写作格式和方法

开幕词一般包括标题、署名与日期、称谓、正文四个部分。

1. 标题

在第一行正中写明标题，有三种形式：第一种由事由和文种构成，如《中国共产党第××次全国人民代表大会开幕词》；第二种将致开幕词的领导人姓名写进标题中，如《×××同志在×××会议上的开幕词》；第三种由正副标题构成，主标题概括会议宗旨，副标题标明会议名称与文种，如《开辟合作新起点，谋求发展新动力——在“一带一路”国家合作高峰论坛圆桌峰会上的开幕词》。

2. 署名与日期

在标题下方正中，署上致开幕词领导人的名字，而在署名下方正中用括号写明时间。

3. 称呼

在署名与日期下一排顶格写明称谓。

4. 正文

正文包括开头、主体、结尾三部分。

（1）开头，宣布会议或活动的开幕，大会的名称要用全名，以示庄重。

（2）主体，主体是开幕词的核心，一般包括了介绍会议规模和参会的有关人员身份；交代会议的主要任务、议题、议程，并提出要求；阐明会议指导思想，提出今后的方针路线和任务。

（3）结尾，结尾要向与会人员发出号召，提出希望，鼓舞斗志，并祝大会圆满成功。

例文一

××省第××届大学生运动会开幕词

×××

（××××年××月××日）

各位领导、各位来宾、同志们、朋友们、同学们：

大家上午好！

今天××省第××届大学生运动会在××学校隆重开幕。在此，我谨代表×××对运动会的举办表示热烈的祝贺，向出席开幕式的各位领导、各位来宾和各位运动员、裁判员、教练员表示热烈的欢迎，并向为此运动会顺利举办付出心血和汗水的×××等有关部门负责同志、参赛单位，以及全体工作人员表示衷心感谢。

××××年，通过举办××××，向世界展示了……

……

最后，预祝××省第××届大学生运动会圆满成功。

例文二

两个中国之命运[①]

（一九四五年四月二十三日）

同志们！中国共产党第七次全国代表大会今天开幕了。

我们这个大会有什么重要意义呢？我们应该讲，我们这次大会是关系全中国四亿五千万人民命运的一次大会。中国之命运有两种：一种是有人已经写了书的；我们这个大会是代表另一种中国之命运，我们也要写一本书出来。我们这个大会要打倒日本帝国主义，把全中国人民解放出来。这个大会是一个打败日本侵略者、建设新中国的大会，是一个团结全中国人民、团结全世界人民、争取最后胜利的大会。

现在的时机很好。在欧洲，希特勒快要被打倒了。世界反法西斯战争的主要的一部分是在西方，那里的战争很快就要胜利了，这是苏联红军努力的结果。现在柏林已经听到红军的炮声，大概在不久就会打下来。在东方，打倒日本帝国主义的战争也接近着胜利的时节。我们的大会是处在反法西斯战争最后胜利的前夜。

在中国人民面前摆着两条路，光明的路和黑暗的路。有两种中国之命运，光明的中国之命运和黑暗的中国之命运。现在日本帝国主义还没有被打败。即使把日本帝国主义打败了，也还是有这样两个前途。或者是一个独立、自由、民主、统一、富强的中国，就是说，光明的中国，中国人民得到解放的新中国；或者是另一个中国，半殖民地半封建的、分裂的、贫弱的中国，就是说，一个老中国。一个新中国还是一个老中国，两个前途，仍然存在于中国人民的面前，存在于中国共产党的面前，存在于我们这次代表大会的面前。

既然日本现在还没有被打败，既然打败日本之后，还是存在着两个前途，那么，我们的工作应当怎样做呢？我们的任务是什么呢？我们的任务不是别的，就是放手发动群众，壮大人民力量，团结全国一切可能团结的力量，在我们党领导之下，为着打败日本侵略者，建设一个光明的新中国，建设一个独立的、自由的、民主的、统一的、富强的新中国而奋斗。我们应当用全力去争取光明的前途和光明的命运，反对另外一种黑暗的前途和黑暗的命运。我们的任务就是这一个！这就是我们大会的任务，这就是我们全党的任务，这就是全中国人民的任务。

我们的希望能不能实现？我们认为是能够实现的。这个可能性是存在的，因为我们现在已经具备了这样几个条件：

第一，有一个经验丰富和集合了一百二十一万党员的强大的中国共产党；

第二，有一个强大的解放区，这个解放区包括九千五百五十万人口，九十一万军队，二百二十万民兵；

第三，有全国广大人民的援助；

第四，有全世界各国人民特别是苏联的援助。

一个强大的中国共产党，一个强大的解放区，全国人民的援助，国际人民的援助，在这些条件下，我们的希望能不能实现呢？我们认为是能够实现的。这些条件，在中国是从来没有过的。多少年来虽然有了一些条件，但是没有现在这样完备。中国共产党从来没有现在这样强大过，革命根据地从来没有现在这样多的人口和这样大的军队，中国共产党在日本和国

① 选自《毛泽东选集》（第三卷），人民出版社，1991年，1025-1028页。

民党统治区域的人民中的威信也以现在为最高，苏联和各国人民的革命力量现在也是最大的。在这些条件下，打败侵略者，建设新中国，应当说是完全可能的。

我们需要一个正确的政策。这个政策的基本点，就是放手发动群众，壮大人民的力量，在我们党领导之下，打败侵略者，建设新中国。中国共产党从一九二一年产生以来，已经二十四年了，其间经过了北伐战争、土地革命战争、抗日战争这样三个英勇奋斗的历史时期，积累了丰富的经验。到了现在，我们的党已经成了中国人民抗日救国的重心，已经成了中国人民解放的重心，已经成了打败侵略者、建设新中国的重心。中国的重心不在任何别的方面，而在我们这一方面。

我们应该谦虚，谨慎，戒骄，戒躁，全心全意地为中国人民服务，在现时，为着团结全国人民战胜日本侵略者，在将来，为着团结全国人民建设新民主主义的国家。只要我们能够这样做，只要我们有正确的政策，只要我们一致努力，我们的任务是必能完成的。

打倒日本帝国主义！

中国人民解放万岁！

中国共产党万岁！

中国共产党第七次全国代表大会万岁！

例文三

高质量共建“一带一路”

——在第二届“一带一路”国际合作高峰论坛圆桌峰会上的开幕词

（2019年9月27日，北京）

中华人民共和国主席　习近平

尊敬的各位国家元首，政府首脑，

各位国际组织负责人：

现在我宣布，第二届“一带一路”国际合作高峰论坛圆桌峰会开幕！

2017年5月，我同在座许多领导人一起，在此举行了首届高峰论坛圆桌峰会，发表了联合公报，确立了共建“一带一路”的目标、原则、举措，达成了多项具体成果。

两年来，我们本着共商共建共享原则，全面推进政策沟通、设施联通、贸易畅通、资金融通、民心相通，为世界经济增长注入了新动力，为全球发展开辟了新空间。

我们再次举行高峰论坛，就是希望同各方一道，绘制精谨细腻的“工笔画”，让共建“一带一路”走深走实，更好造福各国人民。

第一，我们期待同各方一道，完善合作理念，着力高质量共建“一带一路”。我们要把共商共建共享原则落到实处，做到集思广益、尽施所长、惠及各方。要本着开放、绿色、廉洁理念，追求高标准、惠民生、可持续目标。要把支持联合国2030年可持续发展议程融入共建“一带一路”，对接国际上普遍认可的规则、标准和最佳实践，统筹推进经济增长、社会发展、环境保护，让各国都从中受益，实现共同发展。

第二，我们期待同各方一道，明确合作重点，着力加强全方位互联互通。我们要继续聚焦基础设施互联互通。要深化智能制造、数字经济等前沿领域合作，实施创新驱动发展战略。要扩大市场开放，提高贸易和投资便利化程度，做到物畅其流。要建设多元化融资体系和多层次资本市场。要广泛开展内容丰富、形式多样的人文交流,实施更多民生合作项目。总之,我们要打造全方位的互联互通,推动形成基建引领、产业集聚、经济发展、民生改善的综合效应。

第三,我们期待同各方一道,强化合作机制,着力构建互联互通伙伴关系。我们要共同推动建设开放型世界经济,反对保护主义,继续把共建"一带一路"同各国发展战略、区域和国际发展议程有效对接、协同增效,通过双边合作、三方合作、多边合作等各种形式,鼓励更多国家和企业深入参与,做大共同利益的蛋糕。要本着多边主义精神,扎实推进共建"一带一路"机制建设,为各领域务实合作提供坚实保障。

我相信,在大家共同努力下,今天的会议一定会凝聚更多共识,取得更多成果,推动共建"一带一路"国际合作为各国人民创造更多福祉,为构建人类命运共同体作出更大贡献。

二、闭幕词

(一)闭幕词的概念

闭幕词是党政机关、群众团体、企事业单位举行隆重会议或活动闭幕时,由有关领导向会议作总结性发言,号召大家为实现会议提出的任务而努力奋斗的讲话。

闭幕词是会议圆满结束的标志,要对会议或活动的内容、精神和进程进行简要的总结并作出恰当的评价,肯定会议或活动的成果,强调会议或活动的主要意义和深远影响,发出号召和倡议。

(二)闭幕词的特点

(1)评估性。闭幕词要对整个会议作出总的评价,恰当肯定会议的重大成果,激励参会人员的斗志。

(2)总结性。闭幕词要对会议主要内容和基本精神进行简要总结,要概括会议议程,肯定会议的重要成果,强调会议的主要意义和深远影响。

(3)鼓动性。闭幕词要语调昂扬,号召有力。

(4)简洁性。闭幕词的语言应当精练简洁,篇幅不宜过长。

(三)写作格式和方法

闭幕词一般包括标题、署名与日期、称谓、正文等内容。

1. 标题

在第一行正中,写明会议全称加闭幕词,如《×××会议闭幕词》;还有如《××在××会议上的闭幕词》。

2. 署名与日期

在标题下方正中署上致闭幕词领导人名称,在名称下方用括号写明致辞日期。

3. 称谓

在署名与日期下面第二行顶格写明到会者的名称,要用尊称。

4. 正文

闭幕词正文包括开头、主体、结尾三个部分。

(1)开头,简述会议历程,肯定大会取得的成绩和收获。

(2)主体,总结大会的主要内容和基本精神,并向大会提出如何贯彻落实的要求。

(3)结尾,简明有力,用坚定的口气提出号召、希望和表示祝愿的话,最后郑重宣布大会胜利闭幕。

例文一

科学与和平周大会闭幕词

×××

（××××年××月××日）

女士们、先生们：

这一年一度的国际科学与和平周活动，我们经过几天的发言、讨论，针对发展自然科学和社会科学作为维护世界和平的工具而进行了交流。这种观念从未像今天这样具有如此的实际意义。大家都开始认识到没有一个国家是能够仅仅依靠自己站稳脚跟的。我们只有通过合作和交流，才能保证创造一个使我们的后代能够和平、安全生存下去的经济、技术和大气的环境。

国际科学与和平周，集中体现了全球许多人在从事的日常活动，得到了广泛的支持，取得了光辉的成就，使大会得以圆满成功，我表示衷心的感谢，并希望我们在下一届大会上再相会。

谢谢大家！

例文二

人民日报社论：光荣属于伟大的奥林匹克

——热烈祝贺第29届夏季奥林匹克运动会闭幕

新华社北京8月24日电 燃烧了16天的奥运圣火，在国家体育场缓缓熄灭。放飞梦想的“鸟巢”，用不舍的温情点亮告别的夜晚，为第29届夏季奥林匹克运动会画上圆满的句号。

16天里，北京，这座有着光辉历史而又充满生机活力的城市，让我们经历了多少激情和欢乐。16天里，奥林匹克，这人类体魄与精神的大舞台，为我们呈现了多少精彩故事和传奇。

204个国家和地区，1万多名运动员，45亿观众，北京奥运会成为有史以来参赛国家和地区最多的一届奥运会，也是奥运会历史上转播规模最大的一次。体育是天神的欢愉，体育是生命的动力，奥林匹克的旗帜，前所未有地将整个世界凝聚在一起，这是北京的光荣，更是奥林匹克的光荣。

我们不愿告别，16个日日夜夜，我们尽情享受属于奥林匹克的欢乐和自豪。

博尔特百米潇洒飞越，菲尔普斯泳池狂揽八金，刘春红举重力拔山兮……奥运会上不断刷新的纪录，书写着人类超越自我、挑战极限的梦想。这里有力与美的展示，更有精神和意志的壮歌——它来自南非游泳独腿健儿的抗争，来自50岁的栾菊杰挺剑而起的勇气，来自印度、蒙古等国激荡人心的“零的突破”。“更快、更高、更强”，无数运动员的精彩表现，将体育精神带到一个新的高度，这是北京的光荣，更是奥林匹克的光荣。

我们不愿告别，16个日日夜夜，我们奏响团结、和平、友谊的北京乐章。

不同国度、不同民族、不同文化，五环旗下的伟大聚首，让我们看到人类携手未来的热切向往。当那些从索马里崎岖的砍柴小道上，从阿富汗、伊拉克战后动荡中跑来的健儿，共同站在了北京奥运会的赛场,当各国家和地区选手簇拥着冠军绕场向观众致谢,当热情的观众为所有选手欢迎加油,人们再次看到奥林匹克精神超越一切的力量。“同一个世界,同一个梦想”,北京奥运会展现了世界人民团结友谊的和谐图景,这是北京的光荣,更是奥林匹克的光荣。

我们不愿告别,16个日日夜夜,百年梦圆的中国与世界美好相遇。

带着举办一届“有特色、高水平”奥运会的庄严承诺,13亿人民以最大的努力和最大的热情,为人类搭建一座欢乐的舞台,也为中国打开一扇理解之门。中国从未以这样的角色走进世界的视野。竞赛场上,中国健儿以51枚金牌100枚奖牌的优异成绩和崭新风貌令世界瞩目;赛场内外,百万志愿者以他们的亲切微笑和周到服务令世人称颂。奥运的契机,让我们在30年改革开放之后,从容不迫地呈现一个更加开放自信的中国。绿色奥运、科技奥运、人文奥运,北京奥运会必将在中国现代化进程中产生深远的影响,这是北京的光荣,更是奥林匹克的光荣。

赛场的奋斗只是人类奋斗的一个缩影。正如《奥林匹克宪章》所言:“现代奥林匹克主义是一种生活哲学”。在这里,不仅有成绩、奖牌、冠军,也有汗水、泪水、艰辛;不仅有坚韧、顽强、奋斗,还有和平、自由、公正;不仅有对抗、竞争和拼搏,更有理解、宽容和超越。在这个挑战日益严峻的世界,在我们这颗越来越小的星球,人类从未像今天这样需要相互理解、相互包容、相互合作,也从未像今天这样渴望分享奥林匹克的价值和精神,搭建团结友谊的桥梁。

请世界记住北京,记住这奥林匹克大家庭和谐相处的欢乐时光;也让北京感谢世界,感谢世界人民的共同努力,谱写了人类和平进步的美好篇章。

沸腾的“鸟巢”渐渐平静,心中的梦想仍在飞翔。今天,我们并未告别,带着激情、回忆和热望,让我们相约伦敦,期待4年以后的又一次欢聚,期待奥林匹克的新的荣光。

例文三

在“一带一路”国际合作高峰论坛圆桌峰会上的闭幕词

(2017年5月15日,北京)

中华人民共和国主席　习近平

各位同事:

刚才,我们完成了最后一个阶段会议的讨论,“一带一路”国际合作高峰论坛圆桌峰会即将闭幕。

为了本次会议,大家怀着增进友谊、促进合作、谋求发展的真诚愿望,从世界各地会聚北京。在热烈、友好、融洽的气氛中,我们围绕会议的主题议题畅所欲言,各抒己见,分享政策实践和合作体会,展望未来愿景和努力方向,提出了很多好建议、好点子。

对会议议程而言,一天的时间显得紧张了些,但我们直奔主题,谈得务实充分,既有深度,也有广度,收获了丰富成果。具体而言,我们在以下几个方面形成了广泛共识。

第一,我们致力于推动“一带一路”建设国际合作,携手应对世界经济面临的挑战。大家积极评价“一带一路”建设国际合作取得的进展,认为在当前世界经济形势下,“一带一路”建设对于挖掘新的经济增长点、增强各国内生发展动力、促进全球经济增长具有重要意义,有利于推动经济全球化向包容普惠方向发展。我们愿继续努力,推动"一带一路"建设取得更大进展,让各国政策沟通更有力,设施联通更高效,贸易更畅通,资金更融通,民心更相通。

第二,我们支持加强经济政策协调和发展战略对接,努力实现协同联动发展。大家在这方面有高度共识,都希望通过开展"一带一路"建设国际合作,形成政策协调、规划对接的合力。我们同意加强经济、金融、贸易、投资等领域宏观政策协调,共同营造有利的外部发展环境。我们支持构建开放型世界经济,推动自由贸易区建设,促进贸易和投资自由化便利化。我们期待围绕各自国家的发展战略以及国际和地区组织制定的合作规划加强有效对接,优势互补,协同并进。我们都重视创新发展,支持在跨境电子商务、大数据、智慧城市、低碳发展等前沿领域加强合作,培育新产业、新业态、新模式,挖掘增长新动力。

第三,我们希望将共识转化为行动,推动各领域务实合作不断取得新成果。大家都认为,互联互通有助于打破制约经济发展的瓶颈,对增强各国发展动力、改善民众福祉具有重要意义。"一带一路"建设国际合作要继续把互联互通作为重点,以重大项目和重点工程为引领,推进公路、铁路、港口、航空、油气管道、电力、通信网络等领域合作,打造基础设施联通网络。我们决定继续积极推进经济走廊建设,办好经贸、产业合作园区,加强国际产能和装备制造合作,推动实体经济更好更快发展。我们都重视投资和融资合作,支持扩大相互金融市场开放,鼓励开发性金融机构发挥重要作用,努力构建稳定、可持续、风险可控的金融保障体系。

第四,我们期待架设各国民间交往的桥梁,为人民创造更美好的生活。我们都认为,文明交流互鉴是古丝绸之路留下的精神财富,民心相通应该成为"一带一路"建设国际合作的重要组成部分。我们愿探讨多层次、宽领域的人文合作,加强教育、科技、文化、卫生、旅游、体育等领域交流合作,搭建更多合作平台,开辟更多合作渠道。我们愿积极创造条件,让社会各阶层、各群体都参与到合作中来,营造多元互动、百花齐放的人文交流局面。我们将顺应人民期待,加强环境保护、应对气候变化、反腐败等领域合作。我们还将完善签证便利化举措,让各国民间往来更顺畅、更舒心。

第五,我们坚信"一带一路"建设是开放包容的发展平台,各国都是平等的参与者、贡献者、受益者。我们将以海纳百川的胸襟,坚持共商、共建、共享原则,相互尊重、民主协商、共同决策,在开放中合作,在合作中共赢。大家充分肯定"一带一路"国际合作高峰论坛的作用。我愿在此宣布,中国将在2019年举办第二届"一带一路"国际合作高峰论坛。

本次高峰论坛为各方推进务实合作提供了平台。论坛期间,我们签署多项合作协议,达成多个合作项目,提出一系列合作举措。在这个基础上,我们汇总形成了成果清单,将在论坛闭幕后发布。相信这些成果将成为"一带一路"建设国际合作的有力支撑。

各位同事!

历史总是伴随着人们追求美好生活的脚步向前发展的。回首两千多年前,我们的先辈们正是迈着这样的脚步,靠着坚韧不拔的进取精神,开辟出联通亚欧大陆的丝绸之路,强有力地推动了人类文明发展进步。

今天,"一带一路"建设把沿线各国人民紧密联系在一起,致力于合作共赢、共同发展,让各国人民更好共享发展成果,这也是中方倡议共建人类命运共同体的重要目标。我们携手推进"一带一路"建设国际合作,让古老的丝绸之路重新焕发勃勃生机。新的起点上,我们要勇于担当,开拓进取,用实实在在的行动,推动"一带一路"建设国际合作不断取得新进展,为构建人类命运共同体注入强劲动力。

在会议闭幕之际,我向大家再次表示感谢。感谢你们对我本人和中国政府的信任,感谢你们在会议筹备和举办期间给予中方的大力支持。

最后,我宣布,"一带一路"国际合作高峰论坛闭幕!

第六节 讣告、悼词

一、讣告

(一)讣告的概念

讣告又称"讣文""讣闻","讣"就是报丧的意思。讣告就是死者亲属或者治丧委员会将丧讯通知有关人员或公布于众的文书。

讣告是一种丧葬礼仪应用文,主要用于告丧。死亡是人生的终点,丧葬仪式是人生终点的礼仪,也是人们告慰亡灵的礼仪,举行丧葬仪式的内容之一就是写讣告。讣告一般由死者的亲属或治丧委员会发出。

(二)讣告的特点

(1)告丧性。讣告是传递丧讯、丧事活动的通知书,其作用不能为其他文书所替代。

(2)严肃性。辞世是人生大事,对人的去世应该郑重对待。讣告的写作格式比较固定,语言约定俗成,形成了严肃、郑重的文辞风格。

(3)悲情性。人的去世必然引起相关人员的感伤,所用的讣告的行文要语气沉重,感情哀婉,字里行间体现出悲悼的情绪。

(4)简明性。讣告内容简单明了,用最简易的语言表述。

(三)讣告的分类

(1)一般式讣告:多用白色纸张为底,用墨笔抄写讣告全文,讣告全文要加黑框。

(2)公告式讣告:用公告的形式发布告丧文书。党和国家重要领导人或著名人士逝世才用这种形式。

(3)报刊新闻式讣告:将消息公布在报纸上,告知作用明显。

(四)注意事项

(1)讣告必须在遗体告别仪式之前发出,以便死者亲友与有关方面人士及时作出必要的准备。

(2)讣告只能用黄、白两色纸张,长辈用白色纸,晚辈用黄色纸。

(3)讣告正文必须使用黑色,四周加黑框,字迹要工整,以示哀悼。

(4)讣告的语言要准确、简练、沉痛、严肃。

(五)写作格式和方法

讣告包括标题、正文、结尾、落款四个部分。

1. 标题

讣告的标题写在开篇第一排正中,有几种形式:第一种直接写"讣告";第二种是公告式讣告,写为《×××同志治丧委员会公告》;第三种是新闻报道式讣告,写为《×××同志逝世》。

2. 正文

讣告的正文包括三个部分的内容。

（1）第一部分：死者简介，写明死者的姓名、职务、身份，去世的原因、时间、地点，生存年寿等内容。

（2）第二部分：简要介绍死者生平和经历，着重介绍死者生前具有代表性的经历，并对此作出评价。

（3）第三部分：要写明丧葬仪式的安排，如何时举行遗体告别、何时举办追悼会、何时火化等。

3. 结尾

在正文后，单独一段写明丧葬语，如“特此讣告”“特此讣闻”等。

4. 落款

落款包括署名和时间两部分。在正文后右下方写明主丧者的姓名或团体名称，署名下方写明讣告发布的时间。

例文一

讣告

××× 同志因癌症晚期医治无效，不幸于 ×××× 年 ×× 月 ×× 日 ×× 时 ×× 分在 ×× 医院逝世，终年 ×× 岁。

今定于 ×××× 年 ×× 月 ×× 日 ×× 时在 ××× 火葬场火化，并遵 ××× 同志遗愿，丧事一切从简。

特此讣告。

××× 同志治丧委员会

×××× 年 ×× 月 ×× 日

例文二

鲁迅先生讣告

鲁迅（周树人）先生于 1936 年 10 月 19 日上午 5 时 25 分病卒于上海寓所，享年 56 岁。即日移置万国殡仪馆，由 20 日上午 10 时至下午 5 时为各界瞻仰遗容的时间。依先生的遗言“不得因为丧事收受任何人的一文钱”，除祭奠和表示哀悼的挽词、花圈等以外，谢绝一切金钱上的赠送。

谨此讣闻！

鲁迅先生治丧委员会

沈钧儒、萧三、曹靖华、茅盾、胡愈之、胡风、

周作人、周建人、宋庆龄、蔡元培、内三完造、史沫特莱

×××× 年 ×× 月 ×× 日

例文三

讣闻

先父×××,于××××年××月××日××时××分病逝于××医院,享年××岁。兹定于××月××日下午××时在×××火葬场火化,并举行追悼会。

谨此讣闻。

×××泣告

××××年××月××日

二、悼词

(一)悼词的概念

悼词是由一定身份的人宣读的对死者一生给予最终评价,并表达对死者的悼念之情的一种礼仪文书。广义的悼词泛指向死者表示哀悼、纪念与敬意的哀悼性文章,狭义的悼词专指在追悼会上宣读的哀悼性文章。

(二)悼词的特点

(1)哀悼性。悼词表达的是人们对死者的哀悼感情,抒发人们悲痛之情。

(2)祭奠性。悼词是用来祭奠死者的,通过追忆死者生平事迹、品德才能,表达人们对死者的追思和缅怀。

(3)直陈性。悼词是一种宣读文体,由主持者在追悼会上宣读。

(4)客观性。评价要合情合理,不能夸大其词,语言要真挚质朴。

(三)悼词的作用

(1)对死者盖棺论定。悼词相当一部分文字用来描述死者一生所做的事业,并对其业绩进行评价,充分肯定死者的贡献和人生价值。可以说悼词是社会对死者一生所作出的总结,是对死者业绩的最终表彰。

(2)对死者沉痛的哀悼。悼词要表达对死者的怀念、哀伤、痛惜之情,这样可以告慰死者,激励生者。

(3)对死者亲属的安慰。死者亲属在失去亲人后,十分悲痛。悼词对死者贡献的积极评价,可以在一定程度上对亲属的精神进行安慰,让他们节制痛苦。

(4)化悲痛为力量。有的死者生前为党和人民做了很多好事,他们的美德会时刻触动人们的心灵,悼词可以勉励生者节哀奋进。

(四)写作格式和方法

严格意义上说,悼词没有固定的格式和写法,但基本内容还是一致的,主要包括标题、正文、落款三个部分。

1. 标题

在第一行正中写明追悼会的名称加上文体名称,如《在宋庆龄同志追悼会上的悼词》;也可由主丧者姓名、追悼会名称加上文体名称构成,如《万里副委员长在班禅额尔德尼·确吉坚赞副委员长追悼会上的悼词》。

2. 正文

悼词的正文由开头、主体、结尾三个部分构成。

（1）开头，要以沉痛的心情说明召开或参加追悼会的目的，全面说明死者姓名、身份、死亡原因、地点，年寿等基本情况。

（2）主体，介绍死者生平事迹，对死者的籍贯、学历、生平业绩、突出贡献等进行集中介绍；同时对死者精神、作风、品质等作出综合评价，介绍其影响。

（3）结尾，要对死者进行总结性评价和表达悼念之情，要写明生者对逝者的学习，继承其事业，化悲痛为力量。最后常用“×× 同志永垂不朽”“×× 先生安息”“×× 女士千古”作结。

3. 落款

落款包括署名和日期两部分，写在正文右下方。如果在标题下已经写明日期，这里就不写了。

例文一

在 ××× 同志追悼会上的悼词

同志们、朋友们：

今天，我们怀着十分沉痛的心情悼念 ××× 同志。

××× 同志因肝癌病情恶化，医治无效，于 ×××× 年 ×× 月 ×× 日 ×× 时 ×× 分在 ×× 医院逝世，终年 ×× 岁。

××× 同志，北京人，×××× 年 ×× 月 ×× 日生，×××× 年 ×× 月参加工作，×××× 年 ×× 月加入中国共产党，历任……

××× 同志的一生是革命的一生，是为人民服务的一生。他的逝世使我们失去了一位好党员、好干部。

我们悼念 ××× 同志，要化悲痛为力量，学习他全心全意为人民服务的精神，坚持原则、大公无私的优良品质。

××× 同志安息！

例文二

巴尔扎克葬词

雨果

现在被葬入坟墓的这个人，举国哀悼他。对我们来说，一切虚构都消失了。从今以后，众目仰望的将不是统治者，而是思想家。一位思想家不存在了，举国为之震惊。今天，人民哀悼一位天才之死，国家哀悼一位天才之死。

诸位先生，巴尔扎克这个名字将长留于我们这一时代，也将流传于后世的光辉业绩之中。巴尔扎克先生属于 19 世纪拿破仑之后的、强有力的作家之列。正如 17 世纪，一群显赫的作家涌现在黎塞留之后一样——就像文明发展中，出现了一种规律，促使武力统治者之后，出现精神统治者一样。

在最伟大的人物中间，巴尔扎克是名列前茅者；在最优秀的人物中间，巴尔扎克是佼佼者之一。他才华卓越，至善至美，但他的成就不是眼下说得尽的。他的所有作品仅仅形成了一部书，一部有生命的、光亮的、深刻的书。我们在这里看见，我们的整个现代文明的走向，带着我们说不清楚的、同现实打成一片的惊惶与恐怖。一部了不起的书，他题作“喜剧”，其实就是题作“历史”也没有什么，这里有一切的形式和一切的风格，超过塔西陀，上溯到苏埃通，越过博马舍，直达拉伯雷；一部既是观察又是想象的书，这里有大量的真实、亲切、家常、琐碎、粗鄙。但是，有时通过突然撕破表面、充分揭示形形色色的现实，让人马上看到最阴沉和最悲壮的理想。

……

各位先生，面对着这样一种损失，不管我们怎样悲痛，就忍受一下这样的重大打击吧。打击再伤心，再严重，也先接受下来再说吧。在我们这样一个时代里，一个伟人的逝世，不时地使那些疑虑重重、受怀疑论折磨的人，对宗教产生动摇。这也许是一桩好事，这也许是必要的。上天在让人民面对崇高的奥秘，并对死亡加以思考的时候，知道自己做的是什么；死亡是伟大的平等，也是伟大的自由。

上天知道自己做的是什么，因为这是最高的教训。当一个崇高的英灵，庄严地走进另一世界的时候；当一个人张开他的有目共睹的、天才的翅膀，久久飞翔在群众的上空，忽而展开另外的、看不见的翅膀，消失在未知之乡的时候。我们的心中，只能充满严肃和诚挚。

不，那不是未知之乡！我在另一个沉痛的场合已经说过，现在我也永不厌烦地还要再说——这不是黑夜，而是光明！这不是结束，而是开始！这不是虚无，而是永恒！我说的难道不是真话吗？听我说话的诸位先生，这样的坟墓，就是不朽的明证！面对某些鼎鼎大名的、与世长辞的人物，人们更清晰地感到这个睿智的人的神圣使命，他经历人世是为了受苦和净化，大家称他为大丈夫。而且心想，生前凡是天才的人，死后就不可能不化作灵魂！

第八章　新闻传媒文书写作

第一节　新闻传媒文书相关概念

新闻类文书是指运用各种不同方式对新近发生的、有意义的事件进行报道或评论的文书，其包括消息、通讯、新闻特写、新闻评论、广播、电视新闻稿等。

一、新闻传媒文书的概念

新闻传媒文书，即新近发生的事实的写真文字，并通过报社、通讯社、电台、电视台、新闻网络等不同媒体予以发表、报道，向人们传递信息、宣达政事、交流思想、引导舆论。

关于什么是新闻，多年来可谓众说纷纭，比较公认的、影响最大的说法是“新闻就是新近发生的事实报道”。广义的新闻包括新闻报道和新闻评论两大类新闻样式。新闻报道类主要有消息、通讯、调查报告和新闻照片四种最基本形式。新闻评论主要有社论、评论员文章、短评、编者按等四种最基本的形式。狭义的新闻专指消息这种新闻形式。

二、新闻传媒文书的特点

新闻传媒文书主要有以下几个特点。

（1）内容新。新鲜是新闻存在的价值，世界之大，随时随地都有新鲜事件发生，在最短时间内报道最新事件，使全社会周知和关注，这就是新闻的价值。

（2）事实真。真实是新闻的生命线，报道的内容要有根据，确有其事，且事实准确。作者对事实的解释、说明和分析，必须符合事件的本来面目，不能随意夸大、扭曲或变形。

（3）报道快。新闻是稍纵即逝的客观现象，要求以最快的速度把新鲜的事实和思想传播出去，从而影响舆论。

（4）篇幅短。新闻传媒文书必须满足受众要求，在最短时间内接受最大值的信息，因此，新闻传媒文书要求用最简洁、概括的文字，把客观事实要点表现出来。

（5）语言精练。概括性强，语言简明精练，通俗易懂，是新闻传媒文书语言精练的具体体现。在新闻报道时要直陈事实，多用短句，言简意赅。

三、新闻的分类

新闻报道有不同的分类标准，具体内容如下。

（1）按地域分：有国际新闻、国内新闻、社会新闻等。

（2）按读者需要分：有硬新闻、软新闻等。

（3）按传播手段分：有报纸新闻、广播新闻、电视新闻、网络新闻等。

（4）按报道内容分：有政治新闻、经济新闻、社会新闻、军事新闻、文教新闻、科技新闻、体育新闻、娱乐新闻等。

（5）按报道方法分：有现场新闻、综合新闻、进行式新闻等。

第二节 消息、通讯

一、消息

（一）消息的概念

消息即狭义的新闻，指以概述性的叙述方式而不讲述详细的经过和细节，以简明扼要的文字，迅速及时地报道国内外新近发生的、有报道价值的新闻体裁。

消息是使用范围最广泛的新闻基本体裁，报纸、通讯社、广播电台、电视台等作为传播信息的机构和媒介，主要依靠的就是消息这种文体。

（二）消息的要素（五个“W”，一个“H”）

时间（When）	地点（Where）	人物（Who）
事情（What）	为什么（Why）	结果（How）

将六个要素串联起来，概括成一句话就是：某人某时在某地做了某事，出现了某种结果。

（三）消息的特点

（1）真实性。消息的第一特点是内容真实，事实是新闻的基础，离开了事实，新闻就失去了存在的价值，能反映客观现实的真实面貌是新闻的本质特征。

（2）公开性。消息必须公开发表，目的就是让人们知晓发生的事件。

（3）时效性。消息采写有很强的时效性，就是用最短的时间把信息传播给受众，以保证新闻的新鲜性，使之发挥更大效力。

（4）简明性。消息在表述方面的显著特点是简明，即用简短、概括的文字，把精彩、充实的内容表现出来，言简意丰。

（四）消息的种类

（1）动态消息。动态消息又称为动态新闻，指及时反映现实生活中的新事物、新动向、新变化、新气象、新成就、新经验的简短新闻报道。动态消息内容比较单一，只反映一个动态。动态消息以短、快、多为特点，一事一报，篇幅短小，往往只抓住事物的一个片段，一个侧面。如国际要闻、名人踪迹、生产进度、创造发明、文艺体育等。

（2）综合消息。综合消息又称为综合新闻，是一种对国际国内不同地区、不同单位的同类或近似情况的综合报道。它的报道较动态消息宽，可以总揽全局，给人以完整的印象。

常见的有横断面综合和纵深度综合两种形式。横断面综合是把某一地区或某一些单位开展某一工作、某项运动的成就与进程综合起来，做总的介绍；纵深度综合是对某一时期某条战线的成就，某一工作的成绩及其发展变化情况加以综合反映。

（3）经验消息。经验消息又称典型消息、典型报道，是一种对某地区、某部门、某单位在工作中取得的新鲜经验的报道。行文中往往既交代情况，又叙述做法，反映变化，总结经验，通过一系列具体事例，反映规律性东西，可以供他人学习和借鉴。经验消息可以报道成功的经验和做法，以带动全局；也可以对反面的典型作出报道，供人们从反面的典型中吸取教训。

（4）评述消息。评述消息又称新闻评述，是在对事实作叙述的同时又进行必要的评议的消息。常采用夹叙夹议、边评边议的写法，兼有新闻和评论两种作用，要求作者观点鲜明、分析形势、研究动向、总结经验，揭示事物本质。一般来说，这种消息以报道实事为主，以评述事实为最终目的。

（5）特写性消息。特写性消息的特点就是“放大”和“再现”，相当于影视剧中的近镜头，它的效果就是用活生生的形象说话，让读者如临其境、如闻其声、如见其人。特写性消息的写作要领有：反映现场气氛、捕捉逼真形象、抓住事物特征、注意情节高潮。

（五）写作方法

1. 标题

新闻标题是消息的眉目，是消息内容的精髓所在，给读者第一印象，其直接影响消息的传播效果。消息标题的类型有单式和复式两种。

单式标题，即只有一个标题，内容单纯、单一，一语破的，直接明了，使得受众见标题而知主题，如“祝愿祖国更美好”“‘栽树工程’枝叶茂，科创花开红似火”。

复式标题主要有几类：①引题：又称眉题，位于正题之前，为的是揭示消息的指导思想和时间的意义，或是介绍背景、烘托气氛、说明因果，以引出正题并为正题服务。②正题：也称主题，是消息标题中不可缺少的主要部分，它揭示消息的中心内容和主要事实。③副题：也称子题，位于正题之后，补充正题不足或点名思想意义，一般用于报道事实的结果或提要。

2. 导语

消息的导入部分，一般放在第一自然段或第一句话，旨在用简明生动的文字写出消息中最重要、最新鲜的事实，鲜明揭示消息的主题思想。导语的要求：一要抓住事情的核心；二要能吸引读者；三要开门见山、鲜明、准确、生动、力避空泛。导语的种类大致可以分为以下几种。

（1）叙述式。采用叙述的表达方式，简明扼要地把消息的主要事实告诉给读者。如“上海20种著作首次获‘马克思主义学术著作出版资助基金的支持’”。

（2）描写式。采用描写的笔法对事实的发生发展作出形象的描绘，或对事实发生的有关条件与环境作出描绘，给人一种具体的感受。如“祖国的北极村——黑龙江呼玛县漠河镇迎来了奇妙的白夜。21日13点47分进入夏至节令以后，昼长夜短的现象愈加明显，独特的白夜奇观尤为迷人……”

（3）提问式。把消息的主要事实或问题的症结归纳成一个或几个问题提出来，然后作出回答。如“中国成年人身体各主要部位的人体尺寸有标准吗？其数值是多少？”

（4）摘要式。以摘录、引用的方式揭示消息主要事实或主旨。如国家统计局在人民大会堂召开的“中国×亿人口日大会上宣布‘××年我国大陆人口……’”

（5）结论式。写出事实的结果或附之以简短评论。如“今天，新中国颁布的第×部专利法正式生效了。从此，脑力劳动成果被无偿占用的历史在我国宣告结束”。

3. 主体

主体是消息内容的基础部分，也是消息的最基本、最重要的部分。要写好消息的主体，必须注意以下几点。

（1）紧扣导语，避免重复。主体是对导语中所涉及的事实加以深化和具体化，如果把握不好，就有可能与导语重复。同时，主体的写作又必须紧扣导语、围绕主题。

（2）层次分明、结构严谨。消息主体部分材料比较丰富，涉及新闻内容的方方面面，写作时要注意理顺各种背景及材料关系，先写什么，后写什么，要层次分明、脉络清晰，便于读者理解。

(3)手法灵活、形象生动。消息的内容可以使用诸如插叙、倒叙、细节描写、比喻等灵活多样的写作手法。形象生动的语言,活泼新颖的语调,可以增强消息的可读性。

4. 背景

背景即新闻背景,也称背景材料,指与新闻事件、新闻人物有着有机联系的非新闻性的说明材料,包括新闻事件发生的原因、条件、环境,新闻人物的经历、家庭和社会关系等。常用的背景材料如下。

(1)对比性材料。这类材料与消息的主要事实有对照、比较意义,从对比中显示事实的价值与意义。

(2)说明性材料。这类材料可以通过对某一问题的说明,显示事实的价值和意义。

(3)注释性材料。有些报道科学研究或专门性问题,一般读者较难理解,运用注释性材料,对这类问题加以解释,使之通俗易懂。

5. 结尾

消息可以要结尾,也可不要结尾。结尾通常有以下四种。

(1)小结式。小结全文内容,给人一个整体印象。

(2)展望式。揭示事件发展动向和趋势,让读者从事物运动和变化中加深印象。

(3)启发式。不直接说消息所说的事实意义,而采取引而不发的方式,诱导读者思考。

(4)号召式。明确号召人们应该作什么或怎么做。

例文一

人民解放军百万大军横渡长江

(一九四九年四月二十二日)

〔新华社长江前线二十二日二十二时电〕人民解放军百万大军,从一千余华里的战线上,冲破敌阵,横渡长江。西起九江(不含),东至江阴,均是人民解放军的渡江区域。二十日夜起,长江北岸人民解放军中路军首先突破安庆、芜湖线,渡至繁昌、铜陵、青阳、荻港、鲁港地区,二十四小时内即已渡过三十万人。二十一日下午五时起,我西路军开始渡江,地点在九江、安庆段。至发电时止,该路三十五万人民解放军已渡过三分之二,余部二十三日可渡完。这一路现已占领贵池、殷家汇、东流、至德、彭泽之线的广大南岸阵地,正向南扩展中。和中路军所遇敌情一样,我西路军当面之敌亦纷纷溃退,毫无斗志,我军所遇之抵抗,甚为微弱。此种情况,一方面由于人民解放军英勇善战,锐不可当;另一方面,这和国民党反动派拒绝签订和平协定,有很大关系。国民党的广大官兵一致希望和平,不想再打了,听见南京拒绝和平,都很泄气。战犯汤恩伯二十一日到芜湖督战,不起丝毫作用。汤恩伯认为南京、江阴段防线是很巩固的,弱点只存在于南京、九江一线。不料正是汤恩伯到芜湖的那一天,东面防线又被我军突破了。我东路三十五万大军与西路同日同时发起渡江作战。所有预定计划,都已实现。至发电时止,我东路各军已大部渡过南岸,余部二十三日可以渡完。此处敌军抵抗较为顽强,然在二十一日下午至二十二日下午的整天激战中,我已歼灭及击溃一切抵抗之敌,占领扬中、镇江、江阴诸县的广大地区,并控制江阴要塞,封锁长江。我军前锋,业已切断镇江、无锡段铁路线。

例文二

日本核污水正式排海！中方发声：将切实维护国家利益和人民健康

8 月 24 日成了全球海洋环境的灾难日。东京电力公司决定，日本核污染水 24 日下午排入海洋，排放工作将于当地时间 13 时，也就是北京时间 12 时开始。据日媒消息，福岛第一核电站的核污染水约有 134 万吨，2023 年度将把约 3.12 万吨核污染水分 4 次排放，每次约排放 7 800 吨。根据计划，排海时间至少持续 30 年。

日本政府作出排核污染水入海决定以来，国际社会质疑和反对的声浪从未停止。太平洋岛国论坛秘书长亨利·普纳说，对于日本核污染水排海计划，“想想就不寒而栗”。韩国共同民主党决定考虑提案立法全面禁止日本海产品进口，已有超过 105 万韩国民众参与到该党发起的反对日本核污染水排海签名活动中。在日本国内，日本全国渔业协会联合会、福岛县渔业协会、宫城县渔业协会都坚持反对核污染水排海。

……

我国外交部发言人汪文斌明确表示，如果日方坚持强推排海计划，中国政府将采取必要措施，坚定维护海洋环境、食品安全和公众健康。汪文斌称，覆水难收，如果日方一意孤行，就必须为此承担历史责任……

例文三

“三星堆铜龙”首次亮相川博龙年特展启幕

××××年××月××日　编辑：×××

××月××日，在龙年到来之际，四川博物院联合×××、×××等省内多家博物馆联合推出的“龙行中华—××××年春节贺岁特展”在四川博物院正式开展。展览共展出龙文化相关文物 60 余件 / 套，其中一级文物 6 件。据悉，展览从××日起与市民游客见面，持续至今年××月××日。

“为了突出展览的四川特色，我们在展品的选择上很有讲究。”四川博物院陈列展览部主任表示，“比如这次展览中来自三星堆的古蜀文物，以及有着‘中国龙文化之乡’之称的泸县出土的石刻文物等，它们为观众描绘出四川人心目中龙的形象，有着鲜明的地域特色。”

除此之外，记者在现场还看到许多趣味满满的互动式展陈设计，还“偶遇”了一只只可爱的展览吉祥物。展厅设计以红、橙、黄等色调为主，喜庆活泼的同时又兼顾龙的威严。尾厅“吉祥龙语”互动环节，观众可以翻转写有与龙相关的成语了解其背后的内涵，在休闲放松的同时增长知识。各类“龙年”文创产品，让大家在逛展的同时，还可以把这份欢乐吉祥带回家。

二、通讯

（一）通讯的概念

通讯又称“展开了的新闻”，是运用叙述、议论、抒情等多种表现手法，具体、生动、形象地反映新闻事件或典型人物的一种新闻报道形式。

（二）通讯的特点

（1）新闻性。通讯反映的内容必须是具有新闻意义的近期出现的真人真事，不允许任何虚构。通讯失去了新闻性，也就失去了报道价值。

(2)评论性。通讯可以对所报道的事件直接发表议论,用自己的情感和见解,加强对读者的影响。

(3)文学性。通讯不是文学作品,但应有多种多样的形象化表述方式,在写人或报道某些情况和问题时,使之具有直观性,给人以具体、生动、鲜明、深刻的印象,收到近似文学作品的感人效果。

(4)多样性。通讯表现方式灵活多样,不拘一格,可以叙述、描写,也可以议论、抒情,还可以运用比喻、象征、拟人等多种修辞手法。

(5)典型性。所谓典型性,就是有普遍性、代表性,通过一个"点"反映一个面。

(三)通讯和消息的区别

(1)从内容看,消息比较概括、简要,通讯则比较详细、深入。

(2)从报道时间看,消息要求迅速及时,通讯的时间一般没有消息严格。

(3)从结构看,消息结构较稳定,通讯则形式多样。

(4)从表达方式看,消息一般以叙述为主,辅之以描写、议论,通讯则表达方式多样。

(四)通讯的种类

(1)人物通讯。人物通讯是以报道人物事迹、揭示人物精神世界为主要内容的一种通讯。这种通讯中的人物都有一定的典型性,一般以先进人物居多。例如《县委书记的榜样——焦裕禄》《谁是最可爱的人》。

(2)事件通讯。事件通讯是一种以报道典型新闻事件为主要内容的通讯,其中事件多是近期发生的,读者普遍关心的,并具有一定典型意义。例如《为了六十一个阶级兄弟》《为了挽救一个年轻教师的生命》。

(3)工作通讯。工作通讯是一种以报道某个部门、某个单位的工作成绩、工作方法,反映实际工作的进展、经验或问题为主要内容的通讯,它具有很强的指导性,是我国特有的一种新闻文体。例如《荒漠可以变成果园》《再就业,×× 改革发展的新亮点》。

(4)主题通讯。主题通讯是围绕一个主题,集纳一组新闻材料的通讯。人物通讯、事件通讯只反映某一典型人物或某一典型事件,而主题通讯则需要围绕一个主题,收集较多人物或事件,用众多人和事,相辅相成地说明一个主题,如《"七一"建党节主题活动通讯》。

(5)小通讯。小通讯是篇幅短小、内容单一,写一人一事,一个片段一个镜头的通讯。它题目小,选材范围小,篇幅小,但能以小见大,如《半块馒头引发的主题班会》。

(五)写作方法

通讯的正文一般都包括标题、开头、主体和结尾四个部分。

1. 标题

在自媒体深度发展的今天,通讯的标题同样要新颖,才能吸引眼球。正常情况下,通讯标题要涵盖主谓宾等内容,如《××× 会议圆满结束》,但有的时候为了更加醒目,引起人们的注意,可将标题写得新颖一点,如《谁是最可爱的人》。

2. 开头

通讯的开头与消息不同,它没有"导语",不需要开门见山直截了当概括整个新闻事实或揭示新闻的主题,而是根据不同的题材和内容,选择不同的表现方式:或紧扣主题;或描写场景;或提出问题;或直抒情怀;或运用典故。

3. 主体

通讯的主体结构方式通常有三种。

（1）纵式结构，就是按时间顺序，即按照事物发生、发展过程的顺序进行报道。

（2）横式结构，就是按照空间变换或新闻事物的性质、问题的内在联系和逻辑顺序来安排材料、铺排行文。

（3）纵横式结构，就是常常以时间为经，以空间为纬，把二者结合起来的报道方式。

4. 结尾

通讯的结尾是总结和收束全文，通常采用的结尾形式有以下几种。

（1）画龙点睛。在行文即将结束时，来几句点睛的议论，使主题更突出，更有分量。

（2）含而不露。充分运用事实说话，把思考留给读者。

（3）前呼后应。开头与结尾相呼应，使读者感到文章首尾相顾，浑然一体。

根据不同的通讯内容，写法也有所区别，具体内容如下。

1. 人物通讯写作

（1）人物通讯的主题是由人物思想表现出来的，因此在人物通讯中写人，应该把人的思想作为中心，写出人的内心世界，表现人物的品格和精神。

（2）要以人物事迹为重点，要叙写人物事迹一是要借助矛盾冲突，揭示人物精神面貌，二是通过生动的细节，表现人物的性格特征，细节是人物通讯的血肉。

2. 事件通讯写作

（1）叙事要有目的性，要说明一定的思想意义，不能为叙事而叙事。

（2）叙事要清晰，不论事件情节多么复杂，都要将事件发生、发展的来龙去脉，事件的有关人物、地点、时间等基本情况写清楚。

（3）叙事要生动，抓住事件本身矛盾，突出重点，有详有略，且要灵活运用多种表现手法。

3. 工作通讯写作

（1）要选择同人们生活息息相关的题材，引起读者的兴趣。

（2）要运用典型生动的第一手材料，这种材料只有靠记者的深入采访才能获得。

（3）要虚实结合，要有评论色彩。

4. 小通讯写作

（1）题目要小，问题要大，要以小见大。

（2）要以真人真事，新人新事取信读者。

（3）要写好故事情节，要通过一个场面，一个冲突，一个情节来反映典型的人和事。

（4）要妥善安排结构。

（六）写作要点

（1）主题要明确。通讯的主题一定要鲜明，有了明确的主题，取舍材料才有标准，起笔、过渡、高潮、结尾才有依据。

（2）材料要精当。按照主题思想的要求，通讯选材要把最能反映事物本质的、具有典型意义的和最有吸引力的材料写进去。

（3）角度要新颖。通讯报道可以从不同的角度去考察、反映，如正面、反面、侧面、鸟瞰、仰望、远眺等,印象各异。

(4)立场要鲜明。所有新闻的立场,特别是政治立场必须坚定,不能有丝毫动摇。

例文一

谁是最可爱的人(节选)

魏巍

(1951年4月11日在《人民日报》刊登)

在朝鲜的每一天,我都被一些东西感动着;我的思想感情的潮水,在放纵奔流着;它使我想把一切东西都告诉给我祖国的朋友们。但我最急于告诉你们的,是我思想感情的一段重要经历,这就是:我越来越深刻地感觉到谁就是我们最可爱的人!

谁是我们最可爱的人呢?我们的战士,我感觉他们是最可爱的人。

也许还有人心里隐隐约约地说:你说的就是那些"兵"吗?他们看来是很平凡、很简单的哩。既看不出他们有什么高深的知识,又看不出他们有什么丰富的感情。可是,我要说,这是由于他跟我们的战士接触太少,还没有了解我们的战士:他们的品质是那样纯洁和高尚,他们的意志是那样坚韧和刚强,他们的气质是那样淳朴和谦逊,他们的胸怀是那样美丽和宽广!

还是让我来说一段故事吧。

还是在第二次战役的时候,有一支志愿军的部队向敌后猛插,去切断军隅里敌人的逃路。当他们赶到书堂站时,逃敌也恰恰赶到那里,眼看就要从汽车路上开过去。这支部队的先头连(三连)就匆匆占领了汽车路边一个很低的光光的小山岗,阻住敌人,一场壮烈的搏斗就开始了。敌人为了逃命,用32架飞机、10多辆坦克和集团冲锋向这个连的阵地汹涌卷来。整个山顶都被打翻了。汽油弹的火焰把这个阵地烧红了。但勇士们在这烟与火的山岗上,高喊着口号,一次又一次把敌人打死在阵地前面。敌人的死尸像谷个子似的在山前堆满了,血也把这山岗流红了。可是敌人还是要拼死争夺,好使自己的主力不致覆灭。这激战整整持续了8个小时,最后,勇士们的子弹打光了。蜂拥上来的敌人,占领了山头,把他们压到山脚。飞机掷下的汽油弹,把他们的身上烧着了火。这时候,勇士们仍然没有后退,他们把枪一摔,身上、帽子上冒着呜呜的火苗向敌人扑去,把敌人抱住,让身上的火,把要占领阵地的敌人烧死……据这个营的营长告诉我,战后,这个连的阵地上,枪支完全摔碎了,机枪零件扔得满山都是。烈士们的尸体,做着各种各样的姿势:有抱住敌人腰的,有抱住敌人头的,有卡住敌人脖子,把敌人摁倒在地上的,和敌人倒在一起,烧在一起。还有一个战士,他手里还紧握着一个手榴弹,弹体上沾满脑浆,和他死在一起的美国鬼子,脑浆崩裂,涂了一地。另有一个战士,他的嘴里还衔着敌人的半块耳朵。在掩埋烈士们遗体的时候,由于他们两手扣着,把敌人抱得那样紧,分都分不开,以致把有的手指都折断了……这个连虽然伤亡很大,但他们却打死了300多敌人,特别是,使我们部队的主力赶上,聚歼了敌人。

……

朋友们,用不着烦琐的举例,你已经可以了解到我们的战士,是怎样的一种人。这种人是什么一种品质,他们的灵魂是多么的美丽和宽广。他们是历史上、世界上第一流的战士,第一流的人!他们是世界上一切善良、爱好和平的人民的优秀之花!是我们值得骄傲的祖国之花！我们以我们的祖国有这样的英雄而骄傲，我们以生在这个英雄的国度而自豪！

亲爱的朋友们，当你坐上早晨第一列电车走向工厂的时候，当你扛上犁耙走向田野的时候，当你喝完一杯豆浆，提着书包走向学校的时候，当你安安静静坐到办公桌前计划这一天工作的时候，当你向孩子嘴里塞着苹果的时候，当你和爱人一起散步的时候，朋友，你是否意识到你是在幸福之中呢？你也许很惊讶地看我："这是很平常的呀！"可是，从朝鲜归来的人，会知道你正生活在幸福中。请你们意识到这是一种幸福吧，因为只有你意识到这一点，你才能更深刻地了解到我们的战士在朝鲜奋不顾身的原因。朋友！你已经知道了爱我们的祖国，爱我们的领袖，请再深深地爱我们的战士吧，他们确实是我们最可爱的人！

例文二

中法一甲子 回望戴高乐

当地时间1月27日，纪念中法建交60周年活动在法国科隆贝双教堂镇举行。科隆贝双教堂镇位于法国东北部上马恩省，是戴高乐晚年定居之所，也是他逝世后的长眠之地。中法建交一甲子的历史时刻，在这里抚今追昔，缅怀伟人，无疑具有特殊意义。

出席活动的中法各界人士在庄严肃穆的氛围中，感受中法友好根植于历史的深刻记忆，铭记戴高乐作为中法关系历史新篇章开拓者作出的贡献。正是在戴高乐的积极推动下，法国成为第一个与中华人民共和国建立正式外交关系的西方大国。

在戴高乐纪念馆，戴高乐将军的曾孙女纳塔莉·戴高乐作为戴高乐家族代表参加活动。她高度评价两国建交的历史意义。她认为她的曾祖父所做的相关决定是富有远见的。她期冀法中未来能够推动各领域合作深化。

中国驻法国大使卢沙野发表讲话，指出要"饮水思源"。他说，60年前的今天，毛泽东主席和戴高乐将军以卓越的战略眼光，打破冷战坚冰、跨越阵营鸿沟，毅然作出中法建立大使级外交关系的历史性决定。

60年后的今天，中法两国在各个领域的友好合作在继续发展。虽然戴高乐因憾失历史机缘未能在他有生之年访华，但努力建设"秉持建交初心、积极面向未来、敢于有所作为"的中法关系，应可告慰一代伟人的在天之灵。

例文三

中企助力乌兹别克斯坦奥林匹克城建设

位于乌兹别克斯坦首都塔什干的奥林匹克城项目是该国重要的体育工程项目。记者近日走访项目工地时看到，中国与乌兹别克斯坦两国人员组成的施工团队正在一丝不苟地辛勤工作。随着工程进度稳步推进，中企打造的这张亮丽名片，正为两国体育领域合作贡献力量。

中工国际工程股份有限公司（中工国际）驻乌兹别克斯坦总代表兼奥林匹克城项目经理郭子杰对记者说，奥林匹克城项目是上合组织撒马尔罕峰会后中乌两国间落地的首个大型合作项目，也是中资企业在乌第一个全面采用中国标准设计、建设、验收的项目，"我们有信心高质量、出色地完成这一重大项目的施工工作"。

……

第三节　速写、专访

一、速写

(一)速写的概念

绘画中的速写是指画家在短时间内即景写生,粗线条勾勒描写对象的形象。而新闻速写正是运用绘画中的速写技巧,报道新事物的一种新闻文体,它具有快速、简洁的特点,它既能“传真纪实”,又能“传情寓意”,强化形象的视觉效果,避免图解、概念、说教的模式,做到图文互补,相得益彰,追求新、真、活、情、意的风格。

(二)速写的特点

(1)时效性。新闻速写首先是新闻,速写只是它的表现手法,因而必须保证时效性,在最短的时间内,把新闻事实告诉受众,如果不能在最短时间内把新闻事实告诉受众,也就失去了速写的意义。

(2)典型性。新闻速写非常注重抓表现对象的主要特征,来对其全过程中有典型意义的部分进行描写刻画,它采取的是一种压缩的方法,或者是把勾勒新闻人物、新闻事件的纵断面和横断面结合起来。

(3)真实性。新闻速写和文学速写不同,作家写文学速写,内容可以虚构、想象,记者写新闻速写,必须遵守新闻真实的原则,内容必须真实,不能虚构、想象。真实是新闻速写的生命,也是新闻速写具有历史价值的体现,它忠实地记录了历史。

(4)简洁性。新闻速写的写作是以简练、质朴的传神之笔,以白描、叙述等多种手法粗线条地勾勒事件或人物的概貌,寥寥几笔就闪现出事件、场景或人物的概貌特征。它的结构大都是依据新闻事件逐步展开,篇幅虽短,但报道的新闻事件大都有起伏、有深度,报道的内容比较完整,可读性也比较强。

(三)写作方法

(1)快速捕捉描写对象的特征,具备敏锐观察和快速捕捉新闻人物、新闻事件关键特征的能力,要善于抓住新闻最精彩的一闪现、一瞬间,要格外注意描写对象的特征,并快速作出分析。

(2)提高勾勒能力。速写不必追求形式完整,要集中笔墨,用粗线条鲜明而概括地突出人物、事物的主要特征。勾勒是一种能力,用笔要简,但却粗中有细。

(3)锻炼现场写作的本领,在任何场合下,都能从容动笔,及时发稿。速写非常讲究时效,要在最短时间内,以最快速度写好稿件。这不仅要求作者要眼光锐利,思维敏捷,还要有雷厉风行、快速成文、当场写就的能力和习惯。

(4)选材取景,量体裁衣,着重勾勒和表现描写对象的主要特征。新闻速写篇幅有限,讲究矮小,这就要从大处着眼,小处入手,可以从一个镜头着笔,把自己的笔锋练到最能突出主题的角度上来,概括地突出人物、事物的主要特征。

例文一

商标战略让农民尝甜头

时下，正是西瓜收获的季节。×× 市 ×× 区 ×× 乡 ×× 村的村民们整日都忙碌在瓜地里。说起今年西瓜的收获，村民 ×× 算了这样一笔账：今年他种了 × 亩地的西瓜，亩产 ×× 多公斤，按每公斤 ×× 元的收购价计算，仅卖瓜就能收入 ×× 万元，再加上瓜地里套种的辣椒、花生等农作物，收入将达到 × 万元。这比种植传统农作物强多了。

近年来，×× 区工商局通过实施商标兴农工程，支持农产品提高品质和品牌知名度，从而推动"公司＋农户＋商标"的产业化经营。该局会同相关部门首先对全区的农产品按质量、产量指标进行摸底，鼓励和帮助条件成熟的经营户和专业户进行商标注册。商标工作人员深入农村，与农民、种植和养殖大户、农产品加工企业共商商标取名、图案构思、申请注册与管理使用等问题，并对其给予全方位、全过程的指导和帮助。通过积极培育农产品注册商标，打造品牌农业，使全区涌现了一批如 ×× 西瓜的农产品品牌。

现在，在 ×× 西瓜的带动下，××、×× 等地的农户也纷纷开始种植西瓜，沙湾的西瓜特色产业将进一步发展壮大起来。

例文二

新闻速写研讨会在京举行

× 月 × 日，新闻速写研讨会在北京 ×× 集团举行。首都多家单位的新闻美术工作者参加了会议。

与会者认为，新闻速写在报道形式、加强可读性、美化版面等方面都表现出独特的魅力。新闻速写表现手段直观、形象，画面简洁，线条流畅，有较强的视觉冲击力。但是，目前新闻速写还有许多不尽如人意的地方，如报道面不够宽，没有形成新闻报道的规模，还没有形成一支强有力的创作队伍。这些问题，希望能得到各报社领导的重视并加以改进。

二、专访

（一）专访的概念

专访是对新闻人物或其他具有代表性人物、事件、问题、地方风貌，有目的地通过专门访问写出的一种纪实性报道。

专访通常由一名记者或主持人与被采访者进行面对面或电话式的对话，目的是深入了解被采访者的观点、经历、看法或者对特定事件的见解。在专访中，被采访者会有充分的发言权，而采访者则会采取提问、引导等方式，与被采访者展开对话，以获取更多的信息。通过专访，媒体可以呈现更加全面、真实的信息，从而提供更多的参考和思考的角度。

（二）专访的分类

（1）人物专访：以记人为主，包括新闻人物、新闻事件或热点文体中的关键人物、某种特点新闻背景的人物。

（2）问题专访：以记言为主，又称为意见专访、言论专访、学术专访，是记者带着社会生活和实际工作中人们共同关心或迫切需要解决的问题作的采访。

（3）事件专访：以记事为主，记述某些新闻事件的特殊意义、内幕情况或澄清事件真相的专题访问。

(三)专访的要求

(1)做好采访前准备工作。采访前要对被采访者的成就、家庭、爱好有所了解,便于引起采访时的共鸣。

(2)选择有个性的采访对象。采访有个性、有特点的人才能创造出富有个性的新闻

(3)采访要细致。过细的采访,不仅可以发现很多富有典型意义的细节,还可以避免很多错误。

(4)选题要新,立意要深。专访的选题不仅要专,还要有强烈的新闻性。

(四)写作方法

(1)围绕目的,突出主题。专访要围绕主题,写得紧凑、精巧。写事件,要重点写人们关心的那一段;写人物,要鲜明地写人物的特点;写问题,要直截了当,抓住中心;写地方风物,要有独到之处,寓思想于风物之中。

(2)要有现场感。现场是见面、交谈的具体场所。把现场写好了,可以把读者带入人物生活的环境,衬托人物的精神面貌,突出专访的主题。

(3)多种手法的运用。要写好专访,必须运用多种手法,或描写、抒情、叙述、议论……

(4)情感要真实。写专访必须注入作者的真情实感,不要夸大,不能贬低,全面了解人和物。

例文

保持劲头追梦不止

——访自治区优秀毕业生 ×××

寒意早已褪去,暑意渐渐袭来。河畔的青柳在微风中拂动,耳畔传来淡淡的离别的笙箫。这就是 ×××× 年的夏天,也是属于 ××× 的毕业季。

×××× 级艺术学院环境艺术设计专业的 ××× 同学被评为自治区“优秀毕业生”,他看到校园里到处都是毕业生在学校拍照留念的身影,不禁忆起自己人生中最美好的大学四年时光,那是一段难以忘怀的青春记忆。怀揣设计之梦前行

刚上高中不久, ××× 就选择了学习美术,坚定艺术高考是他的唯一出路。他觉得自己来到这里是个偶然,当时他已参加了几所学校的考试,只是抱着陪朋友再考一次的心态参加了 ×× 大学的校考,可戏剧性的是他考上了他的朋友却没考上。在入学不久的班干部竞选时,那位学长给他发来“别让我失望”的短信让他信心倍增,他勇敢地走上讲台,并顺利成为 × 班的班长。

他曾经是个青涩的少年,也有过紧张与迷茫,但在他的乐观情绪感染下,成长中的挫折也算不上什么难事了。世上无难事,只怕有心人。从大一时第一次给全班开班会,少许的紧张不安,到后来的处事不惊,这一路上他怀揣着对亲人、朋友和同学的感恩之心前行。

……

大学里几乎所有先进个人的奖项他都获得过,包括校十佳团员、区优秀个人、区优秀班干部,还有国家励志奖学金。虽然市场上的环境艺术设计师需求日渐饱和,但优秀的 ××× 还是凭着自己的实力得到了几个北京公司的面试机会。这一次他整装待发,梦就在前方!

第四节　编者按、短评

一、编者按

（一）编者按的概念

编者按又称“按语”，是一种依附于新闻报道或文稿的新闻评论，是报纸、通讯社、广播电台等新闻单位的编者对新闻稿件所加的评价、批注、建议或说明性文字。

（二）编者按的特点

（1）依附性。编者按不是独立的评论性文章，而是为了一则新闻、一篇文章、一组报道所发的评论性文字，故其具有一定的依附性。

（2）导读性。编者按会对读者起到揭示和导读的作用。如当读者对有关新闻的背景材料缺乏了解，因而对它的新闻价值没有足够认识的时候，就须依靠编者按来加深其了解，深化其认识。

（3）论理性。编者按通过简要的说明、议论，往往能抓住新闻事件中带有指导性、倾向性或苗头性的问题，揭示出事物的本质和规律，因而具有很强的理论色彩。

（4）简洁性。编者按是一种简短而又轻便的新闻评论形式，多则一二百字，少则几十个字，甚至几个字，言简意赅、清新活泼。

（三）编者按分类

（1）介绍性的编者按。一般来说，篇幅比较长的，说理比较深奥的文章，适合这类编者按。写这类编者按，最需要注意的问题是，编者的态度一定要客观、公正，不能带过于强烈的个人色彩。如果需要特色，那也只是形式与语体风格的问题，否则，就容易把自己的观点强加给读者，进而影响读者自己的独立思考。

（2）评论性的编者按。一般来说，特点不甚鲜明的文章，编者需要通过自己的分析加以点拨，以便于读者快速把握；还有一些有争议的话题或者观点，也非常适合这种编者按。这类编者按的要点是一定要从文本出发，也就是必须针对文本自身加以评价，有拓展，也不能太多，否则就会出现误导读者脱离文本思考另外问题的歧途。而这又恰恰是评论性编者按的大忌。

（3）综合性的编者按。这类编者按就有以上两种编者按的特点，只是在具体的撰写过程中，可以根据文章本身的特点，去确定编者按的侧重点，或以介绍为主，或以评论为主，或二者兼顾。因而，以上两种编者按需要注意的问题，在这类编者按中，都不可偏废。

（四）编者按的要求

（1）既依附于新闻，又不拘泥于新闻。编者按对新闻报道有紧密的依附性，离开了报道本身，编者按就失去了存在的可能。但依附并不是拘泥于报道而只简单重复报道的事实和见解，好的编者按善于依托材料，把思想认识提高到理论和政策高度。

（2）精粹短小，点到即止。编者按必须言简意赅，绝不重复啰唆，用最少的文字表达最深刻的思想。

（3）鲜明泼辣，讲究分寸。编者按文虽短小，但反对什么、赞成什么，态度必须鲜明，不能含糊不清。按语要有一定的权威性和指令性。

（4）风格多样，迅速及时。编者按是评论中最为灵活的一种文体，形式多样，风格多样。且要迅速及时，讲求时效，不能马后炮。

例文一

《光明日报》编者按

4月1日，本报发表通讯《只为一个永远的约定》，报道××大学一群毕业生坚持15年默默资助病逝同学双亲的感人事迹，引起社会热烈反响。为深入挖掘这一感人事迹背后的理论意义和实践价值，着力推进社会主义核心价值体系建设，4月8日，本报联合×××教工委、×××等单位在××大学召开"'只为一个永远的约定'——践行社会主义核心价值体系座谈会"。座谈会现场，人民日报、新华社等20多家媒体前往采访。

德国哲学家康德曾经感慨，"头顶的星空，心中的道德律"，让他"有加无已地赞叹和敬畏"。今天，本刊分专题摘登与会同志的精彩发言，以表达我们的"赞叹和敬畏"。

本报4月1日刊发长篇通讯《只为一个永远的约定》后，各大媒体反响热烈。新华社全文播发，人民日报、经济日报、中国青年报等媒体全文转载，中国教育报专门采写刊发了通讯《十五年坚守的约定》。人民网、新华网、新浪网、搜狐网等全国数百家媒体网站转载，数千名网友参与评论。

例文二

《人民日报》编者按

中国人民抗日战争，是一部永远也读不完的史书。它作为中华民族的集体记忆，像历史长河中奔涌的浪花，至今还令人热血沸腾，心潮澎湃。

在纪念全民族抗战爆发××周年之际，翻开一张张老旧照片，有的虽然模糊不清，但透过它们，我们读懂了什么叫爱国；有的虽然血雨腥风，但透过它们，我们读懂了什么叫牺牲奉献；有的虽然泛着黄色，但透过它们，我们读懂了中华儿女对党和人民的无比忠诚；有的虽然来自大洋彼岸，但透过它们，我们却读懂了正义的力量……

一幅图片就是历史的定格，背后的故事更是历史的强音。当你面对这些珍贵的老旧照片，似乎听到了宛平城内的枪声；似乎看到了无数民族英雄、仁人志士抗日救亡的身影；似乎触摸到了革命先烈用生命染就在国旗上的那一抹红色。

例文三

人民日报：在经典中追寻生命质感

编者按：现代社会是历史辙痕的延伸。当浓浓的乡愁挥之不去，当人们通过对方块字的读写来描摹先贤的心意，传统文化带着它的温度，融入每位国人的生命。传统文明与现代中国有哪些关联，历史的根脉如何植根现代土壤，又怎样找寻活的传统？今天起，我们陆续推出同济大学"复兴古典书院"的师生们对传统文化的思考，或许有助于激发大家对这些问题的解答。

二、短评

(一)短评的概念

短评是短小精悍、形式灵活的一种新闻评论。

短评的使用频率很高,具有广泛的群众性,编者可以写,记者可以写,读者可以写,其论述的问题范围也相当宽泛。

(二)短评的特点

(1)短小精悍。短评应该短小精悍,这首先体现在篇幅的短小上,一般来说,短评的字数多在500字左右。短评的短小精悍还体现在评析内容的具体、立论角度的集中、结构的简约和文字的精练上。短评不是社论或评论员文章的缩写形式,它抓住新闻报道或所评析事物的某一点进行议论,力求行文精粹,不蔓不枝。

(2)新鲜独特。短评的"新",首先表现在选题更新鲜、及时,抓住最具时效性的新闻报道或新鲜事实作出分析和评价;其次表现在立论角度的新颖和观点的独到上,能够从新的视角观察事物,作出与众不同的分析并得出具有个性的见解和结论;此外还表现在引入新的论据,采用新的表述方式,使评论给人以新的信息和新的启迪等等。

(3)生动灵活。短评的分析说理应该生动吸引人,运用多种议论手法使文章富有生气;短评的结构方式应灵活多样,依据不同的评析对象变换文章开头、结尾与谋篇布局;短评的语言文字应生动活泼,使文章在言之有物的同时短而有趣。

(三)写作方法

(1)分析对象,选题定体。短评大多是配合新闻报道写成的,要求作者首先必须对评论对象进行认真分析。同时,在选题时要选取群众感兴趣的事件。

(2)围绕中心工作,运用多种角度。短评在围绕中心工作前提下,可以从先进人物的言行中建立论点,也可采用反面或侧面角度展开论述。

(3)述而不详,评而少论。短评与报道是相辅相成的,短评在论述时要交代写作由头,高度概括地引述论据。评论要观点鲜明,论点集中,一语中的,只讲非讲不可的道理,少发议论。

(4)提高说理能力和技巧。短评的说理方法很多,主要有对比说理、比喻说理等。

例文一

光明日报短评:以人为本,就有"奇着妙手"

这场历时两年多的战"疫",证明了这样一个道理:能否做到以人为本,是能否打赢这场战"疫"的关键。

疫情防控,防的是病毒,不是病友;控的是疫情,不是亲情。疫情中,和时间赛跑辗转送达的"救命药",不是简简单单的一个帮忙,而是生死相托的承诺;向焦急待产的孕妇道一句"您有所呼,我有所应",不是普普通通的一个口号,而是守望相助的温暖和抚慰。雪中送炭、一诺千金背后,是以人为本的心心相印。疫情袭来,打破了社会运转的正常节奏。但只要我们真正做到以人为本,就能让社会运转步入正轨。于是,我们看到了天津带着"红色紧急"标识的"医疗救助工单"、解决企业急难的"贴心礼包",郑州"别担心""正在办"的"郑在抗疫·应急救助平台",宁波"求助平台最后一公里物资志愿服务配送",深圳将"微细胞"

与“主人翁”融为一体的双呵护……

事实反复证明：只要有了以人为本的信念，就会有解决问题的“奇着妙手”。

例文二

人民日报短评：顶天立地　矢志追梦

对党和国家的大忠之心，对医学创新的弥坚大志，对百姓苍生的大爱情怀……在黎介寿院士身上，我们看到一个大写的人字。

黎介寿在人类肠道疾病这个“神秘王国”穷尽一生心血，让万千患者获得新生，被誉为“世界上研究肠子时间最长的人”。走近×××，我们感悟的是报国激情与使命担当。他用实际行动回答了共产党员是“先进一阵子”，还是“先进一辈子”的问题。支撑他不懈攀登医学高峰的，正是熊熊燃烧着的报国激情。他把一生与国家民族的命运紧紧联系在一起，坚信“国家好、民族好，大家才会好”。他勇攀世界医学高峰，坚信“外国人能做到的我们也能做到”，用8年时间攻克小肠移植这个世界性难题。他把培养人才当做“科学生命的延续”，甘当“铺路石”，打造出一支强大的人才方阵。今天，当我们翻阅这位医学大家的人生档案时，一次次被其使命的力量所感动。一个心中装着使命的人，什么困难都压不倒。黎介寿的事迹启示我们，以报效国家为使命，为党分忧、为民谋福，人生便会获得非同寻常的意义。

对人民怀着最深沉的挚爱，是黎介寿坚守一辈子的理由，也是攀登一辈子的动力。在全党深入开展党的群众路线教育实践活动之际，一个优秀共产党员的崇高形象大写在时代的天空。“爱党报国为民”的杰出院士黎介寿脚踏实地，始终忠诚党的事业，恪守党的宗旨，践行着为民务实清廉的要求。他从医60载，一生大爱，一生攀登，一生厚德，一生为梯，在报国为民的实践中，生动诠释了共产党人的先进性和纯洁性，为实现强国梦、强军梦注入了正能量。

例文三

人民日报短评：有原则的灵活

当初，以网约车为代表的共享经济横空出世，搅活了固化的传统行业，给人们出行带来便利的同时，形成了庞大的市场。今天，一些网约车平台公司已经发展成为巨头，其背后聚集了庞大的司机群体，让用工关系这样的问题，变得不容忽视。

用工关系是决定共享经济未来走向的一个巨大问号。共享经济的出现，挑战着传统形成的认知：共享经济究竟是顶着创新的光环规避企业责任，还是在颠覆人类社会已有的劳动关系模式？答案不同，结局迥异。

围绕共享经济的众说纷纭，根源或许在于其仍在发展的过程中。关于它的优点与缺陷，有些已经呈现，有些则还没显露。这意味着，政府在对待共享经济上需要保持有原则的灵活性，一方面要抱着迎接共享经济的积极心态，另一方面要在处理牵涉现实社会的多重利益冲突时，守住政策底线。打压与放任，都不会是最好、最优的做法。对于共享经济，所有人期盼的就是共赢。

第九章　经济、法律文书写作

第一节　经济、法律文书相关概念

经济文书是经济应用文的通称，是关于经济活动的相关文书，比较常见的如商业广告、市场调查报告、商品说明说等；法律文书是使用在法律上的应用文书，如起诉状、上诉状、答辩状、公证书等。

一、经济文书概述

（一）经济文书概念

经济文书是法人单位或个人在社会经济活动和经济交往过程中反映的经济状况、解决经济事物、研究解决经济实际问题的一种专用应用文书。

（二）经济类文书的特点

（1）鲜明的政策性。经济文书于经济活动的实践中产生，要受到党和国家的经济政策制约，其政策性非常鲜明。

（2）反映的客观性。经济文书要遵循经济规律，制作者要以科学求是的态度分析研究经济现状，提出正确的观点。自以为是、主观臆断是写经济文书的大忌。

（3）内容的实效性。经济文书同经济活动和经济利益直接挂钩，许多文体的结论和措施都直接反映和影响着经济效益的好坏。

（4）语言的朴实性。经济文书浓郁的专业色彩，决定了其语言风格朴实、庄重、简明、准确的特征。

（三）经济文书的种类

（1）通用经济文书：涉及经济公务文书、经济事务文书、经济研究文书等。

（2）专用经济文书：包括经济分析报告、市场调查报告、专项报告等。

（3）经济起诉文书：包括经济起诉状、经济答辩状、公证书等。

二、法律文书概述

（一）法律文书概念

广义的法律文书是指国家和社会法制活动中，一切具有法律效力和法律意义的专用文书；狭义的法律文书是指司法机关在办理各类诉讼案件中依法制作的具有公文性质的专用文书。

（二）法律文书的特点

（1）法律的约束性。法律文书必须严格依法制作，其主体、文种、内容，制作的时限和具体要求必须符合有关的法律规定。

（2）格式的规范性。法律文书在制作格式方面最大的特点是程式化，具有固定的格式，法律文书的制作必须和一定的法律程序相联系,具有严格的规定。

(3)语言的准确性。法律文书的语言有自己的规律,即"法律语言",它追求语言准确无误,明白清楚,色彩庄重严肃,不含糊、无歧义,利于执行。

(三)法律文书的种类

法律文书内容复杂、种类繁多、体系庞大,没有统一的分类标准,从不同的角度可以分为不同的类型。

(1)按制作文体分,有公安机关法律文书、公证文书、仲裁文书等。

(2)按文书性质分,有侦察类文书、裁判类文书、律师事务文书、诉状类文书。

(3)按制作方式分,有表格类文书、叙议类文书等。

(4)按处理的方式分,有诉讼类文书、非诉讼类文书。

(5)从整体看,可分为公检法机关职能法律文书、一般性法律文书。

第二节　商业广告、市场调查报告

一、商业广告

(一)商业广告的概念

广告,顾名思义就是广而告之,是通过一定媒体公开向社会广大公众进行公益道德,传播商务、商品信息,提供劳务服务等的一种宣传方式和手段。广告有狭义和广义之分,广义的广告包括非经济广告和经济广告,非经济广告指不以营利为目的的广告,又称效应广告,如政府行政部门、社会事业单位乃至个人的各种公告、启事、声明等,主要目的是推广;狭义广告仅指经济广告,又称商业广告,是指以盈利为目的的广告,通常是商品生产者、经营者和消费者之间沟通信息的重要手段,或企业占领市场、推销产品、提供劳务的重要形式,主要目的是扩大经济效益。

商业广告是指以营利为目的的,通过传媒进行传播的广告。它是为推销商品或提供服务,以付费方式通过广告媒体向消费者或用户传播商品或服务信息的手段。

为了规范商业活动,促进广告业的健康发展,维护社会秩序,保护消费者的合法权益,更好发挥广告在社会主义市场经济中的积极作用, 1994 年 10 月 27 日,第八届全国人大常委会第十次会议通过了《中华人民共和国广告法》。

(二)商业广告的作用

(1)传播产品信息、促进生产销售。这是商业广告最基本、最重要的作用。

(2)加强信息沟通、促进竞争交流。广告可以通过信息的传播交流,扩大商品的流通范围和领域,促进销售、打开市场,增强企业的竞争力。

(3)指导大众消费、满足社会需求。消费者通过商业广告的宣传、介绍,可以加深对商品的认识,从而有目的、有选择地去购买商品,同时大众也可以从广告中挑选自己所需要的商品。

(4)商业广告也是一种社会文化现象,是社会文化的组成部分,因而也具有文化的特征和功能。在利用商业广告经济功能的同时,还应当把广告纳入社会文化的系统中加以考察,充分认识商业广告的文化功能及其所担负的文化责任,以便更好地利用它,使之在社会精神文明建设中也能发挥积极的作用。

(三)商业广告的种类

(1)依据广告的目的可分为产品广告、企业形象广告(公关广告)。

(2)依据媒体形式可分为视听广告,如电视、电影、幻灯、广播、短视频平台等;印刷广告,如报刊、挂历、门票、文创产品等;邮寄广告,如明信片、贺年卡、信函等;户外广告,如招牌、路牌、气球等;交通广告,如车、船、飞机等。

(3)依据广告创意的特点可分为理性广告(说理方式的广告)、感性广告。

(4)按艺术形式可分为图片广告、表演广告、演说广告、传媒广告等。

(四)创作要求

(1)真实可靠。真实是商业广告创意的首要原则,它是指对商品的性能、功能、特点、工艺、质量、服务优势等的介绍必须真实可靠,不能有任何虚假之词,虚假广告不仅坑害了消费者,而且最终必将损害企业自身。

(2)心理效应。这是指针对消费者的需求心理,突出宣传商品或业务的某方面特点,以激发消费者购买欲望的一种广告构思原则。广告制作者必须仔细揣摩消费者需求心理,决定广告内容的重点,才能使广告产生更大宣传效应。

(3)新颖独特。构思新颖别致的商业广告,会给公众耳目一新的感觉,从而获得更大的宣传效应。

(4)思想健康。广告会对思想道德和社会风气产生潜移默化的影响,制作不能单纯追求商业效应而不恰当地鼓吹消费、享乐至上思想,更不能出现思想庸俗格调低下的语句。

(5)容易记忆。广告宣传要深入人心,达到家喻户晓,人人明白,广告内容的表达应力求易于辨识和记忆。

(五)写作方法

1. 标题

商业广告的标题是显示其基本内容、基本观点的关键。目前广告常见的命题方式有以下几种。

(1)标识名称。用企业和商品名称或企业和劳务事项直接作为标题,使消费者一目了然,如"××商业大厦诚招合作供应商"。

(2)揭示特征。将商品或劳务的最突出独特之性能、功效、材料、价格、制作工艺等概括为标题。如"节能自动价格优,购车请到××来"。

(3)发布消息。将广告主要内容作为消息发布,给消费者以新奇的诱导。如"××年考研系列用书已出版发行"。

(4)巧打比方。运用打比方来暗示广告内容特点。如"××护肤霜,像妈妈的手,温柔依旧"。

(5)一语双关。运用双关修辞手法制作广告标题。这种方式幽默风趣,具有很强表现力,如"三株口服液,喝了就见笑","巨人电梯,祝君升高"。

(6)提问引导。先提出消费者普遍感到的苦恼的事或某种欲求心理,然后给予引导,如"怎样用三个月教小孩背诵唐诗三百首?"。

2. 正文

商业广告的正文一般包括引子和中心段两部分。

（1）引子是承接标题并对标题揭示的内容作简要解释的部分。有的还可以根据情况于解释的同时创造一种氛围，表达某种承诺和关怀意愿，使消费者产生信任感。有的还可以对有关内容加以形象描绘，使消费者有亲临其境的感觉。

（2）中心段是对广告内容作全面介绍或对有关项目进行证实的部分，一般包括产品的性能、功效、材料、工艺、价格、技术指标、服务优势等。其重点介绍哪部分内容，应视商品和劳务特点和实际需要来确定。

中心段的写作体式多种多样，如叙述、论说、描述、对话、布告、条款、表格等，选取什么方法应据商品和劳务特点以及其表达效果的需要确定。

3. 结尾

商业广告的结尾一般要求写明企业名称、地址、联系人、银行账号、电话、电传。

4. 标语

又称为广告口号，它是以朗朗上口的语言，对商品或劳务最有特征最吸引人的内容进行揭示。如“每日秒杀，惊喜不断”，“天有不测风云，我有人民保险”，“天然精华，如水轻柔——××化妆品”。

例文一

眼药水广告：滴后请将眼球转动数次，以便药水布满全球。

餐馆广告：请来本店用餐吧！不然你我都要挨饿了。

空调广告：本品在世界各地的维修工是最寂寞的。

理发店广告：虽为毫末技艺，确是顶上功夫。

新书广告：本书包括十个短篇小说，我熬了许多个夜晚才写出，现以一元钱奉献给读者，即一个短篇才值一角钱。

例文二

美好的明天，从今晚长城开始！——长城宾馆

香格里拉——您平步青云的必然选择！——香格里拉大酒店

跨下银马座，好运自然来！——银马座酒店

千帆竞发扬子江，万冠云集新世界！——新世纪酒店

挽卿手、共白头、阳光酒店誓千秋！——阳光酒店

例文三

音响公司广告———一呼四应！

饺子铺广告———无所不包！

石灰厂广告———白手起家！

当铺广告———当之无愧！

帽子公司广告———以帽取人！

理发店广告——一毛不拔！

药店广告——自讨苦吃！

打字机广告——不打不相识！

眼镜店广告——眼睛是心灵的窗户，为了保护您的心灵，请为您的窗户安上玻璃。

公共场所禁烟广告——为了使地毯没有洞，也为了使您肺部没有洞，请不要吸烟。

公路交通广告——如果你的汽车会游泳的话，请照直开，不必刹车。

汽车陈列室广告——永远要让驾驶执照比你自己先到期。

交通安全广告——请记住，上帝并不是十全十美的，它给汽车准备了备件，而人没有。

化妆品广告——趁早下“斑”，请勿“痘”留。

酸汁饮料广告——小别意酸酸，欢聚心甜甜。

印刷公司广告——除钞票外，承印一切。

二、市场调查报告

（一）市场调查报告的概念

市场调查报告是以经济活动为考察对象的经济文书，是将由市场搜集到的市场营销方面的情报信息，以科学的方法进行整理和分析，以了解产品和服务对象的现状及潜在市场的可能，并作出较为公允的结论，以便为市场营销提供切实可行的决策依据的经济应用文。

要写好市场调查报告，首先就要进行市场调查。市场调查是企业进行市场开发的基础，是企业营销决策的关键因素。市场调查的整个过程大致可以分为两步：第一步是收集资料；第二步对资料进行整理和分析。

（二）市场调查报告的特点

（1）针对性。市场调查报告的最终目的是作出市场预测。所以，市场调查报告必须有目的地针对生产、流通与销售中的棘手问题进行写作。

（2）真实性。市场调查是政府制定政策法规和宏观调控的依据，必须真实可靠，是生产经营者决策的依据，只有内容真实才能发挥依据作用。

（3）时效性。市场变化很大，市场调查必须紧扣当前的生产销售活动，有效促进生产力发展，及时为企业决策提供参考意见。对于企业来说，时间就是金钱，事件就是效益。

（4）实用性。市场调查报告反映的是经济活动中已经出现的问题，其出发点和归宿点全在于实实在在的经济效益。

（三）市场调查报告的分类

（1）综合市场调查报告，是围绕产品市场销售的诸多侧面进行调查的报告。

（2）专题市场调查报告，是围绕一个专门问题或情况进行专项调查的报告。

（3）典型市场调查报告，多用于营销活动的起步阶段，主要借助对典型的研究，在小范围内进行试验，从中找到带有普遍性问题。

（四）市场调查常用的方法

（1）现场调查法：调查者到现场直接观察、实录调查对象，向对象直接了解意见的方法。这种方法简便易行，但调查范围较小。

（2）询问调查法：调查者事先确定调查的若干问题，用口头或书面方式向被调查者询问，以获取情报资料的方法。

(3)实验调查法:这种方式多用以现在销售方式进行,如展销会、博览会等。

(4)统计调查法:就是运用企业销售情况表、会计表等材料进行统计分析的方法。

(5)展示调查法:将产品展示出来,让受访者亲自参与、体验,并回答有关问题。这种方法适用于房地产、汽车、软件等产品。

(五)写作方法

市场调查报告大致包括标题、正文、结尾三个部分内容。

1. 标题

市场调查报告的标题,应根据市场调查的目的、内容、范围等项目来拟定,力求做到新鲜、醒目。一般有四种方法:第一种由调查单位、内容、范围、文种几个要素组成,如《××市××电动汽车产销情况的调查报告》;第二种是直接写出调查对象的状况,如《××化妆品由滞转畅》;第三种是提出问题,指出调查意义,如《网络销售发展速度不宜太快》;第四种是正副标题形式,一般正标题揭示主题,副标题写出调查事件或范围,如《泥巴换外汇——陶瓷品出口情况调查》。

2. 正文

正文是市场调查报告的核心内容,既要反映市场调查的基本情况,又要表明调查者的观点和意见。

(1)前言,又称引言,是对市场调查的情况进行简要说明,主要说明调查的目的、对象、范围,有时还需要说明调查的时间,调查的方法,抽样统计多少……引起读者的注意和思考。有的市场调查报告也可以不写前言,直接进入调查主体部分。

(2)主体是市场调查报告的主要内容,一般由基本情况、分析归纳、提出意见三部分组成。

①基本情况是叙述调查得来的材料,有时用数据、图表说明,必要时还应对市场的背景资料,如地理、气候、政治、经济、文化等变化趋势作出说明。

②分析归纳,是写对调查得来的数据资料是如何分析归纳的,调查者在调查中发现了哪些问题,得出了什么结论。

③提出意见是根据调查材料及其分析研究,提出解决问题的方法,或应采取的对策及措施等。

3. 结尾

市场调查报告一般都要用简要说明来收束全文。结尾后要签注上作者的单位和姓名及写作时间。

例文一

关于全市××××年电暖器市场的调查

1. 生产情况

据调查,国内以电暖器为主要产品的生产企业为数不多,大约××家。××××年,这些企业电暖器总产量约××万台。其中年产量超过××万台的主要有广东美的××厂、××实业公司等八家企业。这八家企业电暖器总产量约××万台,占国内电暖器总产量的××%。具体数字见表一(略)。

以上情况表明:虽然电暖器行业目前处于起步阶段,但生产集中程度都非常高。特别是产量排行第一的广东美的家电厂,其产量超过国内总产量的四分之一,在本行业中处于明显的垄断地位。

2. 销售情况

据对北京、成都、沈阳、济南、杭州、武汉六个城市的 ×× 家大商场的调查, ×× 年总销量约为 ×× 台。其中,销量超过 ×× 台的有 ×× 商场、 ×× 百货大楼等五家商场,年销售总量约 ×× 台,占 ×× 家销售总量的 ××%。具体数字见表二(略)。

以上情况表明:与电暖器生产的高度集中类似,电暖器销售的集中程度也非常高。这种现象一方面反映了电暖器市场正处于开发阶段,大部分商场都把电暖器作为试销商品经营,把电暖器作为主要商品经营的为数甚少;另一方面,虽然经销电暖器获得成功的商场数量不多,但这些成功者的事实至少说明,电暖器极具市场潜力,具有良好的发展前景。

3. 各种品牌的竞争(略)

4. 市场分析与展望

产品与建筑面积、供热面积的分析(略)

产品生产和销售情况的分析(略)

5. 几点建议(略)

例文二

×× 市居民家庭饮食消费状况调查报告

为了深入了解本市居民家庭在酒类市场及餐饮类市场的消费情况,特进行此次调查。调查由本市某大学承担,调查时间是在 ×××× 年 ×× 月至 ×× 月,为问卷式访问调查,本次调查选取的样本总数是 2 000 户。各项调查工作结束后,该大学将调查内容予以总结,其调查报告如下。

一、调查对象的基本情况

(一)样品类属情况。在有效样本户中,工人 320 户,占总数比例 18.2%;农民 130 户,占总数比例 7.4%;教师 200 户,占总数比例 11.4%;机关干部 190 户,占总数比例 10.8%;个体户 220 户,占总数比例 12.5%;经理 150 户,占总数比例 8.52%;科研人员 50 户,占总数比例 2.84%;待业户 90 户,占总数比例 5.1%;医生 20 户,占总数比例 1.14%;其他 260 户,占总数比例 14.77%。

(二)家庭收入情况。本次调查结果显示,从本市总的消费水平来看,相当一部分居民还达不到小康水平,大部分的人均月收入在 ×× 元左右,样本中只有约 2.3% 的消费者收入在 ×× 元以上。因此,可以初步得出结论,本市总的消费水平较低,商家在定价的时候要特别慎重。

二、专门调查部分

(一)酒类产品的消费情况

1. 白酒比红酒消费量大

分析其原因,一是白酒除了顾客自己消费以外,用于送礼的较多,而红酒主要用于自己消费;二是商家做广告也多数是白酒广告,红酒的广告很少。这直接导致白酒的市场大于红酒的市场。

2. 白酒消费多元化

（1）从买白酒的用途来看，约 52.84% 的消费者用于自己饮用，约 27.84% 的消费者用来送礼，其余的是随机性很大的消费者。

……

（2）购买因素比较鲜明，调查资料显示，消费者关注的因素依次为价格、品牌、质量、包装、广告、酒精度，这样就可以得出结论，生产厂商的合理定价是十分重要的，创名牌、求质量、巧包装、做好广告也很重要。

（3）顾客忠诚度调查表明，经常换品牌的消费者占样本总数的 32.95%，偶尔换的占 43.75%，对新品牌的酒持喜欢态度的占样本总数的 32.39%，持无所谓态度的占 52.27%，明确表示不喜欢的占 3.4%。可以看出，一旦某个品牌在消费者心目中形成印象，是很难改变的，因此，厂商应在树立企业形象、争创名牌上狠下功夫，这对企业的发展十分重要。

（4）动因分析。主要在于消费者自己的选择，其次是广告宣传，然后是亲友介绍，最后才是营业员推荐。不难发现，怎样吸引消费者的注意力，对于企业来说是关键，怎样做好广告宣传，消费者的口碑如何建立，将直接影响酒类市场的规模。而对于商家来说，营业员的素质也应重视，因为它对酒类产品的销售有着一定的影响作用。

（二）饮食类产品的消费情况

本次调查主要针对一些饮食消费场所和消费者比较喜欢的饮食进行，调查表明，消费有以下几个重要特点：

……

三、结论和建议

（一）结论

（1）本市的居民消费水平还不算太高，属于中等消费水平，平均月收入在 ×× 元左右，相当一部分居民还没有达到小康水平。

……

（二）建议

（1）商家在组织货品时要根据市场的变化制定相应的营销策略。

（2）对消费者较多选择本地酒的情况，政府和商家应采取积极措施引导消费者的消费，实现城市消费的良性循环。

例文三

×××5A 景区旅游客源市场的调查报告

一、调查目的（略）

二、调查方法

为了客观、真实、准确获取客源市场的资料和信息，我们采取了问卷调查附以部分访谈的方法，从 ×××× 年 ×× 月下旬至 ×× 月中旬，对景区游客进行了为期三个月的抽样调查。

（一）问卷的设计（略）

(二)问卷的内容(略)

(三)调查运作(略)

(四)调查的质量(略)

三、调查结果

(一)调查样本数量(略)

(二)游客区域分布

四、结果分析

基于上述结果,×××5A景区旅游客源市场主要表现出以下八个方面的基本特征:(略)

四、对策建议(略)

第三节　起诉状、上诉状

一、起诉状

(一)起诉状的概念

起诉状又叫诉状,是指在诉讼过程中,当事人为维护自身合法利益,依法向各级人民法院提起诉讼请求的法律文书。

根据我国法律规定,任何公民、法人或其他组织,认为自身法律保护的权益受到了侵犯和损害,都依法享有起诉权,请求人民法院通过审理予以保护。诉讼时,应向法院提交诉状,其中正本一份(送交法院),副本可多份(每个被告一份)。自己写诉状有困难者,可以请人代写;代写有困难者,根据诉讼法规定,当事人可以口头诉讼,由法院制作笔录。

(二)起诉状的特点

(1)单一性。起诉状所表述的内容必须具有明确的某一涉法事项,必须围绕某项中心事项进行起诉,目标明确。

(2)专属性。在起诉中,起诉人是受到来自某方面的特定侵害的对象。

(三)起诉状的种类

(1)民事起诉状。是民事诉讼中的原告或其他法定代理人,为维护自己的合法权益,就有关民事权利和义务的纠纷,向人民法院提起诉讼的书状。民事案件包括:婚姻家庭案、财产纠纷案、知识产权纠纷案、人身权益纠纷案等。

(2)刑事起诉状。是指被害人或其法定代理人,直接向人民法院提起诉讼,控告被告人侵犯了自诉人的合法权益,要求追究被告人刑事责任的诉讼。

(3)行政起诉状。是公民、法人或其他组织,认为行政机关工作人员的具体行政行为侵犯其合法权益,依法向人民法院提起诉讼,要求依法裁判的书状。

(四)写作方法

1. 民事起诉状

(1)标题。标题通常写“起诉状”或“民事起诉状”。然后填写当事人基本情况,包括原告、被告和第三人基本情况。要写清楚他们的姓名、性别、年龄、工作单位、职务、住址等情况，以及诉讼代理人的情况。

（2）正文。正文包括以下内容。

①诉讼请求，是原告向法院提起诉讼的目的，也称为案由，内容要求明确、具体、合法，各自独立的请求事项应分项列出，最后一项通常写诉讼费用的负担要求。

②事实和理由，诉讼的事实，是法庭裁判的根据，要叙述事件的时间、地点、人物、事件、起因和结果，层次分明，双方争执的焦点应当突出。而理由要列举证据，引用相关法律条款，有理有据。

③证据及来源，证据是说明事实的关键，凡是有利于支持诉讼请求的相关证据及其来源，都要交代清楚。证据如是证人证言，应写明证人姓名、住址、职业，以便法庭调查。

（3）结尾。包括受诉法院名称、署名、时间和附项。要另起一行，空两格写明“此致”，再另起一行，顶格写明“××人民法院”。在右下方写原告人姓名、法定代表人和委托人姓名，并盖章。最后在署名下面写明年月日。附项写在左下方，详细写明提交法院的材料名称和数量。

民事起诉状（模本）

原告：____________________

住所地：__________________ 电话：__________________ 邮编：__________________

法定代表人：__________________ 职务：__________________

被告（1）：

住所地：__________________ 电话：__________________ 邮编：__________________

法定代表人：__________________ 职务：__________________

被告（2）：

住所地：__________________ 电话：__________________ 邮编：__________________

法定代表人：__________________ 职务：__________________

诉讼请求：

（1）____

（2）____

事实与理由：____

____

此致

__________人民法院

原告人：__________（盖章）

法定代表人：__________（盖章）

××××年××月××日

附：合同副本 __________ 份

本诉状副本 __________ 份

其他证明文件 __________ 份

2. 刑事起诉状

（1）标题。标题通常在正中写明“刑事诉讼状”“刑事附带民事起诉状”。然后填写好当事人基本情况，包括自诉人和被告人，要写明姓名、性别、出生年月、民族、籍贯、职业、工作单位、住址等，有法定代理人的，在当事人之下写明法定代理人情况。

（2）正文。正文包括以下内容。

①案由和诉讼请求：请求人民法院依法追究被告人的刑事责任，要将被告人所犯罪行写得明确、具体，要有法律依据。

②事实和理由：事实部分应写清楚被告人犯罪的具体情况，即按起因、经过、结果的顺序书写，时间、地点、人物、动机、目的、手段诸因素都要交代清楚。事实写清楚后，还应写明能证明所控事实的证据（证人、证言、证物、书证）等。理由部分要根据事实和法律对被告人行为的性质和罪名进行分析认定，叙述事实和理由，要实事求是，不得夸大，说理中肯，结构严谨，表述确切，语言简练。

③证据及其来源：在刑事起诉状中，要列出证据名称及其来源，列出证人的姓名、地址，以便查证。

（3）结尾。包括受诉法院名称、署名、时间和附项。要另起一行，空两格写明“此致”，再另起一行，顶格写明“×× 人民法院”。在右下方写原告人姓名、法定代表人和委托人姓名，并盖章。最后在署名下面写明年月日。附项写在左下方，详细写明提交法院的材料名称和数量。

刑事起诉状（模本）

原告姓名：_____ 性别：_____ 年龄：_____ 民族：_____ 籍贯：_____ 职业：_____

住所地：__________ 电话：__________ 邮编：__________

被告姓名：_____ 性别：_____ 年龄：_____ 民族：_____ 籍贯：_____ 职业：_____

住所地：__________ 电话：__________ 邮编：__________

案由：____________________

诉讼请求：

（1）____________________

（2）____________________

事实和理由：____________________

____

此致

__________ 人民法院

具状人：__________（盖章）

××××年××月××日

附：本诉状副本 __________ 份

证物 __________ 份

书证 __________ 份

3. 行政起诉状

（1）标题。标题通常在正中写明“行政诉讼状”。然后填写好当事人基本情况，包括原告、被告及第三人，要写明姓名、性别、出生年月、民族、籍贯、职业、工作单位、住址等，有法定代理人的，在当事人之下写明法定代理人情况。

(2)正文。正文包括以下内容。

①案由和诉讼请求,根据具体行政行为的违法性的不同情况而提出诉讼请求。

②事实和理由,事实部分应写明被告及其工作人员作出违法行政行为的事实经过和结果,即哪一行政机关,因何而作出什么样的具体行政行为。

(3)结尾。包括受诉法院名称、署名、时间和附项。要另起一行,空两格写明“此致”,再另起一行,顶格写明“××人民法院”。在右下方写原告人姓名、法定代表人和委托人姓名,并盖章。最后在署名下面写明年月日。附项写在左下方,详细写明提交法院的材料名称和数量。

行政起诉状(模本)

原告姓名:_____ 性别:_____ 年龄:_____ 民族:_____ 籍贯:_____ 职业:_____

住所地:__________ 电话:__________ 邮编:__________

法定代表人:__________ 职务:__________

被告姓名:_____ 性别:_____ 年龄:_____ 民族:_____ 籍贯:_____ 职业:_____

住所地:__________ 电话:__________ 邮编:__________

案由:____________________

诉讼请求:

(1)____________________

(2)____________________

事实和理由:____________________

____

此致

__________人民法院

起状人:__________(盖章)

××××年××月××日

附:本诉状副本__________份

证物__________份

(五)注意事项

(1)当事人的基本情况一定要写清楚。

(2)诉讼请求一定要表述明白,以便原告能达到诉讼期望的结果,所依据的事实和理由一定要真实、准确,以便法院能公正裁决。

(3)所有的证据和来源要合理、合法,原告要尽可能向法院提交所有可以证明事实和理由的证据,以便法院调查取证。

(4)证据应当提交原件和原物,证据材料如果是使用复写纸、纯蓝墨水、圆珠笔书写的,在提供原件时应附复印件。

(5)对事实和理由进行阐述的时候,一定要层次分明、详略得当、合理合法。

例文一

刑事起诉状

自诉人：苏 ×× ，女，×× 岁，× 族，天津市 × 县 × 乡 × 村人

被告人：刘 ××，男， ×× 岁， × 族，天津市 × 县人，天津市 × 县 × 厂工人，住本厂宿舍。

案由：虐待家庭成员

请求事项：被告人犯虐待罪，请依法惩处。

事实和理由：自诉人和被告人于 ×××× 年结婚，感情尚好，生有子女各一名。

×××× 年被告人与女徒工王某通奸。自诉人知道后，曾多次向被告人单位反映，要求领导制止被告人的不道德行为。由于种种原因，问题未能解决，使自诉人精神上受到了极大的刺激，患上精神分裂症（有医院证明）。被告人为了达到与自诉人离婚而与女徒工王某结婚的目的，便对自诉人在精神、肉体上加以虐待。×××× 年被告人假借为自诉人治病，在夜间使用暴力，强行往自诉人嘴里灌粪水。由于自诉人紧咬牙关，被告人才未得逞，但造成了自诉人舌尖糜烂、嘴唇胀肿等严重后果（李某某可以证明）。×××× 年春节期间的一天夜里，被告人又对自诉人下毒手，用针狠扎自诉人。因自诉人大声喊叫，邻居代某某进屋帮忙，自诉人才幸免于难。（邻居代某某可证明）。

×××× 年 ×× 月被告人起诉离婚，因无正当理由，法院未准。×××× 年起，被告人即不负担子女生活费。× 月 × 日突然进家把自诉人捆上送 ×× 精神病疗养院，并趁自诉人在疗养院期间将家中三口人的口粮拉走，自诉人出院后，无奈带孩子回到娘家。被告人为了达到与自诉人离婚的目的，从 ×××× 年开始，对自诉人在精神上进行折磨，在肉体上进行摧残，在经济上克扣开支，情节恶劣，触犯了《中华人民共和国刑法》第 182 条第一款规定，已构成虐待罪，请人民法院依法追究被告人的刑事责任。

此致

天津市 ×× 县人民法院

具状人：苏 ××

代书人：天津市第 × 律师事务所律师 ××

×××× 年 ×× 月 ×× 日

例文二

行政诉讼状

原告：姓名____性别____出生年月____民族____工作单位____职业____住址____联系方式____（如原告为单位，则写名称、地址、联系方式。）

委托代理人：姓名____性别____年龄____民族____职务____工作单位____住址____联系方式____。

被告：名称____地址____联系方式____

法定代表人：姓名____职务____

诉讼请求：（写明向法院起诉所要达到的目的）

事实和理由：（写明起诉或提出主张的事实依据和法律依据，包括证据情况和证人姓名

及联系地址)。

此致

××××人民法院

原告人:(签名或盖章)

法定代表人:(签名)

××××年××月××日

附:1. 本诉状副本×份(按被告人数确定);

2. 证据××份;

3. 其他材料××份。

例文三

民事起诉状

原告:×××	被告:×××
住所地:××××	住所地:××××
邮编:××××	邮编:××××
法定代表人:×××	法定代表人:×××
职务:××××	职务:××××
联系人:××××	联系人:××××
联系方式:××××	联系方式:××××

诉讼请求

一、确认××××无效。

二、判令×××返还×××全部财产。

三、(略)

事实与理由

(略)

证据和证据来源

1.(略)

2.(略)

此致

×××人民法院

起诉人:×××

××××年××月××日

附件一:本起诉状副本××份

附件二:(略)

二、上诉状

(一)上诉状的概念

上诉状是诉讼当事人或法定代理人,因不服人民法院一审判决或裁定,依法向上一级人民法院提出请求撤销、变更原判或重新申请审理的文书。

上诉权是我国刑事诉讼法赋予当事人的一项基本权利,《中华人民共和国刑事诉讼法》规定:“对被告人的上诉权,不得以任何借口加以剥夺”。

上诉状分为民事上诉状、刑事上诉状和行政上诉状三种。

(二)上诉状的特点

(1)规范性。提起上诉要满足两个条件,第一,上诉必须是对地方各级人民法院的裁定或判决提起上诉,对最高人民法院作出的裁判,不能提起上诉;第二,只能对人民法院一审判决提起上诉,因为我国施行二审判决终审制度,二审作出判决后,不得再提起上诉。

(2)期限性。我国对上诉的期限有相关规定,必须在法定期限内上诉,对刑事申诉状,不服判决的申诉期限为10天;对民事和行政申诉状期限为15天,不能超期,也不能越级。

(3)特定性。上诉必须是当事人或者当事人的法定代理人,且必须针对一审判决中存在的问题而提出。

(4)完整性。上诉的内容必须完整,对理由、依据等的表述一定要充分,这样才能引起足够的重视,层次也要分明,逻辑性要强。

(三)写作方法

上诉状一般包括标题、基本情况、正文、结尾四个部分内容。

1. 标题

可以根据案件性质写明“民事上诉状”“刑事上诉状”“行政上诉状”,也可以只写“上诉状”。

2. 基本情况

在标题下方一段,要写明当事人的基本情况,包括写明上诉人和被上诉人的姓名、性别、年龄、民族、职业、单位、住址等事项。如果有代理人,还要写清楚代理人的基本情况。

3. 正文

正文一般包括上诉事项、上诉请求、上诉理由几个部分。

(1)上诉事项。写明上诉人不服原判或裁定的材料来源,也就是要说明对什么人、什么案件、有什么异议等内容进行清楚的表达。例如“上诉人 ××× 因为 ×××× 一案,不服 ××× 人民法院于 ×××× 年 ×× 月 ×× 日 ×××× 刑事判决,现依法提出上诉”。

(2)上诉请求。当事人或代理人要简明扼要地写清楚请求整个案子的概况,然后写清楚一审的结果,并重点写明对原审判的哪一部分不服,最后写清上诉请求。

(3)上诉理由。应该实事求是地把对一审判决不服的理由讲清楚,比如,一审判决性质、认定的事实、主要证据、法定程序等是否合理合法等等。

4. 结尾

结尾应顶格写明人民法院的名称,其后不加标点符号,然后在正文的右下方注明具状人姓名、日期等内容,最后写明附件内容,附件内容应该涵盖附件的名称、份数等信息。

例文一

上诉状

上诉人(一审原告):(姓名、性别、年龄、民族、籍贯、职业、单位、住址、电话等)

被上诉人(一审被告):(姓名、性别、年龄、民族、籍贯、职业、单位、住址、电话等)

上诉原因:×××× 一案,不服 ××× 人民法院于 ×××× 年 ×× 月 ×× 日 × 字 × 号判决(或裁定),现提出上诉,上诉请求和理由如下:

申诉请求:____

申诉理由:____

此致

××× 人民法院

上诉人:×××(盖章)

×××× 年 ×× 月 ×× 日

附:1. 上诉副本 × 份

2. 物证 × 件

3. 书证 × 件

例文二

上诉状

上诉人:陈 ××,男,×× 岁,× 族,×× 省 ×× 县人,×× 厂会计,住 ×× 市 ×× 街 ×× 号。

上诉人因盗窃一案,不服 ×× 市 ×× 区人民法院 ×××× 年 × 月 × 日(××)刑普判字第 ×× 号刑事判决,现提出上诉。

上诉理由和上诉请求如下:

上诉人于 ×××× 年 × 月 × 日盗窃了林 ×× 自行车一辆,卖给王 ××,得人民币 ×× 元。被公安机关发觉后,上诉人立即坦白交代,并主动将赃款全部退还。在审讯中,×× 法院审判员张 ×× 再三追逼,说我是个惯犯,绝不只盗窃一辆自行车,一定还有很多,如不交代,就要从严判处;如果彻底交代,保证从宽处理、不判刑或者只判很轻的刑。为了争取"坦白从宽",我就捏造事实,说从 ×××× 年 ×× 月到 ×××× 年 ×× 月一共盗窃了 11 辆自行车。谁知这一"交代",不但得不到宽大,反而以此为根据(判决书上说我供认不讳,罪行严重)判处徒刑 5 年。我所坦白的那 10 辆自行车全是假的,根本没有的事;只有盗窃林 ×× 的那一辆才是真的,一被发觉,我即坦白认罪,并积极退款。根据党的政策,我是符合"坦白从宽"的条件的。可是原审人民法院却判我 5 年徒刑,这是不符合法律规定和政策精神的,因此我不服原判,特提出上诉,请求撤销原判,重新审理,依法改判,给我以宽大处理。

此致

×× 市中级人民法院

上诉人:×××

代书人:律师 ×××

×××× 年 ×× 月 ×× 日

附:1. 上诉状副本 × 份。

2.×× 审判员审问我的情况,有记录在卷,请查对。

例文三

行政上诉状

上诉人:××× 公司

法定代表人:×××,×××× 公司总裁,联系方式:××××

委托代理人:×××,×××× 公司法人代表,联系方式:××××

上诉人不服 ×××× 法院 ×××× 裁定,根据《中华人民共和国刑事诉讼法》第 ×× 条 ×× 款规定提出申诉,请贵院撤销上述行政裁定书,依法重新处理。其事实如下:

一、……

二、……

上诉人认为,就本案而论, ×××× 法院的以上裁决是无法律依据的,与法理亦相悖,因而是不恰当的,理由如下:

一、……

二、……

鉴于上述事实和理由,我请求 ×××× 法院依照审判监督程序,依法撤销 ×××× 的裁决,重新进行审判。

此致

×××× 人民法院

上诉人:×××× 公司

×××× 年 ×× 月 ×× 日

第四节　答辩状、公证书

一、答辩状

(一)答辩状的概念

答辩状又叫答辩书,答辩状是指在诉讼活动中,被告方或被上诉方,针对原告或上诉人的指控,依法依规向人民法院进行答复或辩解的一种诉讼文书。

答辩是应诉行为,是法律赋予被告人和被上诉人的诉讼权利,其目的是方便司法机关进一步了解案情,判明是非,作出正确裁决,维护被诉人的正当权益,同时也为被告或者上诉人维护自身权益提供辩解机会。

答辩状可以分为民事答辩状、刑事答辩状和行政答辩状三种。

(二)答辩状的特点

(1)针对性。在答辩状中,被告人或被上诉人对原告人或上诉人的指控应当进行回答,以维护自己的合法权益,因而具有很强的针对性。

(2)辩论性。被告人或被上诉人针对指控或上诉内容提出异议,通过答辩状予以辩驳和辩解。

(3)被动性。无论是一审还是二审,答辩都是被告人或者上诉人针对起诉状或上诉状的相关内容而进行的答辩,没有起诉就没有答辩。

（4）时效性。时效性包括人民法院在规定期限内向被告或者被上诉人送达起诉状（上诉状），也包括被告或者被上诉人应在法定期限内，就起诉状（或上诉状）作出相应的答辩。

（三）写作方法

答辩状一般包括标题、基本情况、正文、结尾四个部分的内容。

1. 标题

答辩状标题可以在顶部正中直接写“答辩状”，也可以根据案件性质写成“民事答辩状”“刑事答辩状”“行政答辩状”。

2. 基本情况

依次要写答辩人的姓名、性别、年龄、民族、籍贯、职业、单位、住址、电话等信息。如果有代理人或委托代理人，同样要写清楚情况，包括与答辩人的关系。

3. 正文

答辩状的正文包括以下内容。

（1）答辩案由，即答辩的缘由，写明因何人、上告何事而提出答辩，一般用“现将 ×× 为 ×× 一案，提出答辩如下”。

（2）答辩理由，这是很重要一部分，必须针对原诉中提出的事实、理由和请求，进行答复和辩驳。一定要摆出充分的事实和充足的理由，反驳原告，阐明自己的观点和意见。

（3）答辩意见，在充分阐述答辩理由的基础上，简要提出自己的观点，说明自己答辩的理由正确、合理、合法，指出对方的谬误，提出自己的主张，请求依法裁判。

4. 结尾

结尾应该在正文下方，顶格写明人民法院的名称，其后不加标点，然后在正文的右下方注明具状人姓名、日期等内容。最后写明附件内容，附件内容应该涵盖附件的名称、份数等信息。

（四）注意事项

（1）内容要真实。答辩状中提出的事实必须是客观真实的、经得起推敲的、实事求是的，绝不能歪曲或隐瞒事实真相，否则不但起不到维护自身合法权益的目的，而且一旦被司法机关查证为不实材料，还会给维护自身合法权益造成障碍。

（2）有理有据有节。在采用反面材料对原告或者上诉状中的事项进行辩驳的时候，一定要有理有据，不能凭空捏造事实，一定要提出足以对抗原告或者上诉事件的事实，或者足以否定其所述事实的证据。

（3）要多方思维。除了可以对原告或者上诉状中所述事项本身进行反驳，还可以就其所适用的法律是否合理进行反驳，如果原告或者上诉状对相关法律理解存在错误，或者司法机关某项法律程序发生错误，可以依法就此项提出答辩。

例文一

民事答辩状

答辩人：×× 市 ×× 养鸡场，地址：×× 市 ×× 乡，联系方式：×××××××

法定代表人：孟 ××，厂长，电话：×××××××

企业性质：集体，工商登记核准号：××××

经营范围和方式：饲养鸡、销售肉鸡、鸡蛋。

开户银行：工商银行××分理处。账号：×××××××××

因原告××市××鱼粉厂诉我厂追索贷款一案，提出答辩如下：

（略）

此致

××市××区人民法院

答辩人：××市××养鸡场

××××年××月××日

附：1. 本答辩状副本 1 份

2. 购销鱼粉合同 1 份

例文二

答辩状

答辩人：肖×，男，××年出生，汉族，学生，住址：××××××，电话：××××××。

答辩人因原告肖×亮诉我遗产继承纠纷一案，现根据事实和法律答辩如下：

一、原告肖×亮已丧失了继承权。……

二、被告肖×所继承的财产是父亲肖×伟所应继承的财产……

三、肖×伟所立的两份遗嘱合法有效……

综上所述，被告肖×认为，原告已丧失了继承权，应驳回原告的诉讼请求，而被告肖×可继承古画二幅和存款 50 万元。

此致

×××人民法院

答辩人：肖×

××××年××月××日

附：1. 本答辩状副本×份

2. 证据复印件×份

例文三

刑事答辩状

答辩人：张××，男，45 岁，汉族，四川××人，××××公司职工，家庭住址：××××，邮政编码：××××，联系电话：××××

被答辩人：王××，男，42 岁，汉族，四川××人，外来务工人员，家庭住址：××××，邮政编码：××××，联系电话：××××

答辩人张××因王××指控恶意伤害罪一案，做答辩如下。

一、答辩人的行为不构成恶意伤害罪，事情经过如下……

二、王××的行为存在恶意诈骗，正是因为王××的恶意诈骗，导致了答辩人与被答辩人的纠纷及后续的殴斗，其事实经过和理由如下……

三、证据和证据的来源、证人姓名及其他信息如下……

此致

×××人民法院

答辩人：×××

××××年××月××日

附件一：本答辩状副本×份

附件二：……

二、公证书

（一）公证书的概念

公证书是国家公证机构接受当事人公证后，根据当事人的申请，依法证明其法律行为、有法律意义的文书和事实的真实性、合法性，以保证公民身份、财产上的权利和相关合法利益的国家证明的司法文书。

公证书是司法文书的一种，是公证处为当事人出具的具有特殊法律效力的非诉讼性质的证明文书，具有很强的证据性，可以直接作为司法实践中认定事实的基本依据。公证书各部分要合订在一起加盖公证处钢印方才生效。

（二）公证书的效力

（1）证据效力。公证书在法律上具有能够直接证明公证所确认的法律行为、有法律意义的文书和事实的真实性、合法性，具有特殊的证明力，可直接作为认定事实依据。

（2）强制执行力。债权文书经过公证机构的证明，在债务人到期不清偿债务时，债权人可以不经过诉讼程序，直接向有管辖权的人民法院申请强制执行。这是法律赋予公证机构的特殊职能，是法律强制性在公证活动中的体现。

（3）法律要件效力。又称之为“法律上的效力”，是指在特定条件下，公证证明成为某些法律行为必要条件时，对当事人产生的约束力，即不办公证该行为就不能产生法律效力。从一定意义上来说，是公证赋予该行为以法律约束力。

（三）公证书的特点

（1）司法证明的独立性。公证书是公证机构活动的结果，是对证明对象进行调查和证明结果的集中反映，这种文书只能由国家设立的公证机构出具，其他任何机关和个人均无权出具。

（2）司法证明的权威性。公证书是公证机构经过法定程序公证证明的法律行为、法律事实的文书，在司法活动中是其他任何文书无法替代的，具有权威性的证据作用。

（3）使用的广泛性。公证书适用于一切有民事主体资格的公证当事人。公证的范围也十分广泛，既适用于社会民事、经济，又适用于外交、文化、卫生等各领域。并且得到各国普遍承认。

（4）规范性。公证书必须由专门的机构和专门的法制人员制作，而且必须依照有关法定程序进行。

（5）非诉讼性。公证书是一种预防性法律行为，通过公证，预防涉法纠纷出现，消除涉法隐患，防患于未然。当发生涉法问题的时候，持有公证书者可以直接向有管辖权的人民法院申请强制执行，而不必再经过诉讼程序。

（四）公证书的分类

（1）证明法律行为的公证文书。如证明合同或协议的设立、变革和终止；证明委托或遗嘱的设立、变更和终止；证明资产的继承、赠与、分割和转让；证明收养关系的成立、解除、认领；证明接受、放弃民事权利的声明；证明票据的背书、拒绝承兑、拒绝付款等；现场监督证明拍卖、招标、投标等竞争。

（2）证明有法律意义事实的公证文书。如能证明出生、死亡、海难、空难、不可抗力的自然灾害等；能证明亲属关系、婚姻状况、学历、经历、健康、国籍、未受到刑事处罚等；

（3）证明有法律意义文书的公证文书。如证明文书上的签名、印鉴是否属实；证明文书签署地点和日期；证明文书的副本、复印本、译本等；证明译文与原文相符；证明专利证书、商标注册证书、成绩单、法人营业证书、申请知识产权注册的有关法律文件等。

（4）赋予债权文书具有强制执行效力的文书。如依合同规定而发生的追偿违约金、罚金、应付钱款等债权的文书；追偿债款的借款合同、凭证、欠单等文书；追偿物品的文书或凭证；追偿租金的债权文书；追偿抵押或质押物品的债权文书。

（五）公证书的要求

（1）当事人申请公证，应当亲自到公证处提出书面或口头申请，委托别人代理的，必须提供代理权的证件。

（2）制作公证书前，应按法律规定进行必要的调查研究，以确保公证书内容真实与合法。

（3）公证书一般应一事一证，以保证所证内容的连贯和准确。

（4）公证书所需年份必须使用公历。

（5）公证书必须文字通顺没有歧义，用词高度准确。

（6）公证处对不真实、不合法的文书应当拒绝公证。

（7）公证词所涉及的组织名称第一次出现的时候必须使用全称。

（8）公证书不得涂改、挖补，必须修改的地方，应该加盖公证处专用校对章。

（六）写作方法及格式

公证书一般包含封面、标题、编号、正文、结尾、封底六个部分。

1. 封面

公证书用 16 开大小的纸张，在上部居中位置，用加粗的大字书写“公证书”三个字，并在页面底部合适位置书写公证处全称。

例文一

公 证 书

中华人民共和国
四川省成都市 **锦 江 公 证 处**

2. 标题

在页面顶部正中写明“公证书”三个字即可。

3. 编号

在公证书名称的右下方,由年度编码、公证处及公证类别代码和公证书序号编码组成,如(××××)成证处民字第××号。

4. 正文

正文是公证书的证词,是公证书的核心部分,一般包括两个部分。

(1)基本情况:当事人的姓名、性别、出生日期、住址等内容。

(2)公证内容:申请人申请情况,公证证明的对象、范围和内容,证明过程,证明所依据的事实和法律,公正结论等。

5. 结尾

由制作文书公证处的名称、承办公证员的签名或盖章、出证日期、公证处印章及钢印等组成。

6. 封底

公证书的封底一般为空白。

例文二

公　证　书

（20××）川成锦证字第 ×× 号

申请人：×××，女，×××× 年 × 月 × 日出生，居民身份证号码：××××××××××××××××××

公证事项：无犯罪记录证明

兹证明成都市公安局锦江区分局成龙路派出所于二〇×× 年 × 月 × 日出具给 ×× 的《无犯罪记录证明》的原件与前面的复印件相符，原件属实。

中华人民共和国四川省成都市锦江公证处

例文三

继承权公证书

（××××）×× 证字第 ×× 号

被继承人：（姓名、性别、住址）

继承人：（姓名、性别、出生、住址、与被继承人关系）

继承人：（姓名、性别、出生、住址、与被继承人关系）

经查明，被继承人 ××× 于 ×××× 年 ×× 月 ×× 日因 ××× 在 ×× 地死亡。死后留下遗产有：×××××××××。死者生前无遗嘱。根据《中华人民共和国民法典》第 × 条和第 × 条的规定，被继承人的遗产应当由 ×××、××× 共同继承。

中华人民共和国 ×× 省 ×× 市公证处

公证员（签名章）

×××× 年 ×× 月 ×× 日（盖章）

例文四

公 证 书

（××××）晋证字第 ×× 号

申请人：×××，女，×××× 年 ×× 月 ×× 日出生于北京，居民身份证号码为：××××××××××××××××××××。

公证事项：国外学历学位认证书。

兹证明前面所附的复印件与教育部留学服务中心于 ×××× 年 ×× 月 ×× 日颁发

给 ××× 的《国外学历学位认证书》的原件相符。原件属实。

中华人民共和国 ×× 省 ×× 市公证处

公证员：×××（签名）

×××× 年 ×× 月 ×× 日（盖章）

第五节　合同书、委托书

一、合同书

（一）合同书的概念

合同就是契约，是互助平等的当事人之间为了实现一定的目的，根据国家法律、法规，经过双方（或几方）协商，明确彼此的权利与义务，订出的共同遵守的协议。

《中华人民共和国民法典》规定“合同是民事主体之间设立、变更、终止民事法律关系的协议。”合同是当事人协商一致的产物，必须依法制定，受法律保护，具有法律约束力。

（二）合同书的特点

（1）合法性。合同双方当事人应具有合法资格，应具有相应的民事权力能力和民事行为能力。合同的内容、订立必须遵守国家有关法律和行政法规，只有合法的合同才被法律承认有效，受到保护。

（2）规范性。合同的内容和形式都须规范化。只有规范的合同，才能做到有章可循，有据可查，防止歧义，避免纠纷，确保合同各方当事人的合法权益。

（3）制约性。合同双方当事人的地位平等，其相互的权利、义务是对等的，又是相互制约的，双方既享受权利，又要尽义务。如遇特殊情况，需要变更或解除合同，则必须按法律规定的条件和程序，经各方协调，达成新的协议。

（4）准确性。合同是以设立、变更、终止相关的权利和义务为目的，其数量和条款不能含糊其词，一定要非常准确，以免以后说不清楚。

（三）合同书的种类

（1）按内容分有协作合同、供销合同、安装合同、运输合同、购销合同、物资保管合同、供应合同、租赁合同、技术转让合同、订货合同、包工合同、借贷合同、出版合同、劳务合同、竞赛合同、师徒合同、修缮合同等。

（2）按形式分有条文合同、表格合同。

（3）按期限分，有长期合同、短期合同、一次性合同。

（4）按签订者关系分，有全民所有制企业合同、全民所有制与集体企业间的合同、工商企业之间合同、企业内部之间合同。

（四）写作方法及格式

合同包括标题、基本情况、前言、正文、结尾五个部分。

1. 标题

合同标题一般由“事由”和“文种”两个要素构成，事由一般包括具体的名称或合同性质、范围，如《建筑工程承包合同》《出版合同》，位置在合同首页上方居中。

2. 基本情况

这一部分要交代清楚当事人的基本情况，包括姓名、性别、身份证号码、联系方式等信息，并在后面注明双方约定的固定指代，一般写“甲方”“乙方”或“买方”“卖方”，若有第三者则写“丙方”。

3. 前言

要写清楚订立合同的目的、依据和双方守信的原则。如常用的句式是“为了……双方凭着平等、理解原则……”

4. 正文

合同主要部分多采用条文表述法，一条一项内容，详细写明条款内容，特别是当事各方的权利和义务、违约责任等内容。

5. 结尾

合同结尾一般包括落款和日期。落款一般包括当事人名称、签章、法定通讯地址、法人代表、银行账号、签约地点等，位置在正文后右下方。在落款下方写明日期。

例文一

劳务合同

用人单位（甲方）：　　　　　　　　　　　　　　地址及电话：

职工（乙方）：　　　　　　　身份证号码：　　　　　住址及电话：

××× 市劳动局印制甲方（单位）因生产（工作）需要，按照国家、省、市有关劳动法律、法规、规章规定，招用 ×××（以下称乙方）为劳动合同制职工。双方根据“平等自愿、协商一致”的原则，签定本合同，确立劳动关系，明确双方的权利、义务，并共同遵守履行。

一、合同期限

本合同自__年__月__日起生效。本合同有效期经甲、乙双方商定，采取下列第__种形式：

（一）合同有效期限为__年，至__年__月__日止。

（二）无固定期限。本合同除可因甲方生产经营发生变化或在定期考核中发现乙方未能认真履行本合同规定的劳动义务而依法予以终止外，其他终止条件为：__________。

（三）合同期限至________工作（任务）完成时终止。其完成的标志事件是________。新招收、调入、统一分配人员的劳动合同，自生效之日起__个月内为试用期。

本合同由甲乙双方各存一份。鉴证时还需交鉴证机构一份。均具有同等效力。

二、工作任务

（一）乙方生产（管理）工种（岗位或部门）：__________。

（二）乙方完成甲方正常安排的生产（工作）任务。

三、工作时间

（一）甲方实行每日不超过 8 小时，平均每周不超过 44 小时的工作制度。并保证每周乙方至少不间断休息 24 小时。

（二）甲方可以报经劳动行政部门批准实行不定时工作制或综合计算工时工作制。

（三）甲方因生产、工作需要，经与工会和乙方协商同意，可安排乙方加班加点，但每个工作日延长工作时间不得超过3小时,每月累计不得超过36小时。

(四)有下列情形之一的,甲方延长工作时间不受第(三)项规定限制:

(1)发生自然灾害、事故或者其他原因,威胁劳动者生命健康和财产安全,需要紧急处理的;

(2)生产设备、交通运输线路、公共设施发生故障,影响生产和公共利益,必须及时抢修的;

(3)在法定节日和公休假日内工作不能间断,必须连续生产、运输或者营业的;

(4)必须利用法定节日和公休假日的停产期间进行设备检修、保养的;

(5)为完成国防紧急任务的;

(6)为完成国家下达的其他紧急生产任务的。

四、休假

乙方在合同期内享受国家规定的节日、公休假日以及年休假,探亲、婚丧、计划生育、女职工劳动保护等假期的待遇。

五、劳动报酬

(一)乙方工资分配形式、标准:

1. 甲方按照政府有关企业职工工资,特别是不得低于本市最低工资标准的规定,制定本企业工资制度,确定乙方工资形式和工资标准。

2. 乙方试用期工资________元/月;试用期满乙方起点工资定为________元/月。甲方可按企业工资制度调整乙方工资。

(二)甲方每月如期发放货币工资,如遇节假日或休息日,应提前在最近的工作日支付工资。

(三)甲方安排乙方加班,平时和休息日加班无法安排补休的,按不低于国家(含省、市)规定的标准发给加班工资。其中:

(1)安排延长工作时间的,甲方支付不低于工资________%的加班工资,如加班时间在22时至次日6时期间的,支付________%的加班工资;

(2)休息日加班,支付________%的加班工资;

(3)法定休假日加班支付________%加班工资。但乙方实行综合计算工时工作制的,其工作时间应以一定周期综合计算,属加班时间部分,应按加班工资计发。

(四)非因乙方原因所致的停工、停产,在一个工资支付周期内的,甲方应按本条第(一)项标准支付工资;超过一个工资支付周期的,甲方按不低于本市规定的失业救济标准发给乙方生活费。

(五)乙方在法定工作时间内依法参加社会活动期间,以及依法享受年休假、探亲假、婚假、丧假、计划生育假、女职工劳动保护假期间,甲方按不低于本合同确定的乙方的工资标准支付工资。

(六)如甲方克扣或无故拖欠乙方工资,拒不支付乙方加班工资,低于本市最低标准支付乙方工资的,均应予补发,并应按国家规定支付乙方经济补偿和赔偿金。

六、保险福利待遇

(一)在合同期内,甲、乙双方需按照国家及省、市有关规定,缴纳基本养老保险、失业保险和工伤保险等社会劳动保险基金，同时甲方应定期向乙方通告缴纳社会劳动保险基金情况。

（二）甲方按国家、省、市有关规定，给予女工“五期”（经期、孕期、产假期、哺乳期及更年期）的劳保福利待遇和乙方符合计划生育子女的劳保医疗待遇。

（三）乙方患职业病或因工负伤医疗期间的保险福利待遇，甲方按本市有关社会工伤保险规定执行；医疗终结，经市医务劳动鉴定委员会确认，属完全丧失劳动能力的，由甲方按规定给予办理提前退休；属部分丧失劳动能力的，按本市有关规定执行。

（四）乙方在合同期内患病或非因工负伤，其病假工资，疾病救济费和医疗费等按不低于国家、省、市有关规定执行。

（五）乙方因工或非因工死亡的丧葬补助费、供养直系亲属抚恤费、救济费、一次性优抚金、生活补贴、供养直系亲属死亡补助费等，按国家及本市有关规定由社会劳动保险公司或甲方分别计发。

（六）非因乙方原因所致的停工、停产期间，乙方按国家规定享受的休假、劳动保险、医疗等待遇不变。

（七）乙方其他各种福利待遇、按甲方依法制定的制度执行。

七、劳动保护和劳动条件

（一）甲方执行国家有关劳动保护规定和标准，包括有关女职工、未成年工（16 周岁至未满 18 周岁的职工）的劳动保护规定和《×× 省劳动安全卫生条例》，切实保护乙方在生产、工作中的安全和健康。

（二）甲方按国家“先培训后上岗”的规定对乙方进行安全生产知识、法规教育和操作规程培训以及其他的业务技术培训。乙方应参加上述培训并严格遵守其岗位有关的安全卫生法规、规章、制度和操作规程。

（三）甲方根据乙方从事的工作岗位和有关规定，发给乙方必需的劳动保护用品，按劳动保护规定定期免费安排乙方及进行体检。

（四）乙方有权拒绝甲方的违章指挥，对甲方及其管理人员漠视乙方安全健康的行为，有权提出批评并向有关部门检举、控告。

八、劳动纪律及奖惩

乙方应遵守甲方依法制定的《职工守则》等各项管理制度，甲方有权对乙方履行制度的情况进行检查、督促、考核和奖惩。

九、续订、变更、解除、终止劳动合同

（一）本合同固定期限届满即自然失效，双方必须终止执行。如经双方协商同意，可以续订合同。

（二）如甲方因生产经营情况变化，调整生产任务，或者乙方因个人原因要求变更本合同条款，经合同双方协商同意，可以变更劳动合同的相关内容，并由双方签字（盖章）。如甲方订立劳动合同时所依据的客观情况发生重大变化，致使原合同无法履行，经当事人双方协商不能就变更劳动合同达成协议的，甲方可以解除劳动合同。

（三）有下列情形之一的，劳动合同即告终止：乙方已达到法定退休年龄的；乙方死亡；乙方被批准自费出国留学或出境定居的；甲方被依法撤销、解散、歇业、关闭，宣告破产；本劳动合同约定的终止条件（事件）已经出现。

（四）本合同经甲、乙双方协商一致可以解除。

（五）有下列情形之一的，甲方可解除劳动合同；

乙方在试用期内，被证明不符合录用条件的；

乙方严重违反劳动纪律及甲方依法制定的规章制度；

乙方严重失职、营私舞弊、对甲方利益造成重大损害的；

乙方的行为按照国家的法律、法规规定被追究刑事责任的；

乙方不能胜任工作，经培训或调整工作岗位仍不胜任工作的；

乙方患病或非因工负伤，医疗期届满后不能从事原工作，也不能从事由用人单位另行安排工作的。

如属完全丧失劳动能力达到残废标准一至四级的，应同时按规定办理退休或退职手续。

停工医疗期计算，按甲方制定的不低于《×××市劳动局转发劳动部〈企业职工患病或非因工负伤医疗期规定〉》的标准执行。劳动合同期虽未满，但甲方因生产经营状况发生严重困难以及破产或濒临破产处于法定整顿期间，确需按有关规定裁减人员的；其他符合国家、省、市规定的可以解除劳动合同条件的。

（六）有下列情形之一的，乙方可随时解除劳动合同：

在试用期内；经国家有关部门确认，甲方劳动安全卫生条件恶劣，没有相应保护措施，严重危害乙方安全健康的；甲方不能按劳动合同规定支付劳动报酬；甲方不按规定为乙方办理缴纳退休养老保险等社会劳动保险金的；甲方以暴力、威胁或者非法限制人身自由的手段强迫劳动的；甲方故意不履行劳动合同，严重违反国家法律、法规，侵害乙方其他合法权益的。如乙方依据上款第二项至第六项规定解除劳动合同的，均可追究甲方违约责任。

（七）乙方非依据本合同规定解除劳动合同，应提前30天以书面形式通知甲方。但不免除乙方应依约承担的责任。

（八）有下列情形之一，甲方不得解除劳动合同：乙方患职业病或因工负伤，医疗终结期内，或医疗终结后经市、县级医务劳动鉴定委员确认属大部分丧失劳动能力的；乙方患病或非因工负伤，在规定的医疗期内或医疗期虽满但仍住院治疗的；符合计划生育政策的女职工在孕期、产假期、哺乳期内的；乙方经批准享受法定假期，在规定期限内的；符合国家、省、市有关规定不得解除劳动合同的。

（九）除试用期内或职工被违纪辞退、除名、开除及本合同另有其他特别规定等情况外，甲乙双方解除本合同，必须提前一个月书面通知对方。提前时间不足者，按相距的实际天数，以乙方当月工资收入的日平均数额计算补偿给对方。

（十）甲方应按规定为终止、解除劳动合同的职工办理填发《职工劳动手册》、转移档案等有关手续，为乙方办理待业登记、领取失业救济金提供方便。

（十一）甲方租赁、出售给乙方居住的房屋，双方应签订住房合同。甲乙双方因各种原因解除或终止本劳动合同时，有关住房问题按住房合同规定办理。

（十二）若本合同终止或解除，乙方应将合同履行期内甲方交给乙方无偿使用、保管的物品、工具、技术资料等，如数交还给甲方，如有遗失应予赔偿。

（十三）乙方符合国家规定的退休（含提前退休）条件，甲方应按规定为其办理退休手续，并按本市有关规定管理。

（十四）甲方在合同期内解除劳动合同按《×××市劳动局转发劳动部〈违反和解除劳动合同的经济补偿办法〉》规定发给乙方经济补偿金、医疗补助费。属试用期内或因乙方被作违纪辞退、除名、开除导致劳动合同解除的，甲方不发给补偿金。

（十五）其他未尽事宜，由甲乙双方在互敬互谅的基础上协商解决。

甲方（签字、盖章） 乙方（签字、盖章）

年 月 日 年 月 日

例文二

房屋租赁合同

出租方（以下简称甲方）： 承租方（以下简称乙方）：

根据《中华人民共和国民法典》及相关法律法规的规定，甲、乙双方在平等、自愿的基础上，就甲方将房屋出租给乙方使用，乙方承租甲方房屋事宜，为明确双方权利义务，经协商一致，订立本合同。

第一条 甲方保证所出租的房屋符合国家对租赁房屋的有关规定

第二条 房屋的坐落、面积、装修、设施情况

1. 甲方出租给乙方的房屋位于（省、市）（区、县）____________；门牌号为______。

2. 出租房屋面积共________平方米（建筑面积 / 使用面积 / 套内面积）。

3. 该房屋现有装修及设施、设备情况详见合同附件。

该附件作为甲方按照本合同约定交付乙方使用和乙方在本合同租赁期满交还该房屋时的验收依据。

第三条 甲方应提供房产证（或具有出租权的有效证明）、身份证明（营业执照）等文件，乙方应提供身份证明文件。双方验证后可复印对方文件备存。所有复印件仅供本次租赁使用

第四条 租赁期限、用途

1. 该房屋租赁期共____个月。自___年___月___日起至___年___月___日止。

2. 乙方向甲方承诺，租赁该房屋仅作为__________________使用。

3. 租赁期满，甲方有权收回出租房屋，乙方应如期交还。

乙方如要求续租，则必须在租赁期满____个月之前书面通知甲方，经甲方同意后，重新签订租赁合同。

第五条 租金及支付方式

1. 该房屋每月租金为____元（大写 万 仟 佰 拾元整）。

租金总额为____元（大写 万 仟 佰 拾元整）。

2. 房屋租金支付方式如下：甲方收款后应提供给乙方有效的收款凭证。

第六条 租赁期间相关费用及税金

1. 甲方应承担的费用：

租赁期间，房屋和土地的产权税由甲方依法交纳。如果发生政府有关部门征收本合同中未列出项目但与该房屋有关的费用，应由甲方负担。

2. 乙方交纳以下费用:

(1)乙方应按时交纳自行负担的费用。

(2)甲方不得擅自增加本合同未明确由乙方交纳的费用。

第七条　房屋修缮与使用

……

第十八条　本合同及附件一式______份,由甲、乙双方各执______份。具有同等法律效力

甲方:　　　　　　　　　　　　　　　乙方:

身份证号(或营业执照号):　　　　　　身份证号:

电话:　　　　　　　　　　　　　　　电话:

传真:　　　　　　　　　　　　　　　传真:

地址:　　　　　　　　　　　　　　　地址:

邮政编码:　　　　　　　　　　　　　邮政编码:

房产证号:

房地产经纪机构资质证书号码:

签约代表:

签约日期:　　年　月　日　　　　　　签约日期:　年　月　日

签约地点:　　　　　　　　　　　　　签约地点:

二、委托书

(一)委托书的概念

委托书是委托他人代表自己行使某些权益时所出具的一种法律文书。

委托书一旦生效,委托人不得以任何理由反悔委托事项。被托人代表委托人所行使权利的范围必须是在委托书所规定的范围之内,如果受托人超出了委托人事先约定的权利范围,委托人有权终止委托协议。被委托人如果作出违背国家法律的任何权益,委托人有权终止委托协议。而在委托人的委托书上的合法权益内,被委托人行使的全部职责和责任都将由委托人承担。

(二)委托书种类

(1)诉讼委托书,指在诉讼过程中委托代理人取得诉讼代理资格,为被代理人进行诉讼的法律文书。

(2)民事代理委托书,是委托代理人取得一般民事行为代理资格,为被代理人行使一般民事行为的法律文书。

(3)特别委托书,指约定一项或数项事物的委托书。

(三)委托书的特点

(1)明确授权。授权委托书会明确列出委托人允许代办的事务范围,确保双方的权益得到保障。

(2)适用广泛。普通授权委托书可用于各种场合和事务,如商务谈判、法律诉讼、财务处理、房产处理等。

(3)简洁明了。普通授权委托书通常以简单明了的语言表达,避免使用过多的法律术

语，便于理解和执行。

（4）法律合规。委托人委托被委托人的事项必须在法律允许范围内，且在行使委托权利的时候也必须遵守法律。

（四）写作方法及格式

委托书内容一般包括首部、正文、落款三个部分。

1. 首部

首部包括标题、委托人和受委托人的基本情况两个部分。

（1）标题。委托书标题很简单，有三种形式：一是直接写“委托书”三个字；二是写明“授权委托书”几个字；三是写明委托内容加“委托书”，如“房屋托管委托书”等。

（2）基本情况。写明委托人和受委托人的基本情况。在标题一排空两格处，分别写明“委托人”或“受托人”等字眼，写明委托人和受托人的姓名、性别、年龄、民族、籍贯、身份证号码、工作单位、住址、电话等信息。

如果有多名委托人和受委托人，应当分别写明每一个人的情况，并由各个当事人分别签字或盖章。

2. 正文

正文应该写明委托书内容，一般以条款形式表述，委托条款要准确、明晰，主要包括以下内容。

（1）阐明依据。在正文开头第一段，应该写明委托的法律依据，一般常用“根据法律规定，委托人 ××× 自愿委托 ×××，并经其同意为受委托人”等语。

（2）委托事项。要写清楚受委托人代理的事项，如房屋管理、诉讼案件、工商登记、签订合同等。

（3）权限范围。权限范围是代理人实施代理行为的有效依据，也是限制和制约，代理的权限规定一定要写明确，如“受委托人有权代理当事人承认、变更、放弃诉讼请求；有权提起上诉或反诉；有权接受与对方当事人的和解”等。

（4）双方的权利与义务。双方的权利与义务应该根据委托事项的需要，详细拟定清楚，写明确。

（5）委托的报酬及支付方式。当授权委托为有偿时，委托人应向受委托人支付报酬，故双方当事人应该写明报酬多少，注明报酬支付的方式、支付时间、支付地点和币种等。

（6）委托期限和地点。委托书一定要写明起止的时间，不写起止时间，就容易引起争议。

（7）违约责任。当委托人和受委托人不履行或不适当履行委托书所规定的义务时，应根据法律规定承担违约责任。故应写明什么事项属于违约，违约事项出现后应当如何处理、如何赔偿，当发生争议的时候，双方当事人应当怎么解决纠纷。

（8）委托终止。要写明委托终止情形的规定。

3. 落款

在委托书的结尾右下方，委托人和受委托人要签名盖章，并签写委托成立的时间。

例文一

委托书(模板)

委托人:________,身份证号码:____________,联系电话:__________。

受托人:________,身份证号码:____________,联系电话:__________。

委托人________自愿委托受委托人并经其同意________________________。

受托人________的代理权限为:________________________。受托人不具有____权。

代理期限为:____。

委托人:________(盖章)

受托人:________(盖章)

______年_____月_____日

例文二

公司委托书

委托人:________(单位全称)

法定代表人:姓名______职务______。

受委托人:姓名______单位______职务______。

兹因委托人与__________(单位)签订__________(合同书或协议书),办理__________(合同书或协议书内容)事项,现委托__________(受委托人姓名)为全权代表,与对方签订有关文件,处理有关问题,办理有关公证事项。由此在法律上所产生的权利和义务,均由委托人全部享受和承担。

委托人(法定代表人)(签名或盖章)

______年______月______日(委托单位盖公章)

例文三

委托书

委托人:赵××	被委托人:周××
性别:女	性别:女
身份证号码:××××	身份证号码:××××
联系电话:××××	联系电话:××××

本人因在外地工作,无法亲自到××市办理房产事宜,特委托周××作为我的代理人,完成××市××区××街道××房产过户事宜,代理期限自××××年××月××日至该事项办结止。代理期间,委托代理人全权负责办理上述事项有关事宜,对委托代理人在办理上述事项过程中所签署、修改、提交、领取的有关文件资料,委托人均予以认可,并承担相应的责任。

委托人:(签名、手印)

被委托人:(签名、手印)

××××年××月××日

第十章　申论、毕业论文写作

第一节　申论

“申论”一词出自《论语》的“申而论之”。申即说明、申诉、议论，也就是分析和说明事理；论即“弥纶群言，而研精一理者也”（刘勰《论说》），也就是说凡融通种种见解而深入阐发某些道理的文辞，皆可称之为论。在我国古代官吏选拔考试中，曾采用“对策”作为一种选拔考试的方式，后来成为特定文件的名称，即“策对”“策论”。现在申论也是我国公务员考试的必考内容之一。

一、申论的概念

申论是一种具有申述、申辩、论证、论述之意的应用文体，即对材料、事件和问题进行说明、论述，并据以发表见解，进行论证的一种文体。

申论也是我国公务员进行资格考试的科目之一，《中央机关及其直属机构考试录用公务员公共科目考试大纲》指出：“申论是测查从事机关工作应当具备的基本能力的考试科目”，这种“基本能力”主要是应试者的阅读理解能力、分析判断能力、提出和解决问题的能力、语言表达能力、文体写作能力、时事政治运用能力、行政管理能力。

二、申论的特点

申论具有以下几个方面的特性。

（1）目的明确。申论是考核公务员的方法，是通过考试确定干部人员的一种能力素质型考试，故招考的针对性极强，考试目的非常明确。

（2）形式的灵活性。申论由概括部分、方案部分、议论部分三个相对独立的短文和长文组成。它不受体裁的局限，可以在三个部分分别运用记叙文、说明文、议论文的文体。概括部分可以选择记叙文、说明文、议论文文体；方案部分则用应用文写作文体；议论部分则自然是政论文体。

（3）材料的广泛性。申论给的材料几乎没有范围的限制，涉及政治、经济、法律、文化等各方面，虽然其概括的要点是已经形成的结论，但这结论是唯一的，有利于检测应考者的分析、判断、解决问题的能力。

（4）观点的确定性。申论背景材料的广泛性，并不意味着主题的多样性。申论的观点概括要求应试者认真阅读材料，从杂乱无绪的原始材料中找到现象的根源，并用简要的语言概述出来，重点考察应试者由表及里、透过现象看本质的洞察力。

（5）政策的导向性。申论对策论证的写作，是在具有强烈时代性特征的背景材料前提下进行的，是以党和国家法律、法规和政策为依据、针对社会实践和社会生活中出现的问题而展开的论述，具有策论的政策导向性。

(6)答案多样性。申论考试没有统一的标准答案。考试要求从背景材料中总结、发现并解决问题,无论是提出对策还是对策论证,都不会有一个确切、固定、唯一的标准答案。考生有很大的个人发挥空间,充分展示自己的综合能力和水平。

三、申论的命题结构

申论的测试是通过给定资料,概括要点,提供方案,并要求应试者有针对性地写出有字数要求的议论文,从而对应试者进行知识和潜在能力测试的一种考核形式。申论的命题结构虽然每年有所变化,但大致内容是一致的。申论的结构一般由三大块组成,具体如下。

(1)注意事项。这是针对考生作答提出指导性意见,主要是对申论考核的目的、时限和内容要求。

(2)给定资料。申论给定的材料大多是一组经过粗略加工的"半成品",内容不局限于某一方面,对政治、经济、法律、文化、教育等均有涉及,一般都是社会热点或者大众媒体关注的焦点,是人们所涉及或指导的问题,即背景不生僻,具有普遍性。

(3)答案要求。申论答案要求一般涉及三个方面:①用大约150字的篇幅概括出给定资料所反映的主要问题;②用大约350字的篇幅,提出给定资料所反映问题的解决方案,要有条理地说明,要体现出针对性和操作性;③就所给定材料所反映的问题,用大约1 200字左右的篇幅自拟题目进行论述,要中心明确,论述深刻,有说服力。

四、申论的写作步骤

申论写作的步骤就是申论写作的基本思路,一般而言,申论写作步骤分为阅读材料、概括要点、提出对策、对策论证四个部分,缺一不可。

(一)阅读材料

阅读材料就是对所给出的资料进行认真阅读,这是申论应试的第一步,也是申论写作的基础环节,还是完成其他三个环节的先决条件,只有充分阅读材料,深刻领会其内容实质,才能完成后面的答题。

1. 阅读材料的要求

(1)把握整体材料。申论的材料不像作文材料那样具有相对独立性,它往往是由一组看起来毫不相干的零碎片段、简短无序的"半成品"。故在阅读中要不断完成由事实到观点、由具体到抽象的思维过程。这种过程不是一次性的简单行为,而是要经过反复筛选,而每一次筛选都应该纵观全局,阅读整体材料,这样才能得到正确的观点。

(2)分层审阅材料。在审阅材料的过程中,要善于发现材料的共同特征,把若干个观点相似的材料归聚为一类,并对材料进行分类、分层、分角度的对比,从而找到材料的共性和个性,这样才能比较容易地归纳出主要观点。

(3)合理分配时间。阅读材料时间有限,要合理使用时间,既不可花费过多,也不可草草阅读,就匆匆落笔作答。否则有可能因阅读材料过于粗糙,导致无法抓住材料的核心问题,使提出的对策方案没有针对性,造成对策论偏离申论的要求。

2. 阅读材料的方法

(1)辨识阅读。这是辨认识别文字、图形、标点等各种符号,并在大脑中形成其意义的过程。

(2)理解阅读。这是通过分析比较、抽象、概括等思维活动,了解材料所表达的意思,掌握材料的基本观点，了解材料相关联系的过程。

（3）评价阅读。这是在更深入比较、分析、鉴别、判断、推理、联想的基础上，去伪存真，由表及里地认识材料的本质意义的过程。

（4）创意阅读。这是经过进一步的比较分析和联想，引发出对材料的总体看法，构思出解决问题的初步设想的过程。

（二）概括要点

概括要点就是归纳概括，是根据申论要求，对给定材料的主题、内容、观点及反映的主要文体进行归纳的过程。这个过程是申论写作中十分重要的承上启下的环节。

1. 概括要点的要求

（1）求准。在充分阅读材料基础上，多角度、多层面地展开联想，从而找到材料的相互联系，找准材料所反映的核心问题。

（2）求实。要求要从实际出发，联系公务员的实际工作，客观反映国家行政管理过程中出现的新情况、新问题，有针对性地思考，提出具体可行的办法。提出的观点一定要结合国家实情。

（3）求深。要求不仅要切中问题，反映事物本身规律，而且还要进一步深入把握其内涵，对观点进行深层的提炼，使之符合国家最高利益，符合最广大群众的利益，符合法律、法规。

（4）求全。要求从零碎的材料中所提炼出来的主要观点要反映大局，把握好所有材料，全面准确概括出主要观点。

2. 概括要点的方法

（1）单项分析概括法。是指对每一个材料的某一方面进行深入的分析研究，提示这一材料某一方面的特征及意义，在综合材料各方面特征，联系起来作为一个整体进行研究。

（2）分类分析概括法。是指把同类总体中具有不同特点的单位区分开，注意保持各类单位的同质性与各类之间的差别性，再综合同类事物中的相似性和相异性，作出全面评价的方法。

（3）综合分析概括法。是指把单项分析概括出来的每一材料的个性特征和分类分析概括出来的同类材料的共同特性和不同特性进行第二次加工，综合所有材料的相同性，得出对材料全面评价的方法。

（三）提出对策

提出对策是申论的关键环节，是对写作者思维开阔度、创新意识、应变能力和解决问题的能力的考察。在此，写作者有较大的发挥空间，可以仁者见仁智者见智，各抒己见。但需注意的是所提出的对策和方案必须围绕给定资料所涉及的内容和条件，不能超出给定范围。

1. 提出对策的要求

（1）要针对给定的材料。对策应针对给定材料所反映的主要问题、形成的主要观点进行拟定。所提措施必须具有可操作性，切忌舍本逐末，夸夸其谈。

（2）合情合理。对策要符合当前形势发展的需要，必须充分地了解国际国内政治、经济、文化背景和社会发展状况的情况下，才能拟出既具有前瞻性而又切实可行的对策方案。

（3）切实可行。这就是说所提出的处理意见应充分考虑处理问题的时效性、必须具备前提条件以及解决问题的具体步骤、办法，并且这些都是政府部门力所能及的工作。

2. 提出对策的方法

（1）定点。指确定要解决的问题，没有问题这个点，也就不会有决策活动。找准这个点后，要分清问题的责任者是谁，哪些因素对这些问题产生影响。

（2）定位。就是要找准解决问题的主体，给主体定好位，弄清要解决的问题是不是本级政府所能处理的，是不是涉及其他相关部分，是不是通过正常渠道能解决问题。

（3）定术。就是寻求解决问题的方法和措施。要弄清在一般情况下，解决问题的办法有哪几种，那些办法在解决这一问题中切实可行，如突破陈旧格局，找到新的解决办法。

（4）定的。“的”即目标，包括总体目标、阶段目标和主次目标。

（四）对策论证

对策论证是申论的最后一个环节，也是申论写作的核心，要求写作者充分利用给定的资料，围绕主要问题，全面阐明、论证自己对给定资料所反映的主要问题的基本看法以及解决问题的方案。此环节可以全面衡量和考察一个人的分析归纳能力、提出了解决问题的能力、逻辑思维能力和语言表达能力。

1. 论述过程要求

（1）观点要正确。观点一定要符合客观实际，要求除了有正确的世界观外，还要以辩证法的观点去研究分析问题。

（2）论据要充分。要善于积累知识，善于收集各类材料，只有拥有大量的材料，才能从中选出典型、新颖的材料作为论据，从而增加说服力。

（3）方式要灵活。论证方式是一种综合运用概念、判断、推理等思维形式的思维过程。要善于运用比较论证、比喻论证等多种方式，从不同角度、不同层面，通过透彻的分析、周密的论证和合乎逻辑的推理来证实观点。

2. 对策论证的方法

（1）事理说理论证法。此指围绕申论的主要观点，通过摆事实、讲道理，引用理论材料，阐明主要观点的一种论证方法。包括了据事说理和据理说理两方面。据事说理也就是常说的摆事实讲道理，对具体材料的现象、本质进行理性挖掘，从事实材料里提炼出观点、道理，把深刻的道理和感性的事实结合起来，增强申论说服力。据理说理就是常说的引用科学定理、公理、名言、格言、谚语等来论证观点的正确性。

（2）比较说理论证法。此指通过两种或两种以上事物的比较分析来论证，揭示事物本质的一种说理论述方法。包括了异类比较、同类比较、综合比较。异类比较就是将相反、相对的不同事物、不同过程、不同观点、不同做法或同一客观事物的相同、相对的两方面放在一起进行论述，以形成是非优劣的对照，在比较中展开由表及里、有破有立的分析说理论证法。同类比较是将具有相似点的事物放在一起进行比较，从而将它们共同的本质特征显示出来。这是一种启发人们进行积极思维和逻辑判断的说理方法。综合比较是以事物发展的不同历史阶段的联系进行纵向比较，从而揭示事物所处的历史地位以及它的本质意义和发展趋势。同时以同一时期此事物与彼事物、个别事物与一般事物之间的联系进行比较，识别真伪，分析事物之间的矛盾的一种有效的纵横交错的论证方式。

（3）喻物说理论证法。此指借用具体形象的事物来阐述抽象深刻的道理的方法，即把抽象的事物具体化，把概念的东西具体化，通过比喻方法形象生动呈现出来，使之浅显通俗，易于读者理解。

（4）剖析说理论证法，是指在阐明是非的基础上说明道理的一种论证方法，包括以下内容。首先是全面分析法，即文章围绕一个观点进行全面的剖析说理，揭示深刻的道理；再有问题分析法，即在文章中以设问的方式亮出一个思想靶子，对片面的或偏颇的观点进行质疑、商榷并提出不同的观点与之论辩交锋，旨在辨别是非曲直，纠正谬误之见，通过说理得出结论。还有就是正反分析法，即全文连续陈疑设靶，又连连交锋，边破边立，从而释疑解惑、澄清是非。最后还有归谬分析法，即一种间接批驳论点的逻辑方法和说理方法，先假定对方的观点是正确的，然后经过推理引申，得出不合情理的结论，以此证明对方的论点站不住脚，使其不攻自破。

五、申论的写作格式

在申论中的论说文一般包括标题、正文、结尾几个部分。

1. 标题

申论考试有限定标题和不限定标题两种。申论标题主要有两种形式，第一种是陈述式，主要包括标题揭示的内容和揭示的主旨，如《试论公平与效率的统一》；第二种是设问式，可以产生悬念，引发思考，如《自律是解决行业问题的唯一出路吗？》

2. 正文

申论正文一般采用三段式：提出问题、分析问题、解决问题。

（1）引论部分，提出问题，要简明扼要，开门见山，从给定资料中提炼出有效信息，概括引用，根据材料引出中心论点。

（2）本论部分，分析问题，要紧密结合材料，由表象到本质，由微观到宏观，由特殊到一般的方式进行。要深入挖掘问题的由来，主要表现，现状和可能发展趋势或者产生的原因，一般挖掘三至五条。集中力量论述主要问题，详略得当，兼顾好全局和局部的关系。

（3）结论部分，解决问题，通过引用名言、引用政策、摆事实、讲道理来论证中心论点，也可通过反面论述，增强说服力。

这一部分可以通过“总分模式”和“并列模式”，“总分模式”是先提出总体上的原则性、方向性政策，随后要具体分述对策；“并列模式”就是列举几条对策地位相等、重要性基本持平，按照一定顺序并列来写。

3. 结尾

申论结尾要联系实际，特别是于资料反映的社会生活实际联系起来，点明意义，深化中心，发出号召。可用“综上所述”“总而言之”等语言收束，强调和深化主题。

第二节 毕业论文

毕业论文是学生完成本科、研究生学业的重要环节，要求学生在教师指导下，对所选课题进行广泛、深入研究，提出自己的学术见解，并在结构完整、论述严密的前提下撰写出一份学术论文。毕业论文旨在培养学生的科学研究能力，加强综合运用知识、理论与实践解决实际问题的训练，以及考查学生在本专业领域内的学业水平和掌握的知识。

一、论文的相关概念

（一）论文的概念

学术论文，又称科学论文，简称论文。它是在科学研究、科学实验和工程技术设计的基础上，对社会科学、自然科学领域里的课题进行科学分析和论证、描述与概括、阐释与说明，运用概念、判断、推理、证明、诠释、公式、图示等手段，阐明各种问题的本质、特点、原理、定律的一种实用文体。

毕业论文，是学术论文的一种，是高校应届毕业生为检验学习成果，锻炼学生独立分析问题和解决问题的能力，根据专业培养目标，选择某一课题，在教师的指导下，综合运用所学基础理论、专业知识和基本技能，撰写的用以表达科研成果和阐述学术观点的理论性文章。

（二）论文的特点

（1）理论性。理论性是学术论文与其他议论文的根本区别。论文需要运用科学的原理和方法，上升到一定的理论高度去考察分析问题，探讨命题的理论价值，揭示其本质与规律，并总结出理性的结论。

（2）科学性。科学性是一切学术论文的灵魂和生命。论文的论点、论据、论证需要正确、充分、严密，数据可靠，计算精确，程序合理，结果客观。

（3）创造性，又称创新性、独创性，是衡量学术论文价值的根本标准。论文需要对特定问题进行系统的研究，提出新的见解或观点，具有一定的独创性，能够对领域的研究作出贡献。

（4）专业性。专业不同，论文的写作有所区别。论文需要体现作者在所学专业领域的专业知识和研究能力。

（5）规范性。学术论文在体式上有着固定的格式和规范，这是他区别于文学创作和其他一般文体的一个显著特点。毕业论文需要符合学术规范要求，包括参考文献的引用、论文格式的规范等。

（6）实用性。论文需要有一定的实用性，能够提供实际问题的解决方案或对实际问题有理论贡献。

毕业论文，还具有自身的独特性，具体如下。

（1）时间性。毕业论文必须在学校安排或指导教师规定时间内写作和完成。

（2）程序性。毕业论文一般要经过前期准备、选题、拟定提纲、写作、修改、定稿、提交答辩、成绩评定、院校审核等程序才能最后通过。

（三）论文的分类

根据不同的划分标准可将学术论文分成若干种类型。

（1）根据学科性质，可以分为工程论文、自然科学论文、社会科学论文、医学论文等。

（2）根据表现形式，可以分为理论型论文、实验型论文、调查研究论文等。

（3）根据写作目的，可以分为投稿论文、学会论文、毕业论文、学位论文等。

（4）根据篇幅长短，可分为单篇学术论文和学术专著等。

（5）根据撰写的目的和内容，可以分为研究论文、综述论文、应用论文等。

（6）根据语言和文化，可以分为中文论文、英文论文、跨文化论文等。

二、毕业论文创作过程

(一)制定计划

制定一个科学、具体、可行的写作计划,对完成论文的帮助很大。由于所选题目的不同,计划也有所差异,很难统一,也没有统一的格式。

现举例如下:确定选题 2 周;收集资料 3~4 周;制定提纲 1 周;完成初稿 4~5 周;修改论文 1~2 周;定稿装订 4~5 天;准备答辩 3 天。

(二)论文选题

论文选题是论文成败的第一步,是具有战略意义的环节。

1. 选题的意义

(1)确定研究和探讨问题的方向和目标;

(2)有利于提高论文的学术价值和写作的成功率;

(3)有助于作者主观能动性的发挥和研究能力的提高。

2. 选题的原则

(1)时代性原则。毕业论文选题要顺应时代潮流、富有时代气息、体现时代特征。

(2)法律性原则。毕业论文选题一定要在社会主义法治允许条件下进行,不得选取违背社会主义法治的题目。

(3)科学性原则。选题必须符合基本的科学原理,唯其如此才能保证毕业论文创作的成功。

(4)理论性原则。选题要具有理论性,不能过于感性,感性的题目直接影响论文创作。

(5)创新性原则。选题要有新意,尽量向人所未道或人所不能道的领域进军。

(6)可行性原则。选题要有可完成性,要结合自身实际,难易适中。

3. 选题的步骤

(1)大处着眼,统观全局。选题要着眼于整个专业领域和其他相关科学领域。

(2)小处扫描,具体选定。找准需要进一步研究和探讨的问题,具体选定题目。

4. 选题的途径和方法

(1)从专业领域中选题。论文选题要瞄准专业领域中研究的热点课题。其次要从专业领域的空白领域中选题。还可以从争鸣性的课题中选题。

(2)从实践中寻找。可以选择社会实践中期待解决的课题,也可以选择社会实践中作者十分熟悉的课题。

(3)到文献中挖掘。在阅读和研究大量资料的基础上继承和发展前人的成果,并进行思考,从中获得启迪,找到所需要的课题。

(4)从自己有兴趣的课程中选题。选题还可以瞄准自己所感兴趣的话题。

(5)在开拓性领域或学术前沿性问题中选题。

(6)请教老师和前辈。

(三)收集整理材料

在选好论题和制定好计划后,就可以开始收集资料了,这是一个很重要的环节,它与选题相互联系、相互影响,它是论文写作的基础,是论文的血肉,是产生和表现主题的基础。没有必要的材料,论文就无从下手,故要尽可能多地收集材料。

搜集的材料要有明确的目的，一是要选择突出主体的材料；二是要选择真实、准确的材料；三是要选择新颖、生动、典型的材料。

搜集材料的方法主要有几种：一是原始文献查找；二是报刊、学术刊物查找；三是通过社会实践获取资料（即调查研究）；四是工具书查找；五是向专家请教。

（四）编写提纲

提纲体现的是论文的总体构思，是对论文进行宏观的规划和设计，正如一栋宏伟的大厦必须先有设计图纸一样。从整体着眼，先对观点和材料进行编排，使之成为次序清楚、思路清晰、足以说明某一问题的论文轮廓，然后用文字依照顺序将其记录下来，就成了提纲。

提纲的编写主要有以下几方面的内容：一是文章的标题及副标题；二是论文的中心思想及论文的写作意图，选题理由，题材价值等；第三是内容纲要，一般包括序论、本论、结论；四是主要参考资料。举例如下：

（1）题目：《李白诗歌的艺术主体风格简析》

（2）中心思想：通过李白典型诗歌，分析出李白的主要诗歌风格……

（3）绪论：（提出论点）

（4）本论

第一章　李白所处的时代和生平简介

　第一节　李白所处的时代

　第二节　李白生平简介

第二章　李白诗歌的主要内容

　第一节　爱国主义诗歌

　第二节　表现理想诗歌

　第三节　赞美山河诗歌

第三章　李白诗歌的主体风格

　第一节　李白诗歌的主体特征

　第二节　浪漫主义手法运用

　第三节　独特的诗歌体裁

第四章　李白的影响

　第一节　李白诗歌风格的影响

　第二节　李白在文学上的地位

（5）结论（总结）

（6）主要参考文献

（7）附录

（8）致谢

（五）初稿创作

创作初稿就是要将提纲中的构思变成文字，这一步做得如何，关键取决于前面几部分的工作做得是否扎实。在创作初稿过程中，如果材料不足，就要进一步查找材料，写作时最好一气呵成，保持思维的连贯性。

（六）修改、定稿

论文不可能一次性达到完美境界，初稿的起草过程不可能滴水不漏，论文的修改过程也是作者再思考、认识深化的过程。因此修改论文是完成论文最后一个不可缺少的环节。

修改主要从以下几个方面入手。

（1）推敲论点。论点是论文的灵魂和统帅，要从事实方面和逻辑方面反复推敲，看看论点是否成立，是否正确，注意检查论据是否能充分支持自己的论点。

（2）调整结构。结构是论文的组织和安排形式，结构失当会让读者感到论文推理不严谨。编写提纲时已经确定好文章的整体结构，一般不轻易大变动。小的调整是常见的，如层次、段落的重新划分，开头、结尾以及文章各部分间的呼应、衔接等方面。

（3）检验材料。材料不恰当，会使论点失去产生结论的基础，无法使人信服。论文中引用的材料可以进行必要的增加、删除、调换，使得材料更准确、合适。

（4）修改语言。论文中不能出现语句含糊不清等现象。要求语言准确、鲜明、生动、简洁。

（5）其他修改。如标点的修改，标点是文章的五官，是表意的重要手段，直接关系到文章的通畅与连贯。再如注释，注释是论文科学价值的重要标志，是论点及论证过程正确性的保证，在修改时要逐一校对，确保准确。

三、论文构成

（一）题名

题名就是论文的题目，题目是论文的眼睛，是最引人注目的地方，拟定好一个好的题目，等于论文成功了一半。论文题目要求如下。

（1）直接明了。论文题目要直接揭示论点或课题，直截了当、切忌含蓄。

（2）宜小不宜大。论文题目要写得具体、明确，宜小不宜大，不能抽象、笼统，如“管理问题研究”“文学史研究”等论文题目就显得太大、空泛、不具体、更不容易把握。

（3）引人注目。论文题目要鲜明，让读者一目了然。

标题一般如“论……”“试论……”“浅谈……”“浅议……”“浅析……”“……初探”“……断想”、“……研究”“……探讨”……

在论文的写作过程中，为了点明论文的研究对象、内容、目的，对总标题加以补充，常常需要副标题，特别是一些商榷性的论文都有一个副标题。例如《冲出精神围城——老舍作品知识分子形象论》。

（二）署名

在标题下方要署上作者真实姓名，还要包括单位、邮编、联系方式等信息。署名表明作者是论文的法定主权人，并对其内容负责。如果有几位作者时，要按照贡献大小排名。

（三）摘要

摘要又称概要或内容提要，是对论文基本内容的提炼、总结，是对论文的内容的简要陈述，要求完整、精练、简短，一般在300字左右。

摘要的要求主要有：

（1）忠实于原文，不能对读者进行误导；

（2）要把关键步骤、方法、论点等交代清楚，不能含糊其词；

（3）要简明扼要，对论文不加诠释和评价的概括性陈述；

（4）只能用叙述、说明性语言，不能用抒情性语言表述。

（四）关键词

关键词又称主题词，它是论文中起关键作用，最能说明问题，代表论文主要核心内容的术语，是对论文内容高度浓缩。更是为了方便计算机贮存和检索而设立的，关键词一般为 3~8 个，要求把几个词排列在一起，不要求有语法结构。

（五）论文正文

一般理论型论文由绪论、本论、结论三个部分组成。

（1）绪论，即前言，又称引言、导言。是论文的开头部分，主要交代课题的由来、目的、意义及其结论，要求顺序井然 、条例清晰、表述客观、简明扼要。

（2）本论，是展开论题、表达科研成果、阐述学术观点的部分，处于论文的中间位置，占论文大部分篇幅，其任务是分析问题和解决问题。

本论展开的方式主要有：并列分论式、纵深推进式、交叉综合式等。要求阐明观点、分析问题、旁征博引、层次清晰。

（3）结论，结论是在本论充分论证和阐述的基础之上自然而然得出的、对全文进行总结的说明。要阐述文章解决了什么问题、发现了什么规律、仍然存在哪些问题、有何建议等。这部分要写得简明扼要，得出答案、提出意见、摆出设想。

（六）参考文献（参考资料）

包括论文、专著及其他资料，要求是公开发表的，要标明作者姓名、书名、文章名称、出版单位、版次、时间、页码等。

参考文献有一定的格式要求，一般包括作者、书名、出版地、出版社、出版年、页码 、文献类型（以单字母标明：专著 M、论文集 C、报纸文章 N、期刊文章 J、学位文章 D、研究报告 R、论文中析出文献 A、字典 Z）。

例如：

[1] 胡壮麟. 语言学教程 [M] . 北京：北京大学出版社，2024：147-148.

[2] 布罗曼客. 结构主义 [M]. 李幼燕，译. 北京：中国人民大学出版社：2017，1.

（七）致谢

感谢对论文作出贡献的组织和个人。一般包括参与指导、讨论及协助过论文工作的人员；论文资料的提供者；经费、物质提供单位和个人；提出建议乃至批评的人员等。

（八）附录

正文以外的，篇幅过大的，不宜写入正文中，但对正文有重要补充作用或参考价值的材料，例如原始数据、统计图表、计算机输出文件等。

（九）外文摘要

为了便于进行国际学术交流，有些学术论文需要写外文摘要。其写法与中文摘要一致。

四、毕业论文的答辩

毕业论文的答辩是对已完成论文的最后审核和检验，也是对学生学术水平和研究能力的综合考核。它是由问、答、辩构成的一种有目的、有计划的教学形式，是教师和学生之间的双向教学活动。

（一）答辩前准备

在答辩论文前，首先要有心理准备，千万不要怯场，要做到成竹在胸。其次要事先写好毕业论文的简介，主要包括论文的题目、中心思想、论点、论据、写作体会。还有，要重点把握论文的主体部分和结论部分，明确论文论述的基本观点和主要论述的问题。同时，还要掌握和了解自己所写论文相关知识及材料。

（二）答辩一般过程

答辩委员会一般由 5~9 个人组成，下设若干答辩小组，由 3~5 人组成，其具体答辩步骤如下：

（1）答辩组长宣读答辩纪律，宣布答辩学生姓名和论文题目；

（2）指导教师介绍学生简单情况；

（3）答辩人作几分钟的自述报告，要求简明扼要，重点突出；

（4）答辩组长准备好答辩问题，并宣读给答辩人；

（5）答辩人一般有几分钟的准备时间；

（6）开始答辩；

（7）答辩委员会投票决定学生论文答辩是否合格；

（8）答辩委员会主席宣布答辩结果。

（三）答辩的简单技巧

（1）准时参加，千万不要迟到。

（2）注意仪态与风度。

（3）做好自述报告，不要照本宣科地读报告，最好是以讲解的形式完成，语言要简练生动，重点要突出。

（4）认真听取答辩老师的问题，同时用笔做记录，如果没有听清楚，可以平心静气地举手请老师重复。

（5）抓紧准备时间。答辩老师提问后，一般给学生一定的准备时间，这个时间要集中精力，边想边写，草拟问题答案。

（6）正式回答问题的时候，要开头简洁，主体清楚，结尾自然。

（7）在辩驳过程中，要勇敢面对，机智灵活，大胆谨慎，坚持论文论点，要能自圆其说。

（8）自我小结，强调论题，表谦致谢。

附录一:党政机关公文处理工作条例

（中办发〔2012〕14号）

第一章 总 则

第一条 为了适应中国共产党机关和国家行政机关（以下简称党政机关）工作需要，推进党政机关公文处理工作科学化、制度化、规范化，制定本条例。

第二条 本条例适用于各级党政机关公文处理工作。

第三条 党政机关公文是党政机关实施领导、履行职能、处理公务的具有特定效力和规范体式的文书，是传达贯彻党和国家方针政策，公布法规和规章，指导、布置和商洽工作，请示和答复问题，报告、通报和交流情况等的重要工具。

第四条 公文处理工作是指公文拟制、办理、管理等一系列相互关联、衔接有序的工作。

第五条 公文处理工作应当坚持实事求是、准确规范、精简高效、安全保密的原则。

第六条 各级党政机关应当高度重视公文处理工作，加强组织领导，强化队伍建设，设立文秘部门或者由专人负责公文处理工作。

第七条 各级党政机关办公厅（室）主管本机关的公文处理工作，并对下级机关的公文处理工作进行业务指导和督促检查。

第二章 公文种类

第八条 公文种类主要有：

（一）决议。适用于会议讨论通过的重大决策事项。

（二）决定。适用于对重要事项作出决策和部署、奖惩有关单位和人员、变更或者撤销下级机关不适当的决定事项。

（三）命令（令）。适用于公布行政法规和规章、宣布施行重大强制性措施、批准授予和晋升衔级、嘉奖有关单位和人员。

（四）公报。适用于公布重要决定或者重大事项。

（五）公告。适用于向国内外宣布重要事项或者法定事项。

（六）通告。适用于在一定范围内公布应当遵守或者周知的事项。

（七）意见。适用于对重要问题提出见解和处理办法。

（八）通知。适用于发布、传达要求下级机关执行和有关单位周知或者执行的事项，批转、转发公文。

（九）通报。适用于表彰先进、批评错误、传达重要精神和告知重要情况。

（十）报告。适用于向上级机关汇报工作、反映情况，回复上级机关的询问。

（十一）请示。适用于向上级机关请求指示、批准。

（十二）批复。适用于答复下级机关请示事项。

（十三）议案。适用于各级人民政府按照法律程序向同级人民代表大会或者人民代表大会常务委员会提请审议事项。

（十四）函。适用于不相隶属机关之间商洽工作、询问和答复问题、请求批准和答复审批事项。

（十五）纪要。适用于记载会议主要情况和议定事项。

第三章　公文格式

第九条　公文一般由份号、密级和保密期限、紧急程度、发文机关标志、发文字号、签发人、标题、主送机关、正文、附件说明、发文机关署名、成文日期、印章、附注、附件、抄送机关、印发机关和印发日期、页码等组成。

（一）份号。公文印制份数的顺序号。涉密公文应当标注份号。

（二）密级和保密期限。公文的秘密等级和保密的期限。

涉密公文应当根据涉密程度分别标注“绝密”“机密”“秘密”和保密期限。

（三）紧急程度。公文送达和办理的时限要求。根据紧急程度，紧急公文应当分别标注“特急”“加急”，电报应当分别标注“特提”“特急”“加急”“平急”。

（四）发文机关标志。由发文机关全称或者规范化简称加“文件”二字组成，也可以使用发文机关全称或者规范化简称。联合行文时，发文机关标志可以并用联合发文机关名称，也可以单独用主办机关名称。

（五）发文字号。由发文机关代字、年份、发文顺序号组成。联合行文时，使用主办机关的发文字号。

（六）签发人。上行文应当标注签发人姓名。

（七）标题。由发文机关名称、事由和文种组成。

（八）主送机关。公文的主要受理机关，应当使用机关全称、规范化简称或者同类型机关统称。

（九）正文。公文的主体，用来表述公文的内容。

（十）附件说明。公文附件的顺序号和名称。

（十一）发文机关署名。署发文机关全称或者规范化简称。

（十二）成文日期。署会议通过或者发文机关负责人签发的日期。联合行文时，署最后签发机关负责人签发的日期。

（十三）印章。公文中有发文机关署名的，应当加盖发文机关印章，并与署名机关相符。有特定发文机关标志的普发性公文和电报可以不加盖印章。

（十四）附注。公文印发传达范围等需要说明的事项。

（十五）附件。公文正文的说明、补充或者参考资料。

（十六）抄送机关。除主送机关外需要执行或者知晓公文内容的其他机关，应当使用机关全称、规范化简称或者同类型机关统称。

（十七）印发机关和印发日期。公文的送印机关和送印日期。

（十八）页码。公文页数顺序号。

第十条　公文的版式按照《党政机关公文格式》国家标准执行。

第十一条　公文使用的汉字、数字、外文字符、计量单位和标点符号等，按照有关国家标准和规定执行。民族自治地方的公文，可以并用汉字和当地通用的少数民族文字。

第十二条　公文用纸幅面采用国际标准 A4 型。特殊形式的公文用纸幅面，根据实际需要确定。

第四章　行文规则

第十三条　行文应当确有必要,讲求实效,注重针对性和可操作性。

第十四条　行文关系根据隶属关系和职权范围确定。一般不得越级行文,特殊情况需要越级行文的,应当同时抄送被越过的机关。

第十五条　向上级机关行文,应当遵循以下规则:

(一)原则上主送一个上级机关,根据需要同时抄送相关上级机关和同级机关,不抄送下级机关。

(二)党委、政府的部门向上级主管部门请示、报告重大事项,应当经本级党委、政府同意或者授权;属于部门职权范围内的事项应当直接报送上级主管部门。

(三)下级机关的请示事项,如需以本机关名义向上级机关请示,应当提出倾向性意见后上报,不得原文转报上级机关。

(四)请示应当一文一事。不得在报告等非请示性公文中夹带请示事项。

(五)除上级机关负责人直接交办事项外,不得以本机关名义向上级机关负责人报送公文,不得以本机关负责人名义向上级机关报送公文。

(六)受双重领导的机关向一个上级机关行文,必要时抄送另一个上级机关。

第十六条　向下级机关行文,应当遵循以下规则:

(一)主送受理机关,根据需要抄送相关机关。重要行文应当同时抄送发文机关的直接上级机关。

(二)党委、政府的办公厅(室)根据本级党委、政府授权,可以向下级党委、政府行文,其他部门和单位不得向下级党委、政府发布指令性公文或者在公文中向下级党委、政府提出指令性要求。需经政府审批的具体事项,经政府同意后可以由政府职能部门行文,文中须注明已经政府同意。

(三)党委、政府的部门在各自职权范围内可以向下级党委、政府的相关部门行文。

(四)涉及多个部门职权范围内的事务,部门之间未协商一致的,不得向下行文;擅自行文的,上级机关应当责令其纠正或者撤销。

(五)上级机关向受双重领导的下级机关行文,必要时抄送该下级机关的另一个上级机关。

第十七条　同级党政机关、党政机关与其他同级机关必要时可以联合行文。属于党委、政府各自职权范围内的工作,不得联合行文。

党委、政府的部门依据职权可以相互行文。部门内设机构除办公厅(室)外不得对外正式行文。

第五章　公文拟制

第十八条　公文拟制包括公文的起草、审核、签发等程序。

第十九条　公文起草应当做到:

(一)符合国家法律法规和党的路线方针政策,完整准确体现发文机关意图,并同现行有关公文相衔接。

(二)一切从实际出发,分析问题实事求是,所提政策措施和办法切实可行。

(三)内容简洁,主题突出,观点鲜明,结构严谨,表述准确,文字精练。

(四)文种正确,格式规范。

(五)深入调查研究,充分进行论证,广泛听取意见。

(六)公文涉及其他地区或者部门职权范围内的事项,起草单位必须征求相关地区或者部门意见,力求达成一致。

(七)机关负责人应当主持、指导重要公文起草工作。

第二十条 公文文稿签发前,应当由发文机关办公厅(室)进行审核。审核的重点是:

(一)行文理由是否充分,行文依据是否准确。

(二)内容是否符合国家法律法规和党的路线方针政策;是否完整准确体现发文机关意图;是否同现行有关公文相衔接;所提政策措施和办法是否切实可行。

(三)涉及有关地区或者部门职权范围内的事项是否经过充分协商并达成一致意见。

(四)文种是否正确,格式是否规范;人名、地名、时间、数字、段落顺序、引文等是否准确;文字、数字、计量单位和标点符号等用法是否规范。

(五)其他内容是否符合公文起草的有关要求。

需要发文机关审议的重要公文文稿,审议前由发文机关办公厅(室)进行初核。

第二十一条 经审核不宜发文的公文文稿,应当退回起草单位并说明理由;符合发文条件但内容需作进一步研究和修改的,由起草单位修改后重新报送。

第二十二条 公文应当经本机关负责人审批签发。重要公文和上行文由机关主要负责人签发。党委、政府的办公厅(室)根据党委、政府授权制发的公文,由受权机关主要负责人签发或者按照有关规定签发。签发人签发公文,应当签署意见、姓名和完整日期;圈阅或者签名的,视为同意。联合发文由所有联署机关的负责人会签。

第六章 公文办理

第二十三条 公文办理包括收文办理、发文办理和整理归档。

第二十四条 收文办理主要程序是:

(一)签收。对收到的公文应当逐件清点,核对无误后签字或者盖章,并注明签收时间。

(二)登记。对公文的主要信息和办理情况应当详细记载。

(三)初审。对收到的公文应当进行初审。初审的重点是:是否应当由本机关办理,是否符合行文规则,文种、格式是否符合要求,涉及其他地区或者部门职权范围内的事项是否已经协商、会签,是否符合公文起草的其他要求。经初审不符合规定的公文,应当及时退回来文单位并说明理由。

(四)承办。阅知性公文应当根据公文内容、要求和工作需要确定范围后分送。批办性公文应当提出拟办意见报本机关负责人批示或者转有关部门办理;需要两个以上部门办理的,应当明确主办部门。紧急公文应当明确办理时限。承办部门对交办的公文应当及时办理,有明确办理时限要求的应当在规定时限内办理完毕。

(五)传阅。根据领导批示和工作需要将公文及时送传阅对象阅知或者批示。办理公文传阅应当随时掌握公文去向,不得漏传、误传、延误。

(六)催办。及时了解掌握公文的办理进展情况,督促承办部门按期办结。紧急公文或者重要公文应当由专人负责催办。

（七）答复。公文的办理结果应当及时答复来文单位，并根据需要告知相关单位。

第二十五条 发文办理主要程序是：

（一）复核。已经发文机关负责人签批的公文，印发前应当对公文的审批手续、内容、文种、格式等进行复核；需作实质性修改的，应当报原签批人复审。

（二）登记。对复核后的公文，应当确定发文字号、分送范围和印制份数并详细记载。

（三）印制。公文印制必须确保质量和时效。涉密公文应当在符合保密要求的场所印制。

（四）核发。公文印制完毕，应当对公文的文字、格式和印刷质量进行检查后分发。

第二十六条 涉密公文应当通过机要交通、邮政机要通信、城市机要文件交换站或者收发件机关机要收发人员进行传递，通过密码电报或者符合国家保密规定的计算机信息系统进行传输。

第二十七条 需要归档的公文及有关材料，应当根据有关档案法律法规以及机关档案管理规定，及时收集齐全、整理归档。两个以上机关联合办理的公文，原件由主办机关归档，相关机关保存复制件。机关负责人兼任其他机关职务的，在履行所兼职务过程中形成的公文，由其兼职机关归档。

第七章 公文管理

第二十八条 各级党政机关应当建立健全本机关公文管理制度，确保管理严格规范，充分发挥公文效用。

第二十九条 党政机关公文由文秘部门或者专人统一管理。设立党委（党组）的县级以上单位应当建立机要保密室和机要阅文室，并按照有关保密规定配备工作人员和必要的安全保密设施设备。

第三十条 公文确定密级前，应当按照拟定的密级先行采取保密措施。确定密级后，应当按照所定密级严格管理。绝密级公文应当由专人管理。

公文的密级需要变更或者解除的，由原确定密级的机关或者其上级机关决定。

第三十一条 公文的印发传达范围应当按照发文机关的要求执行；需要变更的，应当经发文机关批准。

涉密公文公开发布前应当履行解密程序。公开发布的时间、形式和渠道，由发文机关确定。

经批准公开发布的公文，同发文机关正式印发的公文具有同等效力。

第三十二条 复制、汇编机密级、秘密级公文，应当符合有关规定并经本机关负责人批准。绝密级公文一般不得复制、汇编，确有工作需要的，应当经发文机关或者其上级机关批准。

复制、汇编的公文视同原件管理。复制件应当加盖复制机关戳记。翻印件应当注明翻印的机关名称、日期。汇编本的密级按照编入公文的最高密级标注。

第三十三条 公文的撤销和废止，由发文机关、上级机关或者权力机关根据职权范围和有关法律法规决定。公文被撤销的，视为自始无效；公文被废止的，视为自废止之日起失效。

第三十四条 涉密公文应当按照发文机关的要求和有关规定进行清退或者销毁。

第三十五条 不具备归档和保存价值的公文，经批准后可以销毁。销毁涉密公文必须严格按照有关规定履行审批登记手续,确保不丢失、不漏销。个人不得私自销毁、留存涉密公文。

第三十六条 机关合并时,全部公文应当随之合并管理;机关撤销时,需要归档的公文经整理后按照有关规定移交档案管理部门。

工作人员离岗离职时,所在机关应当督促其将暂存、借用的公文按照有关规定移交、清退。

第三十七条 新设立的机关应当向本级党委、政府的办公厅(室)提出发文立户申请。经审查符合条件的,列为发文单位,机关合并或者撤销时,相应进行调整。

第八章 附 则

第三十八条 党政机关公文含电子公文。电子公文处理工作的具体办法另行制定。

第三十九条 法规、规章方面的公文,依照有关规定处理。外事方面的公文,依照外事主管部门的有关规定处理。

第四十条 其他机关和单位的公文处理工作,可以参照本条例执行。

第四十一条 本条例由中共中央办公厅、国务院办公厅负责解释。

第四十二条 本条例自2012年7月1日起施行。1996年5月3日中共中央办公厅发布的《中国共产党机关公文处理条例》和2000年8月24日国务院发布的《国家行政机关公文处理办法》停止执行。

附录二:党政机关公文格式

（2012-07-01 实施）

前言

本标准按照 GB/T 1. 1—2009 给出的规则起草。

本标准根据中共中央办公厅、国务院办公厅印发的《党政机关公文处理工作条例》的有关规定对 GB/T 9704—1999《国家行政机关公文格式》进行修订。本标准相对 GB/T 9704—1999 主要作如下修订:

a）标准名称改为《党政机关公文格式》,标准英文名称也作相应修改;

b）适用范围扩展到各级党政机关制发的公文;

c）对标准结构进行适当调整;

d）对公文装订要求进行适当调整;

e）增加发文机关署名和页码两个公文格式要素,删除主题词格式要素,并对公文格式各要素的编排进行较大调整;

f）进一步细化特定格式公文的编排要求;

g）新增联合行文公文首页版式、信函格式首页、命令（令）格式首页版式等式样。

本标准中公文用语与《党政机关公文处理工作条例》中的用语一致。

本标准为第二次修订。

本标准由中共中央办公厅和国务院办公厅提出。

本标准由中国标准化研究院归口。

本标准起草单位:中国标准化研究院、中共中央办公厅秘书局、国务院办公厅秘书局、中国标准出版社。

本标准主要起草人:房庆、杨雯、郭道锋、孙维、马慧、张书杰、徐成华、范一乔、李玲。

本标准代替了 GB/T 9704—1999。

GB/T 9704—1999 的历次版本发布情况为:——GB/T 9704—1988。

党政机关公文格式

1. 范围

本标准规定了党政机关公文通用的纸张要求、排版和印制装订要求、公文格式各要素的编排规则,并给出了公文的式样。

本标准适用于各级党政机关制发的公文。其他机关和单位的公文可以参照执行。

使用少数民族文字印制的公文,其用纸、幅面尺寸及版面、印制等要求按照本标准执行,其余可以参照本标准并按照有关规定执行。

2. 规范性引用文件

下列文件对于本标准的应用是必不可少的。凡是注日期的引用文件,仅所注日期的版本适用于本标准。凡是不注日期的引用文件,其最新版本（包括所有的修改单）适用于本标准。

GB/T 148 印刷、书写和绘图纸幅面尺寸

GB 3100 国际单位制及其应用

GB 3101 有关量、单位和符号的一般原则

GB 3102(所有部分)量和单位

GB/T 15 834 标点符号用法

GB/T 15 835 出版物上数字用法

3. 术语和定义

下列术语和定义适用于本标准。

3.1

字 word

标示公文中横向距离的长度单位。在本标准中,一字指一个汉字宽度的距离。

3.2

行 line

标示公文中纵向距离的长度单位。在本标准中,一行指一个汉字的高度加 3 号汉字高度的 7/8 的距离。

4. 公文用纸主要技术指标

公文用纸一般使用纸张定量为 60 g/m^2~80 g/m^2 的胶版印刷纸或复印纸。纸张白度 80%~90%,横向耐折度≥ 15 次,不透明度≥ 85%,pH 值为 7.5~9.5。

5. 公文用纸幅面尺寸及版面要求

5.1 幅面尺寸

公文用纸采用 GB/T 148 中规定的 A4 型纸,其成品幅面尺寸为:210 mm × 297 mm。

5.2 版面

5.2.1 页边与版心尺寸

公文用纸天头(上白边)为 37 mm ± 1 mm,公文用纸订口(左白边)为 28 mm ± 1 mm,版心尺寸为 156 mm × 225 mm。

5.2.2 字体和字号

如无特殊说明,公文格式各要素一般用 3 号仿宋体字。特定情况可以作适当调整。

5.2.3 行数和字数

一般每面排 22 行,每行排 28 个字,并撑满版心。特定情况可以作适当调整。

5.2.4 文字的颜色

如无特殊说明,公文中文字的颜色均为黑色。

6. 印制装订要求

6.1 制版要求

版面干净无底灰,字迹清楚无断划,尺寸标准,版心不斜,误差不超过 1 mm。

6.2 印刷要求

双面印刷;页码套正,两面误差不超过 2 mm。黑色油墨应当达到色谱所标 BL100%,红色油墨应当达到色谱所标 Y80%、M80%。印品着墨实、均匀;字面不花、不白、无断划。

6.3　装订要求

公文应当左侧装订，不掉页，两页页码之间误差不超过 4 mm，裁切后的成品尺寸允许误差 ±2 mm，四角成 90°，无毛茬或缺损。

骑马订或平订的公文应当：

a）订位为两钉外订眼距版面上下边缘各 70 mm 处，允许误差 ±4 mm；

b）无坏钉、漏钉、重钉，钉脚平伏牢固；

c）骑马订钉锯均订在折缝线上，平订钉锯与书脊间的距离为 3~5 mm。

包本装订公文的封皮（封面、书脊、封底）与书芯应吻合、包紧、包平、不脱落。

7. 公文格式各要素编排规则

7.1　公文格式各要素的划

本标准将版心内的公文格式各要素划分为版头、主体、版记三部分。公文首页红色分隔线以上的部分称为版头；公文首页红色分隔线（不含）以下、公文末页首条分隔线（不含）以上的部分称为主体；公文末页首条分隔线以下、末条分隔线以上的部分称为版记。

页码位于版心外。

7.2　版头

7.2.1　份号

如需标注份号，一般用 6 位 3 号阿拉伯数字，顶格编排在版心左上角第一行。

7.2.2　密级和保密期限

如需标注密级和保密期限，一般用 3 号黑体字，顶格编排在版心左上角第二行；保密期限中的数字用阿拉伯数字标注。

7.2.3　紧急程度

如需标注紧急程度，一般用 3 号黑体字，顶格编排在版心左上角；如需同时标注份号、密级和保密期限、紧急程度，按照份号、密级和保密期限、紧急程度的顺序自上而下分行排列。

7.2.4　发文机关标志

由发文机关全称或者规范化简称加“文件”二字组成，也可以使用发文机关全称或者规范化简称。

发文机关标志居中排布，上边缘至版心上边缘为 35 mm，推荐使用小标宋体字，颜色为红色，以醒目、美观、庄重为原则。

联合行文时，如需同时标注联署发文机关名称，一般应当将主办机关名称排列在前；如有“文件”二字，应当置于发文机关名称右侧，以联署发文机关名称为准上下居中排布。

7.2.5　发文字号

编排在发文机关标志下空二行位置，居中排布。年份、发文顺序号用阿拉伯数字标注；年份应标全称，用六角括号“〔 〕”括入；发文顺序号不加“第”字，不编虚位（即 1 不编为 01），在阿拉伯数字后加“号”字。

上行文的发文字号居左空一字编排，与最后一个签发人姓名处在同一行。

7.2.6　签发人

由“签发人”三字加全角冒号和签发人姓名组成，居右空一字，编排在发文机关标志下空二行位置。“签发人”三字用 3 号仿宋体字，签发人姓名用 3 号楷体字。

如有多个签发人,签发人姓名按照发文机关的排列顺序从左到右、自上而下依次均匀编排,一般每行排两个姓名,回行时与上一行第一个签发人姓名对齐。

7.2.7　版头中的分隔线

发文字号之下 4 mm 处居中印一条与版心等宽的红色分隔线。

7.3　主体

7.3.1　标题

一般用 2 号小标宋体字,编排于红色分隔线下空二行位置,分一行或多行居中排布;回行时,要做到词意完整,排列对称,长短适宜,间距恰当,标题排列应当使用梯形或菱形。

7.3.2　主送机关

编排于标题下空一行位置,居左顶格,回行时仍顶格,最后一个机关名称后标全角冒号。如主送机关名称过多导致公文首页不能显示正文时,应当将主送机关名称移至版记,标注方法见 7.4.2。

7.3.3　正文

公文首页必须显示正文。一般用 3 号仿宋体字,编排于主送机关名称下一行,每个自然段左空二字,回行顶格。文中结构层次序数依次可以用"一、""(一)""1.""(1)"标注;一般第一层用黑体字、第二层用楷体字、第三层和第四层用仿宋体字标注。

7.3.4　附件说明

如有附件,在正文下空一行左空二字编排"附件"二字,后标全角冒号和附件名称。如有多个附件,使用阿拉伯数字标注附件顺序号(如"附件:1. ××××××");附件名称后不加标点符号。附件名称较长需回行时,应当与上一行附件名称的首字对齐。

7.3.5　发文机关署名、成文日期和印章

7.3.5.1　加盖印章的公文

成文日期一般右空四字编排,印章用红色,不得出现空白印章。

单一机关行文时,一般在成文日期之上、以成文日期为准居中编排发文机关署名,印章端正、居中下压发文机关署名和成文日期,使发文机关署名和成文日期居印章中心偏下位置,印章顶端应当上距正文(或附件说明)一行之内。

联合行文时,一般将各发文机关署名按照发文机关顺序整齐排列在相应位置,并将印章一一对应、端正、居中下压发文机关署名,最后一个印章端正、居中下压发文机关署名和成文日期,印章之间排列整齐、互不相交或相切,每排印章两端不得超出版心,首排印章顶端应当上距正文(或附件说明)一行之内。

7.3.5.2　不加盖印章的公文

单一机关行文时,在正文(或附件说明)下空一行右空二字编排发文机关署名,在发文机关署名下一行编排成文日期,首字比发文机关署名首字右移二字,如成文日期长于发文机关署名,应当使成文日期右空二字编排,并相应增加发文机关署名右空字数。

联合行文时,应当先编排主办机关署名,其余发文机关署名依次向下编排。

7.3.5.3　加盖签发人签名章的公文

单一机关制发的公文加盖签发人签名章时,在正文(或附件说明)下空二行右空四字加

盖签发人签名章，签名章左空二字标注签发人职务，以签名章为准上下居中排布。在签发人签名章下空一行右空四字编排成文日期。

联合行文时，应当先编排主办机关签发人职务、签名章，其余机关签发人职务、签名章依次向下编排，与主办机关签发人职务、签名章上下对齐；每行只编排一个机关的签发人职务、签名章；签发人职务应当标注全称。

签名章一般用红色。

7.3.5.4　成文日期中的数字

用阿拉伯数字将年、月、日标全，年份应标全称，月、日不编虚位（即 1 不编为 01）。

7.3.5.5　特殊情况说明

当公文排版后所剩空白处不能容下印章或签发人签名章、成文日期时，可以采取调整行距、字距的措施解决。

7.3.6　附注

如有附注，居左空二字加圆括号编排在成文日期下一行。

7.3.7　附件

附件应当另面编排，并在版记之前，与公文正文一起装订。“附件”二字及附件顺序号用 3 号黑体字顶格编排在版心左上角第一行。附件标题居中编排在版心第三行。附件顺序号和附件标题应当与附件说明的表述一致。附件格式要求同正文。

如附件与正文不能一起装订，应当在附件左上角第一行顶格编排公文的发文字号并在其后标注“附件”二字及附件顺序号。

7.4　版记

7.4.1　版记中的分隔线

版记中的分隔线与版心等宽，首条分隔线和末条分隔线用粗线（推荐高度为 0.35 mm），中间的分隔线用细线（推荐高度为 0. 25 mm）。首条分隔线位于版记中第一个要素之上，末条分隔线与公文最后一面的版心下边缘重合。

7.4.2　抄送机关

如有抄送机关，一般用 4 号仿宋体字，在印发机关和印发日期之上一行、左右各空一字编排。“抄送”二字后加全角冒号和抄送机关名称，回行时与冒号后的首字对齐，最后一个抄送机关名称后标句号。

如需把主送机关移至版记，除将“抄送”二字改为“主送”外，编排方法同抄送机关。既有主送机关又有抄送机关时，应当将主送机关置于抄送机关之上一行，之间不加分隔线。

7.4.3　印发机关和印发日期

印发机关和印发日期一般用 4 号仿宋体字，编排在末条分隔线之上，印发机关左空一字，印发日期右空一字，用阿拉伯数字将年、月、日标全，年份应标全称，月、日不编虚位（即 1 不编为 01），后加“印发”二字。

版记中如有其他要素，应当将其与印发机关和印发日期用一条细分隔线隔开。

7.5　页码

一般用 4 号半角宋体阿拉伯数字，编排在公文版心下边缘之下，数字左右各放一条一字线；一字线上距版心下边缘 7 mm。单页码居右空一字，双页码居左空一字。公文的版记页前有空白页的，空白页和版记页均不编排页码。公文的附件与正文一起装订时，页码应当连续编排。

8. 公文中的横排表格

A4 纸型的表格横排时，页码位置与公文其他页码保持一致，单页码表头在订口一边，双页码表头在切口一边。

9. 公文中计量单位、标点符号和数字的用法

公文中计量单位的用法应当符合 GB 3100、GB 3101 和 GB 3102（所有部分），标点符号的用法应当符合 GB/T 15834，数字用法应当符合 GB/T 15835。

10. 公文的特定格式

10.1　信函格式

发文机关标志使用发文机关全称或者规范化简称，居中排布，上边缘至上页边为 30 mm，推荐使用红色小标宋体字。联合行文时，使用主办机关标志。

发文机关标志下 4 mm 处印一条红色双线（上粗下细），距下页边 20 mm 处印一条红色双线（上细下粗），线长均为 170 mm，居中排布。

如需标注份号、密级和保密期限、紧急程度，应当顶格居版心左边缘编排在第一条红色双线下，按照份号、密级和保密期限、紧急程度的顺序自上而下分行排列，第一个要素与该线的距离为 3 号汉字高度的 7/8。

发文字号顶格居版心右边缘编排在第一条红色双线下，与该线的距离为 3 号汉字高度的 7/8。

标题居中编排，与其上最后一个要素相距二行。

第二条红色双线上一行如有文字，与该线的距离为 3 号汉字高度的 7/8。

首页不显示页码。

版记不加印发机关和印发日期、分隔线，位于公文最后一面版心内最下方。

10.2　命令（令）格式

发文机关标志由发文机关全称加“命令”或“令”字组成，居中排布，上边缘至版心上边缘为 20 mm，推荐使用红色小标宋体字。

发文机关标志下空二行居中编排令号，令号下空二行编排正文。

签发人职务、签名章和成文日期的编排见 7. 3. 5. 3。

10.3　纪要格式

纪要标志由“××××× 纪要”组成，居中排布，上边缘至版心上边缘为 35 mm，推荐使用红色小标宋体字。

标注出席人员名单，一般用 3 号黑体字，在正文或附件说明下空一行左空二字编排“出席”二字，后标全角冒号，冒号后用 3 号仿宋体字标注出席人单位、姓名，回行时与冒号后的首字对齐。

标注请假和列席人员名单，除依次另起一行并将“出席”二字改为“请假”或“列席”外，编排方法同出席人员名单。

纪要格式可以根据实际制定。

11. 式样

（略）

附录三：常用公文表格式样

一、公文撰制表

<table>
<tr><td rowspan="4" colspan="2">领导签发：</td><td>主管文印负责同志签字：</td></tr>
<tr><td>会签：</td></tr>
<tr><td>主办单位：</td></tr>
<tr><td>拟稿人：</td></tr>
<tr><td rowspan="2" colspan="2">事由：</td><td>附件：</td></tr>
<tr><td>密级：</td></tr>
<tr><td colspan="3">报：
送：
发：</td></tr>
<tr><td>打字：</td><td>校对：</td><td>共(　　)页</td></tr>
<tr><td colspan="3">发文　　　　字第　　　　　　　号　　　年　　　月　　　日封发</td></tr>
<tr><td colspan="3">以下开始写文件标题与正文：</td></tr>
<tr><td colspan="3"></td></tr>
<tr><td colspan="3"></td></tr>
<tr><td colspan="3"></td></tr>
<tr><td colspan="3"></td></tr>
<tr><td colspan="3"></td></tr>
<tr><td colspan="3"></td></tr>
<tr><td colspan="3"></td></tr>
</table>

二、收（发）文登记簿

顺序号	收（发）文日期		收发文字号	文件标题	附件	印发份数	收（发）出情况				归入卷号	备注
							收（发）送单位	份数	绝密	签发人		

三、文件处理签

<table>
<tr><td>来文单位</td><td></td><td>文件字号</td><td></td><td>份数</td><td></td><td>密级</td><td></td></tr>
<tr><td>办文编号</td><td colspan="3">（　　）字第　　号</td><td>收发日期</td><td colspan="3">年　　月　　日</td></tr>
<tr><td>文件标题</td><td colspan="7"></td></tr>
<tr><td>主管负责同志意见</td><td colspan="7"></td></tr>
<tr><td>领导指示</td><td colspan="7"></td></tr>
<tr><td>有关部门意　　见</td><td colspan="7"></td></tr>
<tr><td>备　　注</td><td colspan="7"></td></tr>
</table>

四、请示处理单

<table>
<tr><td>来文机关</td><td></td><td>文件字号</td><td></td></tr>
<tr><td>文件标题</td><td></td><td>收文时间</td><td></td></tr>
<tr><td colspan="4">拟办意见:</td></tr>
<tr><td colspan="4">领导批办意见:</td></tr>
<tr><td>承办本部门</td><td colspan="3"></td></tr>
<tr><td>处理意见或结论</td><td colspan="3"></td></tr>
</table>

五、阅文登记簿

<table>
<tr><td colspan="3">文件作者</td><td>文件标题</td><td>文件字号</td><td>密级</td><td>阅读范围</td></tr>
<tr><td colspan="3"></td><td></td><td></td><td></td><td></td></tr>
<tr><td colspan="5">阅文情况</td><td colspan="2" rowspan="3">备　注</td></tr>
<tr><td colspan="3">阅文时间</td><td rowspan="2">阅　文　人</td><td rowspan="2">阅文意见</td></tr>
<tr><td>年</td><td>月</td><td>日</td></tr>
<tr><td colspan="5"></td><td colspan="2"></td></tr>
<tr><td colspan="5"></td><td colspan="2"></td></tr>
<tr><td colspan="5"></td><td colspan="2"></td></tr>
<tr><td colspan="5"></td><td colspan="2"></td></tr>
<tr><td colspan="5"></td><td colspan="2"></td></tr>
<tr><td colspan="5"></td><td colspan="2"></td></tr>
<tr><td colspan="5"></td><td colspan="2"></td></tr>
<tr><td colspan="5"></td><td colspan="2"></td></tr>
<tr><td colspan="5"></td><td colspan="2"></td></tr>
<tr><td colspan="5"></td><td colspan="2"></td></tr>
<tr><td colspan="5"></td><td colspan="2"></td></tr>
<tr><td colspan="5"></td><td colspan="2"></td></tr>
<tr><td colspan="5"></td><td colspan="2"></td></tr>
<tr><td colspan="5"></td><td colspan="2"></td></tr>
<tr><td colspan="5"></td><td colspan="2"></td></tr>
<tr><td colspan="5"></td><td colspan="2"></td></tr>
</table>

六、发文用纸

机关领导签发：			
部门领导阅签（会签）：			
文件标题：			
主送机关：			
抄送（报）机关：			
拟稿部门：	拟稿人：	电话：	
发〔　　〕号　年　月　日印发		共（　　）份	
核稿：	打字：	校对：	监印：

七、文印审核处理签

<table>
<tr><td colspan="4">领导意见及签发：</td></tr>
<tr><td colspan="2">拟稿单位负责人意见：

年　月　日</td><td colspan="2" rowspan="2">会签单位负责人意见：

年　月　日</td></tr>
<tr><td colspan="2">拟稿人（签字）

年　月　日</td></tr>
<tr><td>文件名称</td><td></td><td colspan="2">编号：</td></tr>
<tr><td>主要内容</td><td colspan="3"></td></tr>
<tr><td colspan="2" rowspan="3">主报：________________
抄报：________________
主送：________________
抄送：________________
发：________________</td><td colspan="2">校对签字：</td></tr>
<tr><td colspan="2">发出时间：</td></tr>
<tr><td>共</td><td>（　）份
（　）页</td></tr>
<tr><td>办公室主管文印负责同志签字</td><td></td><td>打字员</td><td></td></tr>
</table>

八、文件批办表

<table>
<tr><td>发文机关</td><td></td><td>收文号</td><td></td></tr>
<tr><td>文件标题</td><td colspan="3"></td></tr>
<tr><td colspan="4">拟办意见:</td></tr>
<tr><td colspan="4">领导批示:</td></tr>
<tr><td colspan="4">处理结果:</td></tr>
</table>

九、文件传阅单

×××办公室：　　　　年　月　日

月	日	姓名 （或部门）	签字	领导批示

十、电话记录表

年　月　日 午　时　分

<table>
<tr><td>来电单位</td><td></td><td>发话人
姓　名</td><td></td><td>接电话人</td><td></td></tr>
<tr><td>电话
内容</td><td colspan="5"></td></tr>
<tr><td colspan="6">领导意见：</td></tr>
<tr><td colspan="6">处理：</td></tr>
</table>

十一、立卷用表

全宗号	目录号	案卷号
××档案馆(室)		

机密程度:　　　文书处理号:
自　年　月　日起至　年　月　日止
卷内共(　)件(　)张　　保管期限:

全宗号	目录号	案卷号
××档案馆(室)		

十二、接待来访记录表

××办公室：　　　　　　　　　　　　　　　　　　　编号：

来访人 姓　名		来访人 单　位		接　待 时　间		接待人	
接待内容简况							
处理意见							
处理结果							

附录四：电子公文归档管理暂行办法

（2003 年 7 月 22 日国家档案局令第 6 号发布。2018 年 12 月 14 日国家档案局第 14 号令《国家档案局关于修改〈电子公文归档管理暂行办法〉的决定》修改）

第一条　为了加强对电子公文的归档管理，有效维护电子公文的真实性、完整性、安全性和可识别性，根据《中华人民共和国档案法》《中华人民共和国档案法实施办法》和《国家行政机关公文处理办法》，制定本办法。

第二条　本办法所称的电子公文，是指各地区、各部门通过由国务院办公厅统一配置的电子公文传输系统处理后形成的具有规范格式的公文的电子数据。

第三条　电子公文形成单位应指定有关部门或专人负责本单位的电子公文归档工作，将电子公文的收集、整理、归档、保管、利用纳入机关文书处理程序和相关人员的岗位责任。

机关档案部门应参与和指导电子公文的形成、办理、收集和归档等各工作环节。

第四条　副省级以上档案行政管理部门负责对电子公文的归档管理工作进行监督和指导。

电子公文的真实性、完整性、安全性和可识别性，移交前由形成部门负责，移交后由档案部门负责。

第五条　电子公文参照国家有关纸质文件的归档范围进行归档并划定保管期限。

第六条　电子公文一般应在办理完毕后即时向机关档案部门归档。

第七条　符合国家有关规定要求的电子公文可以仅以电子形式归档。电子公文归档应当符合电子文件归档和电子档案管理的要求。

第八条　需要永久和长期保存的电子公文，应在每一个存储载体中同时存有相应的符合规范要求的机读目录。

第九条　电子公文的收发登记表、机读目录、相关软件、其他说明等应与相对应的电子公文一同归档保存。

第十条　电子公文的归档应在“全国政府系统办公业务资源网电子邮件系统”平台上进行，各电子公文形成单位档案部门应配置足够容量和处理能力及相对安全的系统设备。

第十一条　电子公文形成单位应在运行电子公文处理系统的硬件环境中设置足够容量、安全的暂存存储器，存放处理完毕应归档保存的电子公文，以保证归档电子公文的完整、安全。

第十二条　电子公文形成单位应在电子公文处理系统中设置符合安全要求的操作日志，随时自动记录对电子公文实时操作的人员、时间、设备、项目、内容等，以保证归档电子公文的真实性。

第十三条　电子公文形成单位应在电子公文归档时按照国家有关要求对其真实性、完整性、可用性和安全性进行检查。

第十四条　归档电子公文的移交形式可以是交接双方之间进行存储载体传递或通过电

子公文传输系统从网上交接。

第十五条　通过存储载体进行交接的归档电子公文，移交与接收部门均应对其载体和技术环境进行检验，确保载体清洁、无划痕、无病毒等。

第十六条　归档电子公文应存储到符合保管要求的脱机载体上。归档保存的电子公文一般不加密，必须加密归档的电子公文应与其解密软件和说明文件一同归档。

第十七条　归档的电子公文，应按本单位档案分类方案进行分类、整理，并拷贝至耐久性好的载体上，一式3套，一套封存保管，一套异地保管，一套提供利用。

第十八条　档案部门应加强对归档电子公文的管理，提供利用有密级要求的归档电子公文，应严格遵守国家有关保密的规定，采用联网的方式提供利用的，应采取稳妥的身份认定、权限控制及在存有电子公文的设备上加装防火墙等安全保密措施。

第十九条　超过保管期限的归档电子公文的鉴定和销毁，按照归档纸质文件的有关规定执行。对确认销毁的电子公文可以进行逻辑或物理删除，并应由档案部门列出销毁文件目录存档备查。

第二十条　其他类型电子公文的归档管理可参照本办法。

第二十一条　本办法未尽事宜，参照国家其他有关电子文件的标准和规定。

第二十二条　本办法由国家档案局负责解释。

第二十三条　本办法自2003年9月1日起施行。

主要参考文献

[1] 严廷德,喻克明,董小伟. 大学生应用文写作 [M]. 天津:南开大学出版社,2011.

[2] 张文英. 新编应用文写作教程 [M]. 天津:南开大学出版社,2010.

[3] 章毅. 大学应用文写作教程 [M]. 天津:南开大学出版社,2012.

[4] 付晓静,王希文. 新编现代应用文写作大全 [M]. 武汉:湖北辞书出版社,2008.

[5] 刘俊. 实用公文写作一本通 [M]. 北京:经济科学出版社,2012.

[6] 岳海翔. 公文写作教程 [M]. 北京:高等教育出版社,2005.

[7] 徐中玉. 应用文写作 [M]. 北京:高等教育出版社,2007.

[8] 金常德. 常用应用文写作规范与技法 [M]. 南宁:广西人民出版社,2009.

[9] 刘宏彬. 新编应用文写作教程 [M]. 北京:新华出版社,2008.

[10] 范兰德,张少元. 新党政机关公文与办公室写作 [M]. 广州:广东人民出版社,2013.

[11] 本书编写组. 党政机关公文处理与写作实用手册 [M]. 北京:中国文史出版社,2012.

[12] 郭志强. 公文写作实用全书 [M]. 北京:电子工业出版社,2022.

[13] 唐坚. 党政机关公文写作 [M]. 北京:电子工业出版社,2020.

[14] 李晓青. 事务文书写作 [M]. 北京:电子工业出版社,2020.

[15] 老孙. 公文写作模板大全 [M]. 北京:人民邮电出版社,2020.